男女共学の成立

受容の多様性とジェンダー

小山静子・石岡学◉編著

六花出版

男女共学の成立——受容の多様性とジェンダー●目次

《出典・所蔵》
カバー表1 京都市学校歴史博物館
　表4 『秘蔵カラー写真で味わう60年前の東京・日本』ジェイ・ウォーリー・ヒギンズ、光文社、二〇一八年
表紙表1 『双葉高校 五十年の歩み』福島県立双葉高等学校記念誌編集委員会、一九七三年
　表4 『和歌山新聞』一九四八年五月二八日
本扉 『熊中・熊高百年史』上巻、熊本県立熊本高等学校、二〇〇〇年
第Ⅰ部扉 『富岡高校百年史』群馬県立富岡高等学校同窓会、一九九八年
第Ⅱ部扉 京都市学校歴史博物館
第Ⅲ部扉 『日比谷高新聞』第二五号 一九五三年三月一四日
第Ⅳ部扉 『青森県立青森高等学校史』青森県立青森高等学校、一九七四年

凡例

一．史料の引用にあたり、旧字体の漢字は新字体の漢字に改めたが、仮名遣い、平仮名・片仮名の表記、清濁音は、史料のとおりとした。

一．史料の原文の一部を省略して引用する場合には、当該箇所を……で示した。

一．史料に句読点がない場合は、必要に応じて適宜補った。史料中の漢字に対して、読み仮名を省略した場合や逆に付した場合がある。

一．引用した史料には、今日的にみて不適切な表現も含まれているが、歴史的考察を行うという目的に鑑み、そのまま記載した。

序章

問題関心

小山静子

一　ジェンダー問題としての男女共学／男女別学

学生たちと男女共学や男女別学について話していると、学生たちが自らの中学校や高等学校での経験を饒舌に語り出すことがある。ある者は一つの学校に男女がいることを「自然」だといい、ある者は一方の性しかいないことを「気楽」だという。また女子校出身者は、授業を通して、決して男女平等とはいえない現代社会における女性の生き方を考えるようになったと語る。誰もが共学あるいは別学を経験しているので、語る内容は豊富にあるし、しかも同時に両方の経験をすることはできないから、自らの経験があまり相対化されることもない。それに学校生活のどこに注目するかによって、さまざまに論じることも可能であるから、つい熱が入ってしまうようだ。学生たちの話を聞いていると、共学や別学の是非はそう簡単な問題ではなく、難問だと感じてしまうが、事実、研究の世界においても、男女共学や男女別学はさまざまに論じられている。

そもそも教育の歴史を振り返ってみれば、どこの国においても、男子教育が女子教育に先んじて行われ、制度化されてきた。だからこそ、一九世紀後半から二〇世紀にかけて花開いた第一波フェミニズムは、男女の教育における制度的平等や教育機会の均等を要求項目の一つに掲げ、この文脈に即して男女共学の必要性や重要性が語られたのである。そこでは、男女共学はめざすべきものとして価値づけられ、その意義が語られていった。また日本においては、この価値としての共学という観点から、男女共学を生み出した戦後教育改革が高く評価され、男女共学や男女平等な教育の実現がめざされていくことになる。(1)そしてこの立場からの共学論は、現代にあってもなお、男女共学の実現を求める際の重要な論拠となっている。

しかし一九七〇年代に登場した第二波フェミニズムは、制度的な男女の平等を求めた第一波フェミニズムと異なり、制度的平等が達成されても男女差別が存在することに目を向けていった。そしてジェンダーを分析概念に用いた研究が盛んに行われるようになり、日本においては一九八〇年代後半以降、男女共学の下でのジェンダー不平等の問題に目を向けた研究が相次いで発表されていくことになる。すなわち、教育理念や教育制度における男女平等や男女の教育機会の均等が存在する一方で、家庭科に典型的に示されているように、男女によって教育内容に違いがあることや、学校では隠れたカリキュラムとしてジェンダー化された教育が行われていることが指摘されていったのである。(2)具体的にいえば、教師と生徒との相互作用や教師間・生徒間の関係を通して広められるステレオタイプな性別イメージ、教員や生徒たちの性別に応じた役割分担、男子が先で女子が後という男女別名簿、男子へは「頑張れ」、女子へは「ほどほど」という、加熱と冷却の働きかけ、男子は理系・女子は文系、あるいは「男子は四大、女子は短大」という進路指導などが、問題視されていった。男女共学という仕組みがジェンダー平等に直結するものではないことが、これらからみてとることができる。

他方で、とりわけ今世紀に入ると、克服すべきものとしての別学という視点とは異なる地平から、男女別学の意義を論じる研究も生み出されていった。たとえば女子校では、共学校よりも女子のためのキャリアガイダンスや進学教育が充実しており、男子の不在ゆえに女子がリーダーシップを発揮する機会が多く、多くの女性教員や女性校長の存在が女子校生に対してロールモデルを提供していること、その結果として、女子校では女子の能力の開花や自信の獲得がもたらされることが主張されている[3]。さらには「男らしくない」男子にとっての避難所としての男子校という観点から、別学校を位置づける研究も存在している[4]。またドイツでは、ジェンダー平等とは言いがたい男女共学への反省と批判の視点に立って、反省的（再帰的）男女共学という考え方が提示され、共学の授業を自覚的に改良する試みとして、男女別々の授業も行われているという[5]。その一方で、性差意識の調査を通して、別学校に在学する男子は「男らしさ」を内面化しており、近代家族イデオロギーをより強く受け入れていることが明らかにされてもいる[6]。

このように、さまざまな観点から別学教育の意義や問題が語られるようになったが、近年では、教育達成という視点から別学教育の意義を論じる主張も登場してきている[7]。すなわち、個人としての能力や資質を伸ばすための教育方法として、男女の差異に基づいた別学教育が効果的であることが主張されているのである。そしてその論拠として用いられているのが、認知面や心理面における男女の差異（たとえば空間認知能力、言語能力、聴覚、記憶の仕方、感情処理の仕方、成熟のスピード、行動、人間関係の築き方、学習態度などの違い）である。まるで一昔前の特性論にのっとった教育のようであるが、この立場の特徴は、「男女で異なる「特性」を伸ばすことを「目的」としているのではなく、そうした「特性」を、別の目標を達成するための「方法」を考えるうえでの前提として強調し[8]」、「むしろ「目的」の次元においては性差の縮小や平準化を志向していると思える側面さえ持ち合わせている」点にある。そしてこのような考え方を前提として、男女共学校でありながら授業は男女別に行うという、男女併学という教育形態を採用している学校も存在している[9]。男女共学の実現をめざすだけでなく、男女別学の意義を論じる研究や言説も活発化していることがわかる[10]。

しかも、議論が活発化しているだけでなく、別学校が共学校へと転換していく事例も、一九九〇年代以降、多数みられるようになり、実際の高等学校教育のありようは流動化してきている。このような動向の背後には、共学こそがよりよい教育であるという教育理念が存在しているだけでなく、一九八九年の『高等学校学習指導要領』による家庭科の男女共修化の実現（完全実施は一九九四年）[11]、一九九九年の男女共同参画社会基本法の成立[12]、少子化の下での高等学校の生き残り戦略、過疎地域の高等学校の統廃合などが、複雑に絡んでいる。

共学化は公立、私立を問わずに進行しているが、とくにここで指摘しておきたいのは、公立別学校の共学化である。公立高等学校に別学校があるのかと訝しく思う人もいるかもしれないが、東北地方や関東地方を中心に、戦前の中学校や高等女学校を引き継いだ公立高等学校には、別学校がかなり存在していた。たとえば、『全国学校総覧 一九九六年版』（原書房、一九九五年）から計算すれば、一九九五年段階における別学の公立全日制普通科高等学校は男子校四二校、女子校一二〇校であった。それが二五年後の二〇二〇年には男子校一八校、女子校三一校までに減少している[13]。とりわけ、福島県立高等学校が二〇〇三年までに、宮城県立高等学校が二〇一〇年までに完全に共学化したことは大きな変化であった[14]。このように、現代においては、別学から共学へと転換する事例が数多く存在しているのだが、その一方で、進学校といわれる私立の学校の中には別学を堅持しているものも多い。そういう意味では、別学校から共学校への転換がスムーズに進んでいるわけではないといえるだろう。

以上述べてきたことから明らかなように、男女共学や男女別学をめぐる議論や現実は錯綜しており、共学と別学のどちらがいいのかという問題ではないことがわかる。というのも、共学か別学かという問題は、単純に男女が共に学ぶのか、別々に学ぶのかという問題なのではなく、その根底にはジェンダーの問題が深く根を下ろしており、これこそが根源的な問題だからである。隠れたカリキュラムという問題が指摘されたのは、社会に存在する固定的なジェンダー観や男女の非対称な関係性が、共学という制度の下に存在するからであり、女子校の存在意義が主張されるのは、このようなジェンダーのありようを打破する可能性が女子校にあると考えられているからであった。また男子校には、「男らしさ」から逃れることができる側面も、それを強化する側面もあることがわかる。さらにいえば固定的なジェンダー観にのっとった教育方法を、個人としての教育達成の手段として用いる別学論まで存在していた。

ということは、今、考えなければならないことは、男女共学や男女別学をめぐる考え方にどのようなジェンダーのありようが潜んでいるのか、そしてこれまでそれがどのように論じられてきたのかを明らかにすることなのである。わたしはかつて戦後初期の男女共学論に、戦前からのジェンダー観が継承されていることを指摘したことがあるが（小山 二〇〇五）、そのことを「教育史における戦前・戦後の不連続性よりも連続性を強調」したと捉え、「戦後日本の民主化をめざした教育改革の意義を過小評価してしまう危険性をはらんでいるように思われる」（木村 二〇一三）と批判する向きがある。ここには、共学を価値とする考え方の硬直性が示されているように思えるが、なすべきことは、男女共学という「民主化をめざした教育改革の意義」を称揚することではないだろう。すでに述べたように、現在、男女共学や男女別学に関してさまざまに論じられているが、そういう状況において歴史的観点から問題とすべきは、新制高等学校が成立した際に、共学や別学がどのような視点から議論され、結果としてどのような実態が生み出されたのか、ということなのである。そしてそのことはもちろん、それらの議論や実態にどのようなジェンダー観が内包されていたのか、その内実を問うことにつながっていく。

改めていうまでもなく、戦前における中等普通教育機関は、中学校と高等女学校から成り立っていたが、それは、単に男女が別々に学ぶということではなく、教育機会や教育内容などにおいて、男女で質的に異なる教育が制度的に行われているということであり(15)、男女別学体制といいうるものだった。別のいい方をすれば、戦前においては、教育に関するジェンダーの分割線が明確に引かれ、しかも制度化されていたということである。そして男女共学か男女別学かという議論が、共学と別学という二つの形態の学校が現実にあればこそ活発化するものであることを考えるならば、戦前の社会においては、共学の必要性が主張されることはあっても、共学か別学かという問題が広く議論されることはなかった。

ところが戦後社会においては、この戦前の男女別学体制は大きな変貌を遂げることになる。教育改革によって、教育制度上の男女平等が実現し、一九四七年に制定された教育基本法には男女共学条項が存在していた。その結果、公立の新制中学校はすべて男女共学となり、国公私立の新制高等学校にあってもおよそ三分の二が共学校となった。[16]従来とまったく異なる中等教育の体制ができあがったことによって、男女共学への転換や男女別学の維持をめぐってさまざまな議論が繰り広げられ、それまでのジェンダー観は否応なく揺さぶられていくことになる。だからこそ、男女共学は価値として高く評価されたのである。

すでに別の研究において論じたことであるが[17]、男女共学を実施するにあたっては、男女の学力差、男女交際の問題、男女の特性（性別役割や「女らしさ」「男らしさ」）に応じた教育の困難さの三点が、危惧すべきこととして指摘されていた。男女共学を実施するということは、このような危惧と向きあうということであり、さまざまな議論や経験を踏まえながら、戦前からのジェンダー観は、ある部分においては継承されながらも、ある部分では葛藤を経て変容していったと思われる。しかも、中等教育における男女別学体制から男女共学体制[18]への移行という大きな動きのなかで、その変容は共学化した場合にのみみられるのではなく、別学が維持された場合においても、共学化の動きは無視し得ない影響を与えたことだろう。社会的状況に左右されながら、それぞれの地域におけるジェンダー観の変容のありようは多様であったと考えられるし、男女によって向きあう現実も大きく異なっていたに違いない。そして戦後すぐの慌ただしい状況の下で共学や別学の高等学校が成立したことを考えるならば、実施から数年を経てその課題がしだいに明らかになり、人々が慣れ親しんでいた男女別学へのこだわりや、高等学校卒業後の男女の進路や期待される性別役割の違いなどが、共学や別学の内実を変化させていったことも予想される。

とするならば、たとえ迂遠なことのように思われようとも、共学や別学に対してどのような意義づけがなされ、それは性別によってどのように異なっていたのか、そこにはどのようなジェンダー観の変容がみられ、あるいはみられなかったのか、さらには共学や別学のありようがその後どのように変化していったのかを、丁寧に明らかにすることが重要だろう。

二　本書の課題と内容

このような問題関心から、わたしたちは、いくつかの地域を取りあげ、高等学校における男女共学／男女別学の問題に関する共同研究を開始したが、共同研究を通して、次の三点を解明したいと考えている。

一つは、男女別学体制の下にあった戦前の中等教育が、どのような過程を経て男女共学への転換、あるいは男女別学の維持が図られたのかという問題である。文部省自身は共学化にさほど積極的ではなく[19]、新制高等学校が成立する直前に次のような方針を提示していた。「新制高等学校において男女共学制を採用するかどうかは、監督庁が強制的に決定すべきことでなく、学校所在地の多数の民意を尊重して定めるべきであるが、男女に対する教育の機会均等が保証されることの必要は十分に考慮されなければならない。各都道府県において男女共学を実験的にどこかの学校で実施することは教育の将来に役立つであろう[20]」。その結果、学校が置かれた地域の歴史的社会的状況を反映する形で、男女共学や男女別学の公立高等学校が誕生することになった。ただ公立高等学校といっても、その多くは都道府県立であったが、市町村立や組合立のものもあり、一つの市区町村に複数の高等学校があるところもあれば、一校あるいは分校しかないところもあるなど、それぞれの公立高等学校が置かれた状況は多様である。それゆえ、全国レベルでの教育改革に規定されながらも、それぞれの状況に対処しつつ制度的改革が行われ、地域の独自性を反映した教育実態が生み出されていったのである。公立の新制高等学校の成立のありようは、教育改革に大きな影響力をもった地方軍政部の方針の違い、学校が置かれた地域における中等教育をめぐる歴史的経緯や私立学校の多寡、戦災による被災校舎の有無などによって大きく異なり、男女共学や男女別学の相違ももたらされたと考えられる。それがいかなるものであったのかを検討していかなければならないし、そのことを通して、各都道府県や市町村における具体的な教育政策のあり方や中央の政策の浸透過程が、地域横断的に明らかになると思われる。

二つには、いったん成立した男女共学や男女別学がどのように変化していったのかという問題である。男女共学は、男女別学という戦前の価値観を大きく揺るがす変革であったがゆえに、一度成立してしまえばすぐに受け入れられ、安定的な制度として定着したというわけではなかった。学校によっては、共学から別学へ、あるいは別学から共学へと転換した場合もあるし、共学や別学を維持しながらも、その具体的なあり方が変化していくこともあった。また生徒、保護者、教員をはじめとした人々の共学や別学に対する受け止め方も、時間の経過とともに変わっていく。これまた、それぞれの地域や学校が抱えていた事情によって、その具体的な姿は異なると考えられるが、どのようにして共学や別学の高等学校が成立したのかという問題だけでなく、いったんできあがったものがどのように変化していくのかという点にも、注意を払いたいと思う。

そして三つには、新制高等学校の成立と変化の過程から浮かびあがってくるジェンダーの問題である。教育改革によって、戦前の男女別学体制が男女共学体制へと再編されたことは、性別によって大きく異なっていた戦前の教育のあり方に大きな転換がもたらされたことを意味していたが、そこにおいてはいったいどのような教育とジェンダーをめぐる新たな関係性が成立したのだろうか。本書ではおもに公立の普通科高等学校に焦点を絞って論じていくが[21]、男女共学が実施された地域では、男女の生徒がはじめて学校で出会い、一緒に授業を受けるとともに、日常生活を共にすることになった。このような状況が生まれることを当時の人々はどのように受け止め、従来のジェンダー観をどのように変化させたのだろうか。あるいは男女別学が維持された地域にあっては、ジェンダー観に変化がみられたのだろうか。戦前から戦後へと、教育は大きく制度的に変化したが、その過程においていったい何が継承され、何が変容したのか。その結果として、どのようなジェンダー秩序が戦後の中等教育で構築されていったのか。旧制の中学校・高等女学校から新制の高等学校への転換にともなうジェンダー秩序のありようを明らかにし、そのことを通して戦後教育におけるジェンダー平等の内実を考えていきたいと思う。

本書はこのような問題関心に貫かれているが、もちろんすべての都道府県や市区町村を対象に研究を行うことは不可能なので、いくつかの地域を対象として研究を進めていった。それらをどのように選択したのか、簡単に述べておきたい。

そもそも、旧制の中学校・高等女学校などが新制の高等学校に転換した際に、大きく分けて、男女別学の高等学校が一部ではあれ誕生した地域と、男女共学化した地域がある。後者には三つのタイプがあり、一つは旧制の各学校が共学の高等学校となったケース、二つには各学校が共学となった点では一つめのケースと同様であったが、男女別の定員が設けられたケース、三つには旧制の複数の学校が統合あるいは再編されて、共学の高等学校が生まれたケースである[22]。それゆえ、次の四つの場合に分けて検討していった。

第Ⅰ部　別学校の存在
第Ⅱ部　単一の学校の共学化
第Ⅲ部　男女別定員を設けた共学化
第Ⅳ部　複数の学校の統合あるいは再編による共学化

第Ⅰ部で取りあげたのは、今世紀初頭まで別学校が存在していた福島県と、現在でもなお多くの別学校が存続している群馬県である。両県では、新制高等学校成立時に男女別学が当然視されていたが、それでも一部では共学校も発足していた。別学が大多数の地域においてなぜ共学校が成立したのか、そして時間的経過とともにそれらの共学校はどのように変容していったのだろうか。ここではこのことを論じながら、男女別学が存在する意味を浮かびあがらせようとしている。

第Ⅱ部では、札幌市、京都市、熊本市の事例を取りあげた。これらの地域では、小学区制の実施により男女共学制が成立し、現在にいたるまで共学が維持されている。しかし共学が実施されたといっても、その後のありようにはかなり大きな相違がある。というのも、コース別クラス編成を導入した札幌市、小学区制・総合制も維持した京都市、中学区制へ早々に移行した熊本市というように、三者三様の展開がみられたからである。これらの地域においては男女共学がいかにして導入され、受容されたのか、その後、どのように変化していったのか。このことを明らかにするのがここでの課題である。

第Ⅲ部では、共学化したものの、男女別定員が設けられた東京都と大阪府を取りあげた。第Ⅱ部と同じく、単一の学校が共学化しているので、第Ⅱ部に含めてもよかったのだが、共学でありながら男女別定員を設けたという特徴があるので、別個に取りあげることにした。男女別定員を設定した地域は、全国のなかではまったくの少数派であるが、同じように男女別定員を採用したといっても、旧制の中学校と高等女学校という、新制高等学校の前身校を意識して、男女比が偏った男女別定員を設けた東京都と、できるだけ前身校を意識しないように、男女同数をめざした大阪府というように、その内実は大きく異なっていた。そのありようはいかなるものであり、そこにどのような課題が存在していたのかを、ここで論じている。

第Ⅳ部では、戦前の中学校や高等女学校、実業学校が統合あるいは再編される形で男女共学が実施された、青森県津軽地方、和歌山市、福岡県久留米市、鹿児島県の事例を扱っている。正確にいえば、津軽地方には別学校も存在していたので、第Ⅰ部で取りあげることも考えたが、青森高等学校が共学校であり、そこにおける共学の受け止め方を論じているので、ここで検討することにした。これらの地域では、戦災による校舎の焼失や小学区制の実施によって、複数の学校が統合あるいは再編される形で共学校が誕生したが、そこにはどのような課題が存在し、共学がどのように受け止められていたのだろうか。それを考察するのがここでの課題である。

本書で用いたおもな史料は、学校史、学校文書、学校新聞、同窓会誌、地方新聞や全国紙の地方版、都道府県議会や市議会の議事録、行政文書、都道府県や市の教育史などに掲載された、男女共学や男女別学に関するさまざまな記述や記事である。ただ史料の残存状況には大きな地域差があるために、使用できた史料は検討対象によってずいぶんと違っており、それぞれの地域が抱えている男女共学や男女別学の課題も、歴史や文化に規定されながら多様である。それゆえ、一つの分析枠組みで複数の地域を横断的に論じるのではなく、それぞれの地域にとってもっとも重要と思われる課題を中心に論じるというやり方をとった。したがって、論じている対象が都府県全体といったかなり広い場合もあれば、一つの市に限定されている場合もある。また、共学あるいは別学の新制高等学校がいかにして成立したのかという、制度的な側面に重点をおいた叙述もあれば、高校生たちがはじめての経験である共学をどのように受け止めていったのかという問題に迫った論文もある。

そして一九五〇年代に入ると、占領の解除、独立という政治的状況の変化にともない、戦後初期の改革の問い直しが始まっていく。これが高等学校における男女共学や男女別学に変容をもたらしていく場合があるので、少なくとも一九五〇年代後半までを射程に入れて考察を進めた。したがって本書が取り扱う時期は、新制高等学校の成立からおよそ一〇～一五年間ということになる。

本書では、先にあげた第Ⅰ部から第Ⅳ部に分けて叙述を進めているが、それぞれの地域がおかれた歴史的社会的状況が多様であるがゆえに、そこで現れてくる男女共学／男女別学の姿は多彩であり、共通性よりは差異のほうが際立っている。どの章から読んでいただいても差し支えないが、男女別学体制から男女共学体制への移行という大きな制度的変革が行われたときの多様な対応のありようや、男女共学／男女別学をめぐる複雑な状況を、わずか一一の事例からではあるが、汲みとっていただければ幸いである。

注

（1） 代表的な研究として橋本（一九九二）があるが、そのほか橋本・吉村（二〇〇四）、佐藤（二〇一二）などの研究も参照されたい。

（2）数多くの研究が存在するが、代表的な研究としては、中西・堀（一九九七）、木村（一九九九）、天野・木村編（二〇〇三）、木村編（二〇〇九）、河野・藤田編（二〇一四）がある。

（3）尾崎（二〇一二）、辛酸（二〇一二）、杉浦（二〇一三）、友野（二〇一三）などを参照されたい。ただし、男子の不在ゆえに発揮される女子のリーダーシップが、男子がいる場でも発揮されるかについては見解が分かれている。また女子校ならではの文化的雰囲気が存在するなどの、カリキュラムには現れない「おまけ」（特色）の部分が女子校の価値であり（杉浦 二〇一三）、女性性利用型成功志向という価値も女子校ではつくり出されているという捉え方もある（今田 二〇〇八）。さらにいえば、イギリスを対象とした研究成果であるが、科目選択におけるジェンダーの偏りは共学校よりも別学校のほうが少ないことが指摘されている（堀内 二〇〇八）。

（4）土田（二〇〇八）。ほかに、非常に神経が細やかで、中学校時代に男子にいじめられたりした経験をもつ女子が、女子校で救われるという指摘も行われている（望月 二〇〇二）。

（5）池谷（二〇〇三、二〇〇四）

（6）江原（一九九九）。この論文では、男子校はいわばジェンダー平等の空白域となっているのではないかという指摘がなされている。

（7）中井（二〇一〇、二〇一四）

（8）多賀（二〇一六、一五四頁）

（9）男女併学を採用している学校の一例が、帝塚山中学校高等学校である。その教育のありように関しては、https://www.tezukayama-h.ed.jp/tokushoku/heigaku.html（二〇二一年三月一日、最終確認）を参照されたい。

（10）近年の共学や別学をめぐる議論の状況をまとめたものとして、多賀（二〇一六）があるので参照されたい。また二〇一〇年代に入ると、男女共学や男女別学の前提となっている、男性や女性という性別の自明性自体が問い直され、「女性（男性）とは誰のことか」という問いが浮上してきている。その結果、高等教育機関においての話であるが、女子大学としての入学者の線引きのあり方が問題提起され、アメリカ東海岸のセブンシスターズの五女子大学では、トランスジェンダー学生の入学受け入れが行われているという（高橋 二〇一六）。また日本でも、お茶の水女子大学は二〇一八年七月に二〇二〇年度より学部・大学院でのトランスジェンダー学生を受け入れることを表明し（http://www.ao.ocha.ac.jp/menu/001/040/

d006117.html（二〇二一年三月一日、最終確認））、奈良女子大学も二〇一九年六月に二〇二〇年度よりのトランスジェンダー女性の受入れを明らかにした（http://www.nara-wu.ac.jp/nwu/news/transgender/index.html（二〇二一年三月一日、最終確認））。またいくつかの女子大学でも検討中であることが報じられている。たとえば、「「心は女性」受け入れ進む女子大　お茶大決定に続き、4校本格検討」『朝日新聞』二〇一八年七月一〇日朝刊、三面を参照されたい。

(11) 一九六〇年の『高等学校学習指導要領』において、普通科の高等学校では家庭科が女子にのみ必修となり（ただ、すでに一九五六年の『高等学校学習指導要領　一般編』においては女子の家庭科の四単位履修が望ましいとされており、家庭科は女子が学ぶべき教科の扱いとなっていた）、これが別学の論拠として用いられる場合があった。しかし家庭科の男女共修によって、この論拠は成り立たなくなった。

(12) 男女共同参画社会基本法が成立したことをうけて、埼玉県苦情処理委員会には埼玉県における公立高等学校の男女別学の違法性が申し立てられた。

(13) ちなみに、『全国学校総覧　二〇二一年版』（原書房、二〇二〇年）によれば、その内訳は次のとおりである。岩手県立（女子校一校）、石巻市立（女子校一校）、山形県立（男子校一校、女子校二校）、群馬県立（男子校六校、女子校七校）、栃木県立（男子校五校、女子校六校）、埼玉県立（男子校五校、女子校六校）、茨城県立（女子校二校）、千葉県立（女子校二校）、松江市立（女子校一校）、福岡県組合立（女子校一校）、鹿児島県立（男子校一校）、鹿児島市立（女子校一校）、鹿屋市立（女子校一校）。群馬県・栃木県・埼玉県に別学校が突出して多いことがわかる。なお、ここでいう男子校・女子校とは、入学要項において男子のみ、女子のみと明記している学校のことではなく、一方の性だけが在学している学校のことである。

(14) 福島県および宮城県の共学化の動向に関しては、以下の研究を参照のこと。武藤（二〇〇三、二〇〇四）、遠藤（二〇〇四）、橋本・吉村（二〇〇四）、水原（二〇〇五）、橋本（二〇〇七）、八木（二〇一一）。

(15) 中学校と高等女学校の制度的な相違について、詳しくは小山（二〇一五）を参照されたい。

(16) 文部省『日本の教育統計（昭和23—40年）』一九六六年、一三〇頁によれば、一九五〇年における国公私立の高等学校に占める男女共学校の割合は六三・三%であり、男子校は一七・二%、女子校は一九・五%である。そして一九五四年には共学校は七〇%を超えている。

(17) 小山（二〇〇五、二〇〇九）を参照。

(18) 男女共学体制という表現を用いたことについて、別学校も存在するのにと訝しく思う向きもあるかもしれないので、説明を加えておきたい。たしかに戦後社会においても別学校が存在するが、それは戦前の別学校とは似て非なるものである。というのも、戦前の別学校では男女に対して異なる教育が制度的に行われており、しかも一部の例外を除いて別学校しか存在しなかった。それに対して戦後の別学校では、教育理念や教育制度における男女平等、教育機会の男女均等という体制の下で教育が行われている。つまり、別学校に通っていても、共学校と比べての制度上の不利益は存在しておらず、戦後の別学校は、戦前の別学校とは位置づけを異にしているので、戦前との対比の意味で、男女共学体制という表現を用いておきたい。

(19) この点について詳しくは、小山(二〇〇九)の第一章を参照されたい。

(20) 発学第一一七号「新制高等学校の実施について」(一九四八年三月二七日)『近代日本教育制度史料』第二三巻、講談社、一九五七年、三九五頁

(21) 普通科を考察のおもな対象としたのは、商業科や工業科あるいは家政科などの専門学科の場合は、それ自体がすでにジェンダーを色濃く反映しており、そのことを抜きにして、男女共学/男女別学におけるジェンダーだけを考察することはできないと考えるからである。

(22) 井上恵美子は共学化する際のタイプとして、門戸開放型、同種学校同士の合併型、異種学校の合併型の三つのタイプに分けているが(井上二〇一二)、本書では同種か異種かを問題にしないで、男女共学における男女別定員の有無に注目している。というのも、男女別定員は、前身校に規定された定員を設けることで、別学校だった時代の名残を色濃く残した共学となっている一方で、男女同数をめざした男女共学を実現しようとした制度にもなっているからである。それゆえ、男女共学/男女別学とジェンダーの問題を考えるにあたっては、別個に検討すべき対象であると考えた。

参考文献

天野正子・木村涼子編、二〇〇三、『ジェンダーで学ぶ教育』世界思想社

池谷寿夫、二〇〇三、「ドイツにおける男女共学の問題点と「反省的男女共学」」『日本福祉大学社会福祉論集』第一〇八号

——、二〇〇四、「ドイツにおける「再帰的男女共学」——訳者あとがきに代えて」ハンネローレ・ファウルシュティッヒ＝ヴィーラント『ジェンダーと教育——男女別学・共学論争を超えて』青木書店

井上恵美子、二〇一二、「はじめに」橋本紀子編『子どものジェンダー平等意識形成と学校に関する総合的研究――戦後男女共学制の総括』（平成二一―二三年度科学研究費補助金基盤研究（B）研究成果報告書）

今田絵里香、二〇〇八、「女子高校における女性性利用型成功志向」木村涼子・古久保さくら編『ジェンダーで考える教育の現在――フェミニズム教育学をめざして』解放出版社

江原由美子、一九九九、「男子校高校生の性差意識――男女平等教育の「空白域」？」『教育学年報7　ジェンダーと教育』世織書房

遠藤恵子、二〇〇四、「宮城県における共学化動向――官主導・遅ればせの共学化」亀田温子編『男女共同参画社会における高校・大学男女共学進行過程のジェンダー分析』（平成一三―一五年度文部科学省研究費基盤研究（C）（1）成果報告書）

尾崎博美、二〇一一、「教育における「リーダーシップ」概念の多様性を問う――男女別学・共学を巡る議論の分析を通して」生田久美子編『男女共学・別学を問いなおす――新しい議論のステージへ』東洋館出版社

河野銀子・藤田由美子編、二〇一四、『教育社会とジェンダー』学文社

木村浩則、二〇一三、「戦後日本における男女共学制とジェンダー平等に関する一考察――福岡県立高等学校の事例を中心に」『文京学院大学人間学部研究紀要』第一四号

木村涼子、一九九九、『学校文化とジェンダー』勁草書房

木村涼子編、二〇〇九、『リーディングス　日本の教育と社会16　ジェンダーと教育』日本図書センター

小山静子、二〇〇五、「男女共学制」小山静子・菅井凰展・山口和宏編『戦後公教育の成立――京都における中等教育』世織書房

――、二〇〇九、『戦後教育のジェンダー秩序』勁草書房

――、二〇一五、「制度から見た男女別学の教育」小山静子編『男女別学の時代――戦前期中等教育のジェンダー比較』柏書房

佐藤実芳、二〇一二、「男女共学に対する批判の分析――日本、アメリカ、イギリスの男女共学の動向を対比して」愛知淑徳大学ジェンダー・女性学研究所編『ジェンダーと教育』ユニテ

辛酸なめ子、二〇一一、『女子校育ち』ちくまプリマー新書

杉浦由美子、二〇一三、『女子校力』ＰＨＰ新書

多賀太、二〇一六、「分けるか混ぜるか――別学と性別特性をめぐる言説の錯綜」『男子問題の時代？――錯綜するジェンダーと教育のポリティクス』学文社

高橋裕子、二〇一六、「トランスジェンダーの学生をめぐる入学許可論争とアドミッションポリシー――21世紀のアメリカにおけるセブンシスターズの女子大学を中心に」『ジェンダー史学』第一二号
土田陽子、二〇〇八、「男の子の多様性を考える――周辺化されがちな男子生徒の存在に着目して」木村涼子・古久保さくら編『ジェンダーで考える教育の現在――フェミニズム教育学をめざして』解放出版社
友野清文、二〇一三、「私学における男女「共学」と「別学」をめぐって」『ジェンダーから教育を考える――共学と別学／性差と平等』丸善プラネット
中井俊已、二〇一〇、『なぜ男女別学は子どもを伸ばすのか』学研新書
――、二〇一四、『男女別学で子どもは伸びる！』学研パブリッシング
中西祐子・堀健志、一九九七、「「ジェンダーと教育」研究の動向と課題――教育社会学・ジェンダー・フェミニズム」『教育社会学研究』第六一集
橋本紀子、一九九二、『男女共学制の史的研究』大月書店
――、二〇〇七「東北地方における半世紀遅れの男女共学制移行」『「教育とジェンダー」研究』（女子栄養大学教育学研究紀要）第七号
橋本紀子・吉村玲子、二〇〇四、「男女共学制度の現状と課題」『民主教育研究所年報』第五号
堀内真由美、二〇〇八、「男女共学制は進歩の砦？――イギリスの共学点検からみた日本の学校」木村涼子・古久保さくら編『ジェンダーで考える教育の現在――フェミニズム教育学をめざして』解放出版社
水原克敏、二〇〇五、「男女共学の歴史的経緯と今日的課題」生田久美子編『ジェンダーと教育――理念・歴史の検討から政策の実現に向けて』東北大学出版会
武藤八恵子、二〇〇三、「福島県における県立高校共学化への活動」『福島大学地域創造』第一五巻第一号
――、二〇〇四、「福島県における共学化動向――完全共学化への道程」亀田温子編『男女共同参画社会における高校・大学男女共学進行過程のジェンダー分析』（平成一三―一五年度文部科学省研究費基盤研究（C）（1）成果報告書）
望月由孝、二〇〇二、「公立女子高　廃止してはならない理由」『朝日新聞』七月六日夕刊
八木美保子、二〇一一、「日本の公立学校制度における男女共学・別学の政策的展開――少子化時代における高校統廃合と男女共学化」生田久美子編『男女共学・別学を問いなおす――新しい議論のステージへ』東洋館出版社

近代日本学校教育制度史料編纂会編『近代日本教育制度史料』第二三巻、講談社、一九五七年
全国学校データ研究所編『全国学校総覧　一九九六年版』原書房、一九九五年
全国学校データ研究所編『全国学校総覧　二〇二一年版』原書房、二〇二〇年
文部省『高等学校学習指導要領　一般編』一九五六年
文部省『高等学校学習指導要領』一九六〇年
文部省『高等学校学習指導要領』一九八九年
文部省『日本の教育統計（昭和23－40年）』一九六六年
お茶の水女子大学　http://www.ao.ocha.ac.jp/menu/001/040/d006117.html（二〇二一年三月一日、最終確認）
帝塚山中学校高等学校の男女併学　https://www.tezukayama-h.ed.jp/tokushoku/heigaku.html（二〇二一年三月一日、最終確認）
奈良女子大学　http://www.nara-wu.ac.jp/nwu/news/transgender/index.html（二〇二一年三月一日、最終確認）
「「心は女性」受け入れ進む女子大　お茶大決定に続き、4校本格検討」『朝日新聞』二〇一八年七月一〇日朝刊、三面

第I部

別学校の存在

富高新聞　昭和44年3月7日

男女共学廃止!

定員2百88名に

教委最終決定

共学二十年

新制度のもと

男女共学だった群馬県立富岡高校が男子校になることを報じる『富高新聞』1969年3月7日

第1章

福島県における男子校の女子受け入れ

——別学に戻った高校、共学化した高校

前川直哉

はじめに

福島県は戦後教育改革において新制高校の共学化が徹底されず、いわゆる伝統校を中心に一部の県立高校において男女別学が戦後も長く残存した。これらの学校が共学化されたのは一九九〇年代に始まる県立高校改革によってであり、二〇〇三年に最後の四校である福島高校、福島女子高校（現・橘高校）、相馬高校、相馬女子高校（現・相馬東高校）で男女共学が導入され、すべての県立高校で共学化が達成された。

ただし、上に挙げた福島高校や相馬高校など、長らく男子校だったはずの新制高校でも、一九五〇年代の一時期、わずかながら女子の入学を受け入れていた時期があった。詳しくは後述するが、この時期各校に入学していた女子生徒は毎年一桁から十数名程度ときわめて少なく、一時的な「共学化」というよりは「男子校の女子受け入れ」と呼ぶほうが実態に近い。また当時、福島高校には福島女子高校、相馬高校には相馬女子高校というよう

に、対となる女子校が存在していたが、こちらには男子生徒が入学していたわけではない。そして県下の複数の男子校で同時期に行われていた「女子受け入れ」は、多くの学校では一九五四年の入学者を最後に途絶することとなった。一方、後にみるように二つの県立高校はその後も女子の受け入れを続け、そのまま共学化した。こうした差異は、なぜ生じたのだろうか。

本章では全日制普通科の福島県立高校を対象に、新制高校発足時に男女別学の学校が複数残ったこと、一九五〇年以降、多くの男子校で女子入学の受け入れが行われたこと、だが大半のケースで一九五五年度より女子入学が再停止されたことについて、時間軸を追いながらみていく。そして一度女子受け入れを始めた男子校が、一九五五年以降、「女子募集を再停止し、男子校に戻る」「女子募集を継続し、共学化する」の二つのパターンに分かれるにいたった背景について、個別の学校ごとに検証する。

一　新制高校の発足と別学校の残存

一九四八年四月の新制高校発足時、福島県では県立全日制高校四八校が誕生した。[1] このうち全日制普通科のある三二校を別学・共学および職業科併設の有無で分類したのが**表1－1**である。当時、福島県には福島・郡山・若松（現在の会津若松）・平（現在のいわき）の四つの市が存在したが、市部の全日制普通科の県立高校はすべて別学校として発足したことがわかる。

福島県内の新制高校発足時の県立高校設置状況をまとめると、次のとおりとなる。

市部…旧制中学・旧制高女がそのまま普通科男子高校・普通科女子高校に移行。同一市内に男子校と女子校の全日制普通科高校が置かれた。

表 1-1　新制高校発足時の全日制普通科高校の内訳

	普通科のみ　21 校	普通科・職業科　併設　11 校
別学　男子校 9 校	8 校 福島、安達、安積、会津、喜多方、 磐城、双葉、相馬	1 校 白河
別学　女子校 13 校	11 校 福島第一女子、福島第二女子、 安達女子、安積女子、郡山女子、 会津女子、若松女子、喜多方女子、 磐城女子、浪江女子、相馬女子	2 校 白河女子、石川女子
共学校 10 校	2 校 田村、湯本	8 校 保原、川俣、梁川、須賀川、田島、 大沼、棚倉、原町

『福島県教育史　第三巻』199–202、211 頁より作成。校名の □（囲み）は市部に所在した学校

　　例：安積中学↓安積高校、安積高女↓安積女子高校

郡部…市部と同様に男子校・女子校が置かれたケースのほか「旧制中学または実業学校」＋「旧制実科高女」の組み合わせでできた、普通科・職業科併設の共学校が多い。

　　例：保原中学＋保原実科高女（町立）↓保原高校

　　　　川俣工業学校＋川俣実科高女（町立）↓川俣高校

　このように福島県内では市部を中心に、新制高校の多くが別学校として発足することとなった。なぜ福島では、新制高校の共学化が貫徹されなかったのだろうか。

　当時の県議会の議事録を掲載する『福島県議会史　昭和編第三巻』をみても、この時期に新制高校の共学化について議論された形跡はない。たとえば一九四八年の二月定例会で知事の石原幹市郎は「本年の四月より従来の中等学校の大半が新制全日制高等学校として発足する予定」と述べているのみであり、男女共学に関しては知事も議員も一切言及していない（福島県議会史編さん委員会編　一九六七：五二六）。

　後年の記述になるが、一九六九年に刊行された福島県公立学校退職校長会『明治百年福島県教育回顧録』は「市部においては他府県にみるように占領軍の教育担当者のきびしい男女共学

の強制がなく、本県では男子の高校と同じく女子だけの高校として従来の高女が女子高として昇格した」と記しており（六五〇）、『福島県教育史　第三巻』もこの記述を引用・踏襲している。また福島県立高校における男女別学の残存について検証した武藤八重子は、この『福島県教育史』の記述と、阿部彰の先行研究『戦後地方制度成立過程の研究』（一九八三年）を引いたうえで、東日本を統括した第九軍団軍政部の対応の穏やかさが、福島県に共学校が少ない理由である可能性を示唆している（武藤　一九九三：五一）。

学校史に目を転じると、福島女子高校の『創立百周年記念誌』は、女子校設置の経緯について、文部省学校教育局「新制高等学校実施の手引き」の「旧制の中学校と高等女学校が同じ地域にある地方で、それらの学校が新制高等学校になるときに、もしその地方の人々が希望するならば、これまで通り男女を別々の学校に収容して教育することは差し支えない」という記述を引用したうえで、福島県の都市部においては「男女均等の教育機会は、学校単位ではなく、地域（学区）単位で提供されることになった」と記している（福島県立福島女子高等学校　一九九八：三三九―三四〇）。

当時の県議会議事録や新聞記事など、「なぜ福島県では、新制高校の共学化が貫徹されなかったのか」という問いに完全に答える史料は見つかっていないが、多くの先行研究などが指摘するとおり、ＧＨＱの担当者が新制高校の全校共学化にこだわった地域に比べて、福島県ではそこまでの圧力がなく、文部省の「手引き」どおりの対応がなされたと考えてよいであろう。

表 1-2　男子校9校と女子受け入れ対応の分類

パターンA	一貫して女子を受け入れず	安積（1校）
パターンB	1950－51年より女子を受け入れるが、55年から再び停止	福島、会津、磐城、相馬、白河（5校）
パターンC	1950－51年より女子を受け入れ、そのまま共学化	喜多方、双葉（2校）
パターンD	1950年に女子高校と合併し、共学化	安達（1校）

二　男子校の女子受け入れと廃止

（一）男子校の女子受け入れ

表1－1のとおり、一九四八年の新制高校の発足時、全日制普通科がある福島県立高校のうち九校が男子校であった。このうち安達高校は一九五〇年に安達女子高校と統合し、共学化する（校名は「安達高校」）。そして残る八校のうち安積高校を除く七校は、一九五〇年または五一年から女子の受け入れを始める。だが奇妙なことに、この七校のうち二校はそのまま共学化した（女子の受け入れを続けた）のに対し、残る五校は一九五五年から再び女子の受け入れを停止したのである。すなわち、**表1－1**の男子校九校を、女子の受け入れについて分類すると、**表1－2**の四パターンに分かれることとなる。

パターンBの五校は、なぜ一度、女子の入学を受け入れながらも数年で再び停止したのだろうか。また五校が再び男子校に戻るいっぽう、喜多方・双葉の二校はなぜ女子受け入れを続け、そのまま共学化したのだろうか。まずはパターンB、Cの七校が女子を受け入れた経緯についてみてみよう。

一九五一年一月二九日・三〇日の両日、白河高校にて「十二男子高校校長会議」が開かれ、女子生徒を入学させるか否かについて話し合われた。その結果、「現在までに女子を入学させている白河、双葉、相馬高校のほかに今春は福高約廿名、会高が若干名をそれぞれ募集、また磐高、喜高もそれぞれ希望者があれば入学させることになった」という。[2] この時点ですでに白河・相馬などが女子入学を受け入れていたこと、また一九五一年度から他の男子校においても女子を受け入れるかどうかについて話し合われたことはわかるが、なぜ白河・相馬高校が女子を受け入れていたのか、またなぜこのような会議が開催されたのかなどについては明確な史料がなく、不明な点が多い。武藤八重子も同様のことを指摘している（武藤 一九九二：一二）。

前掲の『福島県議会史 昭和編 第三巻』によると、前年二月の県議会定例会において、安達高校と安達女子高校の統合については盛んに議論されていたが、この校長会議の前後に開かれた定例会（一九五〇年一二月、一九五一年二月）において、男子校の女子受け入れが議論されている様子はみられない。

後の時代からの回想となるが、福島高校の学校史である『福高八十年史』（一九七八年）はこの時期の経緯について、次のように記している（一三九―一四〇、傍線は引用者、以下同じ）。

……昭和二十五年ころから「総合制」「学区制」「男女共学」のいわゆる高校三原則が全国的に強調され、前述の如き学区制の施行となり、つづいて男女共学問題もクローズアップされだした。新聞も「男女共学実施すべし」という社説をかかげて（『福島民報』二十六・一・三十）教育基本法の理念から説きおこして共学の時代がきたことを主張した。

市部の高校で最も早く女子入学を認める方針をうち出したのは相馬高校であった。つづいて二十六年一月三十日、白河で開かれた男子高校長会議において、福島・安積・磐城・会津・白河の五高校長が女子をうけ入れる方向で話合いをもった。福島地区の場合、共学の声が特に強いわけではなかったが、主に大学進学という観点から福高に女子を入れたいという声が福島大学附属中の父兄・教師のなかにおこっていた。

福高の内部でもこの件について話し合いが持たれた。会議の雰囲気としてはどちらかといえば消極的なものであった。トイレの問題・家庭科・体育授業の問題など難問が多かったためである。しかし、前述の高校長

> 会の方針、占領軍当局の示唆、新教育の理念をたてにした父兄の要望などによって、幸野校長はとりあえず二〇名の制限をつけて募集しようとの決断を下した。家庭科は実施しないことで県教委の了解をとっていた。

ここでは、一九五〇年頃から総合制・学区制とともに男女共学についても世論の関心が高まるなか、とくに大学進学を目指す女子生徒の親や中学校の教員が「占領軍当局の示唆」や「新教育の理念」を理由としながら、男子校であった福島高校への女子の入学受け入れを求め、学校側が制限（定員）つきでそれを認めたという見解が示されている。ただし「高校三原則」という表現が一九五〇年時点で使われていたわけではなく、「占領軍当局の示唆」が何を指すのかも不明であるなど、当時の実際の状況をどの程度正確に記したものかは疑問が残る。

『会津高等学校百年史』（一九九一年）は「学校創立以来質実剛健を旨とし、日新館の流れを汲む会津高校への女子の入学は、学校の教師にとっても地域の人々にとっても衝撃的なことであった」と記したうえで、「橋本校長も語っているが、「命令とあれば実施する」（『学而新聞』第二一号）というように軍政部の指導性に抗し切れず、男女共学を実施せざるを得ない状況におかれていたのである」（七六六）と記載し、女子入学の受け入れが「命令」でありその背後に「軍政部の指導性」があったと指摘する。一方、磐城高校の『創立百年』（一九九六年）は「学校当局は、共学の可否をめぐる判断資料を収集し、県下の実施状況を注視しながら、無理なく男女共学へ移行する時期を探っていた」（五六五）と記すにとどまっている。

同時代史料の少なさから、女子の入学受け入れがどの程度強制的なものだったのか、また「占領軍当局」の介入が実際に存在したのかは不明である。だが世論のなかに男女平等を志向し、その一環として県立高校の共学化を求める声があったのは確かなようだ。

たとえば文部省初等中等教育局中等教育課が一九五〇年に刊行した『公立中学校・高等学校　男女共学実施状況調査』には、福島県教育委員会が実施した、男女共学に対する賛否を問うアンケート調査の結果が掲載されている（一三・一九・二一）。これによれば「男子のみの学校」（八校）の生徒（回答者三三二九人）の男女共学への賛成率は三二・五％にとどまり、不賛成が五九・七％に上るのに対し、同じ「男子のみの学校」（八校）の教員（回答者一九二人）の男女共学への賛成率は七〇・八％、不賛成は二九・二％であり、とくに教員の間で共学賛成の声が強いことがわかる。父兄（回答者三五七五人）の賛成は三五・七％、不賛成は六〇・二％であった。賛成理由としては生徒が「両性の理解のため」「民主主義達成のため」「成績が向上するから」「校内が美化するから」「新教育法に則り」などを挙げ、教員もほぼ同様に「民主主義達成指導のため」「男女を理解させるため」「新憲法の精神から」「良き人格の完成のため」などを挙げている。また不賛成の理由としては生徒・教員ともに「時期尚早」「設備不完全」「風紀が乱れるから」などを挙げ、ほかに生徒は「訓練が不十分だから」、教員は「学力が低下する」を理由として挙げている。調査がどういった趣旨で実施されたのか、どのように活用されたのかなど不明な点は多いが、当時の福島県内において共学に賛成する声が一定数あったことを示す貴重な史料といえる。

また『福高八十年史』にも記述があったとおり、校長会議二日目にあたる一月三〇日、『福島民友』は社説「男女共学は実施すべきだ」を掲載している（一九五一年一月三〇日、朝刊一面）[3]。この社説は憲法・教育基本法などを引き、また反対意見（男女の「火遊び」、合併すると校長が一人減る、設備に費用がかかる）について一つずつ反駁したうえで、「男女共学を拒否する態度は両性の本質的平等を無視することともなる」「われわれは男女共学の実施を望むものである」と明確に述べている。

ただし、女子の受け入れについて議論されたのは、男子校のなかでも普通科のある学校のみであった点、および先述の『福島民報』記事「女生徒にも門開く」にある「大学進学をねらう女子が男子高校へ進学する気運は年々高まってきている」などの記載から推測するに、この校長会議でのテーマは共学実施の是非というよりは、やはり大学進学を念頭に男子校への入学を希望する女子を受け入れるか否かという点に絞られていたと考えてよいだろう。上述の『福島民友』社説にも「女子が男子高校に入学したい志望は大学へ進学の準備のためだというう」との一文が記されている。また武藤八重子は、この時期の男子校に入学していた女性たちを対象としたアン

表1-3 「男子校」に入学した女子生徒数（単位：人）

入学年	福島	会津	磐城	相馬	白河	安積
1950年				6	16	0
1951年	5	13	5	8	9	0
1952年	8	11	3	7	7	0
1953年	7	5	2	10	5	0
1954年	6	3	15	9	7	0
計	26	32	25	40	44	0

武藤（1992:13）より一部を省略して転載

ケート調査を一九九〇年代に実施しているが、このアンケートにおいても男子校に入学した理由の一位は「学力をもっと伸ばしたいから」であった（武藤 一九九二：一四）。

こうして、安積高校を除く普通科男子高校で女子生徒の受け入れが始まった。武藤の調査によれば、各校の女子の受け入れ人数は**表1－3**のとおりである。なぜ安積高校が女子の入学を拒み続けたのかは不明であり、安積高校の学校史においても記述はみられない。『会津高等学校百年史』（一九九一年）には「安積高校は男女共学制はとらなかったが、農業科・家庭科を合併して一応総合制高校の形態をとった」とのみ記載されている（七六六）。

なおこの時期、福島県において女子校への男子生徒入学が議論された形跡はみあたらず、実際に男子が入学した事例もみられない。

（二）女子受け入れの停止

先述のとおり福島、会津、磐城、相馬、白河の五校は一九五五年から普通科の女子募集を再び停止した（ただしこのうち白河高校だけは普・職併設で、商業科はその後もしばらく女子が入学した）。経緯について、同時代の史料および学校史をみていこう。

まずは同時代の史料である。一九五五年一月一一日の『福島民報』記事によれば、一月七日、県教委は一月定例教育委員会で「定時制高校の整理と募集減員」「普通課程男子高校への女子入学停止」「同一学区にある同一課程の統合」などの基本方針を打ち出した（「福高など共学廃止」『福島民報』一九五五年一月一一日、朝刊一面）。記事には「福高、磐高、白高、会高、安高の通常課程への女子入学停止は三十年度から実施することがほぼ決定的となった」とあるが、すでに述べたとおり安積高校（安高）は女子入学を受け入れておらず、また実際は相馬高校も停止した。なお、この記事には女子入学を再停止した理由は明記されていない。一九五五年四月に発行された福島高校の学校新聞『梅章』には「文部省カリキュラムの改正により女子生徒は家庭科が必修課目となったので本校でも今年から男女共学を廃し女子は募集しなかった」という記述(4)がみられるが、後述のとおりこれは口実である可能性が高い。

学校史ではどのように記載されているだろうか。相馬高校の記念誌『相中相高八十年』（一九七八年）によると、上記のような県教委の基本方針発表は、県当局による「新聞を通して」の「当該高校の校長も知らないという突然の発表だった」という（一九九―二〇〇）。同誌は女子入学停止の理由について「教育課程が改訂になり「女子は家庭科を履修することが望ましい」ことになったが、県としては僅かな女生徒のために、男子校にそのための設備を作る財源も意志もないというのであった」という「県の財政難」および「占領政策からの脱却の動き」を挙げている（二〇〇）。

他校の記念誌も「家庭科の履修」を停止の理由として挙げている点では共通している。たとえば『福高八十年史』は「昭和三十年度から女子生徒の家庭科が必修となったため、福高は女子生徒の募集を中止して現在に至っている」（一四〇）と簡潔に経緯を記す。また磐城高校の『創立百年』には次のように、やや詳細な記述がされている。

男女共学の停止は、教育課程の改訂に従ったこととされている。三十一年の指導要領の改訂は、国民教育における国家基準を示すものと位置づけられ、同年の入学生から学年単位で実施された。このなかで女子生徒に関係して、家庭科の四単位履修が望ましいこととする内容が盛り込まれ、福島県もこれを強く指導した。

磐高には家庭科の設備もなく教師もいないので、福島県の指示を受けたうえで三十年度から女子生徒の入学を停止した（五六七）。

学校史の記述にもみられるとおり、一九五六年の改訂はあくまで「望ましい」という表現にとどまるものであり、家庭科の女子必修は実際には一九六三年度入学生からであった。また改訂は一九五六年なのに、なぜ一九五五年度から女子受け入れを停止するのかの理由も記されていない。武藤八重子はこの点を指摘したうえで、県当局に共学を続ける意志があれば時間講師の雇用もできたはずであると述べ、「僅かな女生徒のために設備を作る財源も意志もない、共学を押し付けられたものと捉えている意識が家庭一般必修を共学廃止の隠れ蓑にしたと考えられる」と述べている（武藤　一九九三：五三）。

各校の記念誌や武藤（一九九二）のアンケート調査によれば、男子校が女子生徒を受け入れていた期間に大きな校内トラブルは起こらず、また女子生徒の間にもさしたる不満はみられなかった。そうしたなか、多くの学校が再び女子入学を停止した背景には、武藤が指摘するとおり共学を「押し付けられたもの」と捉える視線が県教委や各校に共有されており、「家庭科」履修が口実として利用された可能性が高い。また『相中相高八十年』に「占領政策からの脱却の動き」との記述がみられるように、一九五二年にサンフランシスコ平和条約が発効して日本が独立を回復し、ＧＨＱによる指導の存在がなくなったこともおそらく無関係ではないだろう。

寝耳に水の方針転換に驚き、行動を起こしたのは、すでに男子校へ入学していた女子生徒たちであった。相馬高校の学校史『相中相高八十年』によると、突然の女子受け入れ停止の報に衝撃を受けた普通科の女子生徒たちは校長に質すが、答えは「全然通知がないので答えられないが、しかし県の決定があれば、それを実施する」というものであった（二〇〇）。その後、彼女たちは新聞やＮＨＫへの投書、校内での協力要請、地元への働きかけなどを行ったという。だが校内において一部には同情論も聞かれたものの、多くは「県の命令なら仕方がない。それに共学は片方が少数などではなく全面的共学が望ましい」といった意見であったらしい（二〇〇）。

彼女たちの運動により、在学生も一九五五年度より相馬女子校に移すという当初案は撤回されたものの、女子入学の受け入れは原案どおり一九五五年度より停止された。その後、同校の全日制普通科に女子が入学するのは、二〇〇三年の共学化（相馬女子との合併）を待たねばならなかった（ただし一九六九年には共学の理数科が設置された）。

三　女子受け入れから共学化へ

（一）双葉高校のケース

前節の（二）では福島、会津、磐城、相馬、白河の五校が一九五五年から再び、男子校に戻った様子をみてきた。だが同じく一九五〇－五一年に女子受け入れを開始した男子校であっても、双葉・喜多方の二校だけは一九五五年度以降も女子入学の受け入れを続け、そのまま共学化していった。このうち、より経緯がシンプルなのは双葉高校である。

同校の学校史『双葉高校五十年の歩み』（一九七三年）では、女子受け入れの開始について次のように記している。（一九五〇年の）一月以来、本校でも度重なる職員会議の席上でこの問題が論議され、けっきょく女子は四〇名に限り、しかも大学進学を目指す者を前提にするという、厳しいとも思える条件のもとで、共学に踏み切ることになった。この間、二月には同じように共学実現のため、新山町長、長塚村長、駅長、ならびに婦人団体が、福島に乗りこんで、陳情におよぶ一幕もあった（一〇一）。

この記述からは一九五〇年の女子受け入れを「県教委からの押し付け」とする意識はみられず、地元の要請に高校側が応え、自発的に行った措置だと捉えられていることがわかる。また女子の定員が四〇名と他校よりも多

表 1-4　新制高校発足時に男子校だった福島県立高校９校のその後

※パターンＡ～Ｄは**表 1-2**のパターン分けに対応

対となる旧高等女学校系の 新制の普通科女子高校が　ある	対となる旧高等女学校系の 新制の普通科女子高校が　ない
パターンＡ（安積） 旧制安積中学→新制安積高校 旧制安積高女→新制安積女子高校 ・安積高校は一貫して女子を受け入れず。	パターンＤ（安達） 旧制安達中学→新制安達高校 旧制二本松実科高女（町立） →新制安達女子高校 ・1950年に両校が合併して共学化。 (校名は「安達高校」) ※「旧制中学」＋「旧制実科高女」で「新制の共学高校」になるという点では、1948年の新制高校発足時の保原高校などと同じパターン。
パターンＢ（福島、会津、磐城、相馬、白河） 旧制福島中学→新制福島高校 旧制福島高女→新制福島女子高校 ・福島高校が1951年より女子を受け入れるが、1955年からは再停止。男子校に戻る。	
パターンＣ－①（喜多方） 旧制喜多方中学→新制喜多方高校 旧制喜多方高女→新制喜多方女子高校 ・喜多方高校が1950年から女子を受け入れ、そのまま共学化。	パターンＣ－②（双葉） ・旧制双葉中学→新制双葉高校 ・旧制浪江実科高女（町立） →新制浪江女子高校 ・双葉高校が1950年から女子を受け入れ、そのまま共学化。

い点、「共学に踏み切る」という表現などに着目すると、女子の受け入れは一時的なものではなく、当初から恒久的な「共学化」が想定されていたといえよう。この背景には、他の男子校とは異なる双葉高校独自の事情が存在していた。

他の男子校と大きく異なっていたのは、**表１－１**の男子校九校のうち、対となる旧高等女学校系の新制の普通科女子高校がないのは、安達高校と双葉高校の二校のみだったという点である（**表１－４**）。このうち安達高校は先述のとおり、一九五〇年に旧実科高等女学校系の安達女子高校と合併し、共学化する。いっぽう双葉高校は、同じ双葉郡内に旧実科高等女学校系の県立浪江女子高校（一九四九年に県立浪江高校と改称するが、一九八五年まで女子校）があったものの、同校とは合併せず、双葉高校が新たに女子を受け入れるという形で共学化したのである。

双葉高校は一九五〇年に新入生だけではなく、女子の二年次転入も受け付けた。前出の学校史によれば、このとき転入してきた女子生徒は「女人禁制のあおりで、やむなく遠隔の地に学ぶ機会を求めなければならなかった地元出身の女子たち」であった（一〇一）。ちなみにこの「遠隔の地」とは、学校史に収録されている卒業生座談会（一二〇）によれば相馬女子高校である。

司会　末永さんは旧制時代相馬女学校に行かれて、本校が共学になるというのでこちらに移られたときの気持ちはどうでしたか。

末永　あの頃は県立といえば双高と相女でしたね。双高に女子部ができたから相馬まで行かなくても地元に通えるのだという、単純な気持ちでおったのですけれども……

双葉高校が一九五〇年時点から、恒久的な男女共学化を想定していたことは、教育課程と教員配置に明確に現れている。『双葉高校五十年の歩み』によると、それまで実施されていなかった家庭科が、一九五〇年入学生の教育課程では、三年時に女子のみ「家庭一般　五単位」が配置されるようになり（三年時の総履修単位は男三〇、女三五）、その後も女子のみの科目として「家庭一般」が開講されているのである（一九三―一九四）。また教員についても、家庭科の木幡ナイという教員が一九五〇年に着任して一九五八年まで、笠井マサが一九五八年から一九七三年まで（あるいは、それ以降も）と、一九五〇年の共学化以降、途切れることなく在職しているのである（一八七―一八九）。前述のとおり、福島高校は一九五一年の女子受け入れ開始にあたり家庭科を実施しないということで県教委の了解を取りつけていた。こうした他校のケースに比し、双葉高校は一九五〇年時点から恒久的な共学化を想定した措置をとっていたといえよう。

(二) 喜多方高校のケース

ここで再び表1－4に戻ると、同じ「一九五〇年から女子を受け入れ、そのまま共学化」した「パターンC」のケースであっても、喜多方高校のほうがより特殊なケースであることがわかる。対となる旧高等女学校系の女子校がなかった双葉高校とは異なり、喜多方高校は対となる旧高等女学校系の喜多方女子高校がありながら、女子を受け入れ、そのまま女子募集を停止せずに共学化するのである。このあたりの事情について『喜多方高等学校七十年史』（一九八八年）は、次のように記している。

実は旧制中学校を前身とする高校に、女子が入学するようになったのは何も本校だけのことではなかった。例えば会津高校、福島高校でもこの時期女子を受け入れた。しかし、施設の不備等の理由からいずれも数年で止めてしまい、元の男子校に戻った。本校でも、女子の入学を拒否すれば当然出来た筈であった。しかも、同一町内に二校（喜多方女子高校）があったのだから、別学に戻れた筈であった。そうすることなく、一人本校のみが現在も共学を続けているのは、むしろ「不自然」の感を抱くむきもあろう。

しかし、本校では間もなく夜間部も開設され（共学）、男女共学は当然のこととして受けとめられ、それが普通科にも拡大されただけ、と考えられたのであろう。その当然のことが現在も続いている、ということである（一二五）。

この引用には、喜多方高校のケースが特殊であるという自覚が記されている。なお引用にある「夜間部」とは、一九五〇年七月に設置された定時制普通科・夜間部（四年制）を指すと思われるが、『七十年史』一八九頁によれば、この夜間部は一九五八年にその歴史を閉じるため、「夜間部が共学であるのを、全日制に拡大しただけ」という解釈はやや無理があるものだとも思われる。

むしろ注目すべきは、同校において一九五一年三月に全日制農業科と同時に開設された、全日制家庭科の存在であろう。喜多方高校の全日制家庭科ははじめ一学級、一九五八年より二学級となり、一九七四年まで存在していた。

喜多方高校は新制高校としての発足以降、家庭科に限らず、多くの課程が同時に存在する「総合制高校」となっていった。たとえば一九五四年度は（分校を入れず、本校だけでも）一一の課程が存在している。[5]

ただし普職併設であり、職業科（喜多方高校の場合は家庭科）に大勢の女子がいたというだけでは、普通科も共学のまま存続したことへの十分な説明にはならない。なぜなら先述のとおり、白河高校の商業科には女子が入学し続けたのに、普通科の女子受け入れは停止されたからである。

重要なのはおそらく、その学校に「家庭科の教員が存在していたか、否か」および「家庭科の授業ができる設備があったか、否か」だったのであろう。前掲の『七十年史』の後に編まれた『喜多方高等学校八十年史』（一九九九年）には、一九五一年、女子の受け入れ開始時には「体育の授業も男子といっしょ、特に家庭科の授業があったわけでもない」（一三四）様子だったのが、指導要領改訂に伴い変化したことが書かれている。

昭和三十一年度実施の文部省学習指導要領の改訂からは、これが法的拘束力を伴うものとされ、以後数次に及ぶ高校教育課程改訂のなかで、女子家庭科必修が義務化され、男女共学共習（共学とはいえ、男女別HRや別履修の学校もある）をすすめるにはかなりの困難もあった。男女「共習」を守るために女子のみ放課後に家庭科の授業を行うというのが、昭和四十七年度入学生まで続けられた。〝女子がいるから進学成績が上らぬのではないか〟などの批判があったことも事実であり、本校では諸々の困難をのりこえて共学が守られてきたのであって、その歴史の重みを考えてみる必要もあろう（一三四）。

前節でみたとおり、他校が教員や設備の関係で家庭科を実施できない（しない）ことを口実に女子の受け入れを再停止し男子校に戻るなか、喜多方高校は「女子のみ放課後に家庭科の授業を行う」などの対応を続け、共学を維持してきた様子がわかる。そしてこうした対応が可能だった背景には、喜多方高校に全日制家庭科が長く設置され、家庭科の授業を行う設備・教員が存在したためであろう。『七十年史』一八八頁によれば、喜多方高校の場合、普通科・職業科の職員室はそれぞれ別であったものの、両方の授業を担当する教員もかなり多く、またいくつかの部活動も合同であったという。

『七十年史』に掲載された旧職員名簿を見ると、同校の全日制家庭科が廃止される一九七四年まで、同校には

（当然ながら）多くの家庭科教諭・講師などがいたことがわかる。おそらくはこれらの教員が、全日制家庭科の授業を中心に行いつつ、放課後には全日制普通科の女子生徒を対象に家庭科（家庭一般）の授業を行っていたのであろう。この放課後補習制度が「昭和四十七年度入学生まで続けられた」というのは、全日制家庭科廃止に伴い制度の変更が行われたことを示唆している。

制度変更後、女子生徒がどのように家庭科を受講したのかは、学校史の記述からはわからない。だが全日制家庭科が廃止され、全日制普通科のみの高校となった後も、家庭科の園部節子教諭が一九八一年まで同校に残っている（その後も、別の教員がいる）ため、家庭科の授業があったことは間違いない（『七十年史』三七七）。一九七五年度の同校の教育課程には、一・二年それぞれで「男子は体育四単位、女子は体育二単位・家庭一般二単位」と配当されている（『八十年史』一八二）ため、女子生徒は放課後の補習としてではなく、男子が体育を受講する時間に家庭科を受講するという、全国的に広くみられるパターンになったものと推測される。[6]

（三）残る疑問点：相馬高校のケース

このようにみてくると、喜多方高校が他校に比べ、一九五五年以降も共学を続けやすい条件が整っていたことはわかる。ただし、他校をみてみると、いくつか疑問が残るのも事実である。なかでも相馬高校のケースは、喜多方高校と比較すると興味深い。以下では『相中相高八十年』をもとに概要をみていこう。

新制相馬高校は一九四八年四月、旧制相馬中学がそのまま昇格する形で全日制普通科の男子高校として発足した。一九四九年には商業科が設置され、この年の入試は普通科一五名・商業科五〇名を募集して行われ（普通科の定員が少ないのは、旧制相馬中学の生徒が無試験で相馬高校に進学するため）、商業科三五名・普通科七七名（旧制相馬中学からの進学を合わせると二二三名）が入学を許可された。また新地高校の定時制（農業科・普通科・商業科）も相馬高校に移転した。

一九四八年一〇月頃より相馬地区に総合制の動きが出始めた。『相中相高八十年』は、この経緯について「中村町を中心とした学識経験者や各校代表が集って、教育問題を論じて行くうちに、相馬、相女をはじめとする相馬地方の高等学校を統合して、ここに一大総合高校を作ろうという線に落ち着いた」(一八五)と記している。これは全日制(普通科・商業科・工業科・家庭科)と昼間定時制(普通科・農業科・水産科)・夜間定時制(普通科)の全科を男女共学にするという案であった。そして当該高校の反応は相馬高校が「総合制案同調的」、中村女子高校[7]が「大賛成」であったのに対し、旧高等女学校であり一九一一年創立と明治以来の伝統校である相馬女子高校は「消極的、渋る」というものであったという(一八六)。

地元の同調的なムードもあり、いったんは総合高校への統合で決まりかけていたようだが、相馬女子高校の猛烈な巻き返しが起こる。「本校を中心にまとまることによって実質的に廃校となる相馬女子校が強力な反対運動を展開し、県でもついに相馬女子校の統合を撤回することとなった」(『相中相高八十年』一八六)。『相中相高八十年』に引用された当時の相馬女子高校校長・半谷虎雄の「一九四九年、相女校は遂に危急存亡の難局に直面した」「学校長の職を屠(ママ)しても相女の安泰を計らんと決意し」「忽ちにして二万有余名の反対署名協力者を得、父兄代表は県教委に陳情」(同前)といった回想からは、相馬女子高校の関係者が自校の独立存続を求め、相馬女子高を統合対象とすることに猛反対した様子がうかがえる。結局、設備の関係等で工業科・水産科も設置されず、相馬高校への統合案は普通科・商業科に新地高校中村分校を合併するという、大幅に縮小された形で一九五〇年度から実現した。

さてこのとき、相馬高校は新地高校中村分校の合併にあたり定時制別科(家庭科別科)を設置し、同科には多数の女子生徒がいた。この経緯は『相中相高八十年』の記述を引用すると、次のとおりである。

> 別科は、一九四八年に旧町立中村女学校内に、新地高校の中村分校家庭科別科として誕生した。高校卒の資

格にはならないが、女子の教養を身につけさせる二年課程のコースだった。一九四九年同所が廃校になり、相馬女子校内に間借りしていたが、一九五〇年度になり、商業科、農業科、普通科などの他の定時制と共に、本校に統合されたのだった（一八九）。

すでに述べたとおり一九五〇年から相馬高校の普通科は少数ながら女子入学を受け入れており、体育の授業は普通科女子と別科女子の合同で行われたという。家庭科の設備は中村高女時代のものを使ったほか、補助金を活用して新たな設備も購入され、また校舎も改築され洋裁室・和裁室・割烹室なども設置された。

つまり、このまま家庭科別科を設置し続けていれば、喜多方高校と同様、一九五五年以降も問題なく家庭科の授業を行うことができ、普通科で女子を受け入れ続けることができたはずなのである。だがすでに述べたとおり、県教委は一九五五年一月に突然、新年度からの相馬高校における「全日制普通科の女子募集停止」「定時制家庭科は相馬女子校に」などを通知し、学校もそれに従った。

なぜ喜多方高校でできたことが相馬高校でできなかったのか、理由は判然としない。筆者は学校史や当時の地元紙・学校新聞を調査したほか、喜多方高校・相馬高校の卒業生や退職教員などに複数の聞き取り調査を実施したが、当時から六〇年以上の月日が流れていることもあり、正確な事情を明らかにすることはできなかった。理由を推測するならば、当時の相馬高校と相馬女子高校は道を隔てた真向かいにあり、またかつての「一大総合高校」計画の経緯もあったことから、相馬高校の女子受け入れに対して相馬女子高校の関係者の間に反発や警戒感が存在していた可能性が考えられる。

いずれにしても、喜多方高校と相馬高校のケースを比較すると、女子の「家庭科」履修をめぐる問題は、学校側の裁量によって対応を変えることが可能な課題であったことが明らかになる。喜多方高校や相馬高校のケースをつぶさに観察することで、一九五五年に多くの学校で女子募集が再停止された際の「家庭科」に関する説明は、いずれも口実にすぎなかった可能性が高いことがより明確になったといえるだろう。

おわりに

本章では全日制普通科のある福島県立高校について、新制高校発足時に多くの男女別学校が残ったこと、また大半の男子校では一九五〇―五一年から少数ながら女子生徒の入学を受け入れていたものの、一九五五年度からは多くの学校で再び女子入学を停止してきたことを見てきた。また各校のケースを個別に検証し、一九五五年以降、女子入学を継続した学校とそうでない学校の間では、女子の「家庭科」履修をめぐる異なる対応が存在していたことも明らかにした。

本書の各章を読むと、戦後に発足した新制高校の共学化をめぐる経緯には、都道府県ごとにかなり大きな差異が存在していることがわかる。戦後の中等教育におけるジェンダー秩序を考える際、「日本」という枠組みで語ることが果たしてどれほど有効なのか、疑念が生じるほどであろう。

本章で扱った福島県は、新制高校発足時に別学が残存し、男子校の一時的な女子受け入れも多くの学校において数年で停止されるなど、他県と比較すると「別学」への志向性が強かったことは間違いない。だが実際には県内においても、他校と足並みを揃えず女子の受け入れを続け、そのまま共学化した喜多方高校のような例がみられた。こうしたケースの存在は、新制高校の共学化について議論する際、都道府県単位のみでなく、県内においても地域・学校を単位とするより細やかな検証が必要なことを示唆している。

「はじめに」に記したとおり、二〇〇三年に最後の四校で男女共学が導入され、福島ではすべての県立高校における共学化が達成された。旧男子校の校名はそのまま引き継がれたのに対し、旧女子高はいずれも校名・校歌などの変更を伴うという非対称なものであり、とくにかつての女子高の卒業生たちからは根強い反対運動が存在したが、全校を共学化するという改革そのものは頓挫せずに達成された。現在はいずれの学校においても男女比の極端な偏りはみられず、大半の生徒にとって県立高校における共学は「当たり前のこと」と捉えられているようだ。福島において、伝統校を中心に男女別学の県立高校が戦後も長く残存したこと、そしてそれらが二〇〇〇年前後に一斉に共学化したことは、現在の、そして今後の福島県におけるジェンダー秩序にどのような影響を与えたのだろうか。この点については、稿を改めて検証することとしたい。

注

(1) 普通科に限定せず、県立全日制高校四八校全体でみると、一九四九年度の時点で二一校が男女共学を実施(男子部女子部併置を含む)、残る二七校が別学であった。一九五〇年の史料をもとにした『福島県教育史　第三巻』の記述による(福島県教育委員会　一九七四:二一二)

(2) 「女生徒にも門開く　福高など四校も今春から」『福島民報』一九五一年二月三日朝刊、二面

(3) 『福高八十年史』には『福島民報』とあるが、正しくは『福島民友』の社説。

(4) 「三百六十の精鋭決定」『梅章』第三二号、一九五五年四月、二面

(5) 設置順に全日制普通科、定時制農業科、定時制家庭科、定時制普通科、定時制普通科夜間部、短期産業課程農業科、短期産業課程家庭科、家庭科別科、女子季節学級、全日制農業科、全日制家庭科。ほかに塩川分校に二課程ある(『七十年史』一八九)

(6) ただし一九六六年の段階でも、一年「男子:体育三／女子:体育一・家庭一般二」、二年「男子:芸術二／家庭一般二」という教育課程である(『八十年史』一七八)。この時期に家庭科の授業を放課後に行う必要があったのは、教員が全日制家庭科の授業を担当していたことも理由だったのかもしれない。

(7) 『相中相高八十年』には「中村女」とあるが、『福島県教育史　第三巻』に記載された一九四八年の新制高校発足時の史料には中村女子高校という学校はない。『相中相高八十年』の後の記述と照合するに、おそらくは定時制高校として設置された新地高校中村分校(農業科・家庭科別科)を指すのではないかと思われる。

参考文献

会津高等学校百年史編纂委員会編、一九九一、『会津高等学校百年史』創立百周年記念事業実行委員会
喜多方高等学校七十年史編集委員会編、一九八八、『喜多方高等学校七十年史』福島県立喜多方高等学校
喜多方高等学校八十年史編集委員会編、一九九九、『喜多方高等学校八十年史』福島県立喜多方高等学校
福島県教育委員会、一九七四、『福島県教育史　第三巻』福島県教育委員会
福島県議会史編さん委員会編、一九六七、『福島県議会史　昭和編　第三巻』福島県議会
福島県公立学校退職校長会、一九六九、『明治百年福島県教育回顧録』福島県公立学校退職校長会
福島県立磐城高等学校創立百周年記念事業実行委員会百年史編集委員会編、一九九六、『創立百年』福島県立磐城高等学校同窓会
福島県立相馬高等学校、一九七八、『相中相高八十年』福島県立相馬高等学校
福島県立福島高等学校創立八十周年記念事業実行委員会記念誌刊行小委員会編、一九七八、『福高八十年史』福島県立福島高等学校
福島県立福島女子高等学校、一九九八、『創立百周年記念誌』福島県立福島女子高等学校
福島県立双葉高等学校記念誌編集委員会、一九七三、『双葉高校五十年の歩み』福島県立双葉高等学校創立五十周年記念事業実行委員会
武藤八重子、一九九二、「福島県における高校男女共学の系譜――男子校に入学した女子生徒」『福島大学教育学部論集』五二、一一―一九
――――、一九九三、「公立高等学校における別学校成立と家庭科の関連」『日本家庭科教育学会誌』三六（二）、四九―五五
文部省初等中等教育局中等教育課、一九五〇、『公立中学校・高等学校　男女共学実施状況調査』文部省

第2章　群馬県における男女別学と「男女共学」

小山静子

はじめに

序章でも述べたように、二〇二〇年の時点で、男女別学の公立高等学校（以下、高校と略記）が多いのは群馬県、栃木県、埼玉県の三県である。なかでも群馬県には、栃木県や埼玉県に存在する私立の別学校がなく、別学校（男子校六校、女子校七校）はすべて公立高校で占められている。この一三校の別学校はすべて全日制の普通科高校であるが、群馬県の公立の全日制普通科高校（全三七校）に占める別学校の割合は三五・一％となり、全国一の高さである。[1] そしてこれらの別学の公立高校は、いずれも戦前の中学校・高等女学校を前身とする、いわゆる伝統校であり、戦後、新制高校へと転換したときから別学校であった。したがって戦後初期の状態が現在にまで受け継がれていることになる。

旧制の中学校・高等女学校に起源をもつ別学校は、栃木県や埼玉県にも存在しており、今世紀に入って共学化した宮城県や福島県でも同様であった。群馬県でもこれらの県と同じように、一九九〇年代後半より男女共学化の機運が高まり、群馬県教育委員会は二〇〇二年に策定した『高校教育改革基本方針』において、「学校関係者や地域の理解を得ながら男女共学化を推進します[2]」と謳っていた（入江 二〇〇四）。しかしその後、共学化反対の動きも活発化し、群馬県高校教育改革検討委員会が二〇一〇年三月に発表した『群馬における今後の県立高校の在り方について報告』では、「現状においては、様々な意見や課題があり、一斉に男女共学化を実施することは、現実的には難しい状況であると考える[3]」として、全県一斉の公立高校の男女共学化は見送られた（八木 二〇一二）。そういう意味では、群馬県は現代にあっても男女別学に対する志向性が強固に存在する県であり、男女別学が人々に受け入れられているといえるだろう。

中等教育制度の旧制から新制への移行に際して、多くの都道府県では男女別学を廃して男女共学が採用されたが、群馬県ではいったいどういう経緯で別学校が存続したのだろうか。また群馬県でも一部の高校では戦前の別学制度を廃して、男女の入学を認めることとなったが、それはどのような経緯から生じ、その後どのように推移していくのだろうか。群馬県は私立高校が少ない県であり、普通科課程は一九五〇年において公立三三校に対して私立五校、その五年後になると公立六八校に対して私立はわずか二校となっている[4]。このような実情をふまえて、本章では、分校を除く全日制普通科の公立高校に焦点を絞ってこれらのことを検討し、そこに潜むジェンダーの問題を明らかにしていくこととしたい。

一　新制高等学校の成立

一九四八年四月より新制高校が誕生したが、それに先だって文部省は二つの重要な文書を出している。一つは、一九四七年二月一七日の発学第六三号「新制学校制度実施準備に関する件」中の「新制学校制度実施準備の案内」であり、もう一つは、同年一二月二七日の発学第五三四号「新制高等学校実施準備に関する件」中の「新制高等学校実施の手引」である。これらの文書にみられる男女共学についての基本方針は、「高等学校においては、必ずしも男女共学でなくてもよい。男子も女子も教育上は機会均等であるという新制度の根本原則と、地方の実情、なかんずく地方の教育的意見を尊重して、高等学校における男女共学の問題を決すべきである」[5]というものであった。男女共学の実施よりも、男女の機会均等の重視と地方の実情・要望の尊重が優先されていたことがわかる。また旧制の中等学校が一校しかない地方で新制高校を設立する場合は、「男子部と女子部を設けてもよい」[6]と述べられてもいた。これらの点に鑑みれば、男女共学を避けたいというのが文部省の本音であったと思われる。

これらの文書をうけて、群馬県では新制高校の設立準備が進められていき、男女共学に関していえば、文部省の考え方にのっとって、「男女別学も地域の要望であれば差支えない」「その地域に一校しかない場合は男女共学が望ましい」という方針を記した手引が出されたという[7]。そして一九四八年二月に新学制実施準備協議会県協議会が設けられ[8]、四月一〇日に新制高校が開校した。ただ早くも一九四九年二月には県教育長から「新制高等学校再編成協議会（仮称）について」の通達が出され、そこでは男女共学の目標として、第一段階として男女共学の実施、第二段階として男女共学の徹底が掲げられていた[9]。このときに提示された高校再編成試案には、全県を一二学区に区分することや、次のような男女共学の方針が述べられている。「1、同一地域に一校の場合は設備を条件として速に之を実施すること。2、同一課程二校以上ある地域では画一的強行の必要はない。3、原則として全般的実施の方針をとり昭和二十四年度を研究準備期間として漸進する[10]」。男女共学を画一的に強行する必要はないとしながらも、全般的に実施する方針だったことがわかる。ただしその後の展開は、男女共学の全般的実施にはほど遠い状況となった。

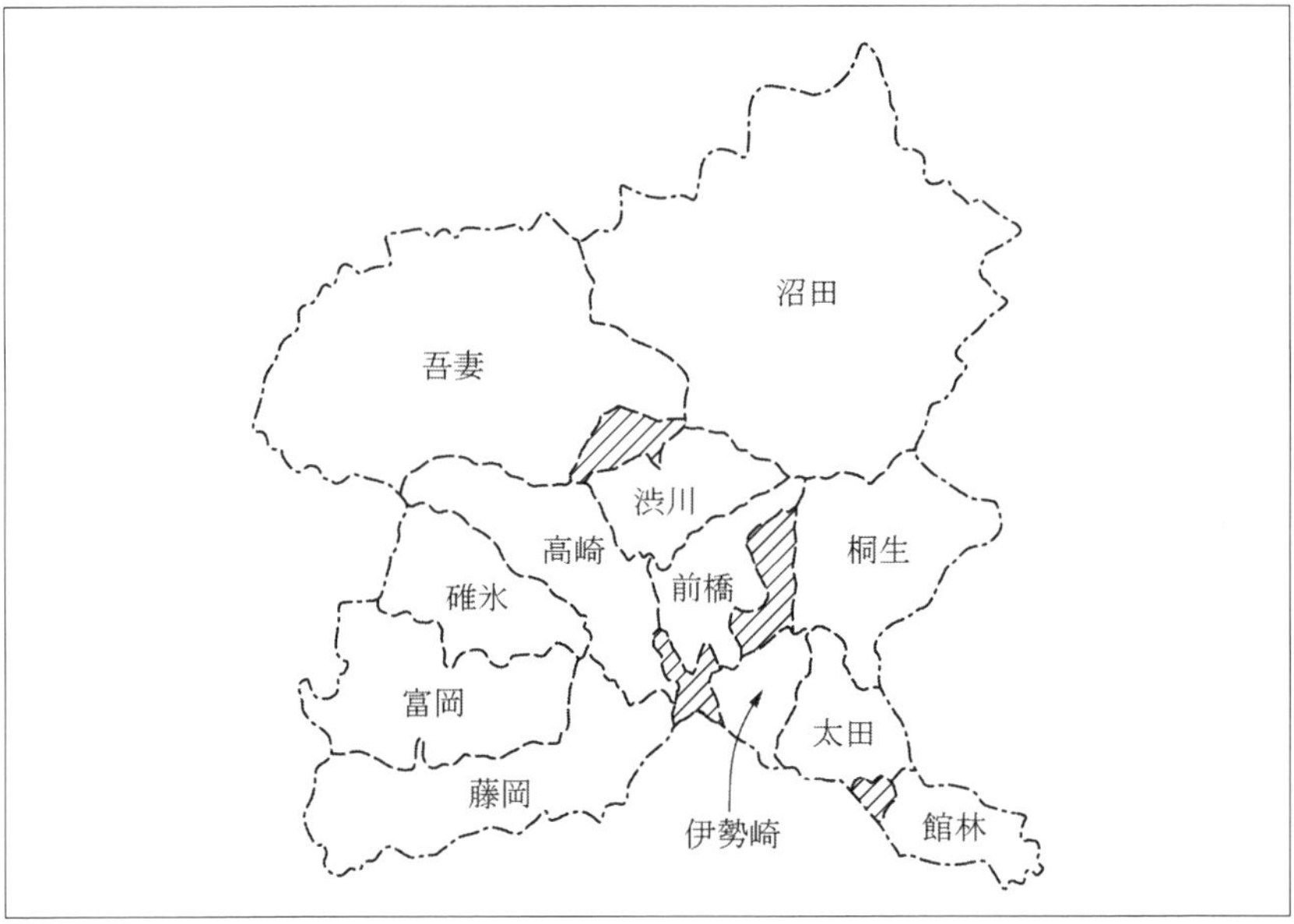

「高校通学区域決る」『上毛新聞』1950 年 1 月 31 日をもとに作成
斜線を引いた地域は自由学区である

図 2-1　12 学区の区域図

翌一九五〇年二月一〇日には、県教育委員会から通達「高等学校学区制実施に関する件」が出され、四月より全日制普通科はかなり広い自由学区を設定したうえで、次の一二学区に分かれて（図２－１参照）、高校が設置されることとなった。市立と明記しているもの以外は県立である。また括弧内には高校に転換した際に設置母体となった旧制の学校種を記している。[11]

前橋：前橋高校（中学校）、前橋女子高校（高等女学校）、前橋市立女子高校（高等女学校）

高崎：高崎高校（中学校）、高崎女子高校（高等女学校）、室田高校[12]（高等実践女学校）、高崎市立女子高校（高等女学校）

藤岡：藤岡高校（中学校と農業学校）、藤岡女子高校（高等女学校）

富岡：富岡高校（中学校）、富岡東高校[13]（高等女学校）、下仁田高校（高等女

学校）

碓氷：安中高校（高等女学校）、松井田高校（高等女学校）

渋川：渋川高校（中学校）、渋川女子高校（高等女学校）

吾妻：中之条高校（農業学校）、吾妻高校（高等女学校）

沼田：沼田高校（中学校）、沼田女子高校（高等女学校）

伊勢崎：伊勢崎高校（商業学校）、伊勢崎女子高校（高等女学校）、境高校（高等女学校）

太田：太田高校（中学校）、太田女子高校（高等女学校）

桐生：桐生高校（中学校）、桐生女子高校（高等女学校）、大間々高校（農業学校と高等実科女学校）、桐生市立高校（高等女学校）

館林：館林高校（中学校）、館林女子高校（高等女学校）

傍線を引いている学校は、一九五〇年の時点で、全日制普通科に男女が在籍している学校であり、それ以外の学校の普通科には一方の性の生徒のみが在籍していた。[14] ただ、この時点で男女が在籍していても、その後別学に転じた学校（富岡高校、中之条高校、吾妻高校、境高校）もある。後述するように、変化した時期や事情は学校によりまちまちであるが、富岡高校と中之条高校の普通科は男子のみ、吾妻高校と境高校の普通科は女子のみとなった。

二　多くの男女別学校の誕生

この一覧をみてまずわかることは、別学校の多さである。碓氷学区、吾妻学区、伊勢崎学区を除いて、旧制中学校と旧制高等女学校とが対になって学区が構成されており、対になっている学校以外の高校が含まれている学区があるものの、原則として○○高校と○○女子高校という、男女別学の高校が成立していた。すでに述べたように、男女共学に対して「原則として全般的実施の方針」もあったのだが、結局のところ、男女別学校を広範囲に存在させることになったのであり、性別に応じて進学先が異なるという戦前の状況が、戦後にも当然のように引き継がれたのである。

このような形で高校の再編成が行われた事情を明らかにしたいと思い、『群馬県議会史　第五巻』を繙いてみたが、高校再編成に関する議事は行われていない。どうやら高校再編成の問題は議員たちの関心をひくことではなかったらしく、県教育委員会の方針が粛々と実行されていったようである。また新聞などの記事に別学教育の意義やその必要性について論じたものがないかとも考えたが、見つけることができなかった。考えてみれば、当時の人々は戦前の男女別学体制の下で育ち、それを当然のことと考えていたと思われるので、ことさらに別学の意義などを論じる必要がなかったのかもしれない（蛇足ながら付言すれば、男女共学の意義や必要性を論じた文章も見つけられていない）。

そして大変興味深いことに、全県をこの一二学区に分けたことを、『群馬県教育史戦後編　上巻』は「小学区制」の実施と記述している。[15] 小学区制というと、一般には一校一学区でもって構成されていることを指すが、群馬県にあっては、男子校と女子校が対になって一つの学区を構成していることをもって、小学区制の成立と解釈しているようなのである。もちろん住んでいる者からすれば、性別によっておのずから進学先が限定されているのであるから、小学区制といえなくもないのだが、男女別学を当たり前のことと考えているからこそ、このような学区の設定を小学区制の成立と捉えているのではないかと思う。

ただ言うまでもないことであるが、当時、男女別学体制になじんでいたのは何も群馬県の人々だけではなかった。にもかかわらず、男女共学が実施された地域もあれば、群馬県のように男女別学が温存された地域もある。そしてこの違いをもたらしたものは、すでに先行研究で指摘されているように、ＧＨＱの地方軍政部における対応の相違であった[16]。軍政部の対応について、後の回想であるが、次のように語られている。

このこと（男女共学――引用者）については関東地区はわりあいおだやかに行なわれたようですよ。これに対して関西はひどかったんですよ[17]。

本県の軍政官の強い指導もなかったので、本県では男女共学は公立高で一部実施されたのみで、全県的には実施されなかった[18]。

（旧制前橋中学校では――引用者）九割以上の保護者が男女別学を望んでいる状況を軍政部に報告して強力に別学を推進した。また県当局も別学の方向を望んでいた向きがある[19]。

軍政部が男女共学を強く推し進めようとはしなかったこと、別学を望む保護者の意向を尊重したことを、これらの回想からみてとることができるし、関西との違いも認識されていたことがわかる。そして「関西はひどかった」という述懐には、関西では軍政部という外圧が働いて共学にさせられたという思いが込められているように思う。このような意識の根底には、共学に対する忌避感があったと思われるが、共学化した学校が男子の募集停止を行い女子校に戻ったことは、「至難の男女共学解体にまずほっとした[20]」出来事であったし、女子校が男子を受け入れるようになることは「女子教育の殿堂を失うこと[21]」を意味していた。また男子校だった高校に女子生徒を入学させるにあたって、教員間では、「訓育問題の件として、男女交際・恋愛問題・恋文・服装・生徒の寄り場等について、新しく必要になった生徒指導について、真剣に討議が重ねられていた[22]」という。裏を返せば、教員たちは、共学化すれば、このような問題が生じると危惧していたのであり、それゆえ、その対策を講じていたということだろう。

また一九四九年に太田高校と太田女子高校の合併問題が起きたが、男子校側と女子校側では温度差があり、男子校側では賛成論が優勢であったものの、女子校側では教職員・生徒だけでなく、ＰＴＡや同窓会も含めて大変根強い抵抗や反対論が出たという[23]。結局は別学校として存続することになったが、女子校としての存在意義が強固に抱かれていたことがうかがわれる。

三　男女が在籍する学校の誕生

このように、男女共学化はできることなら避けたい事態であり、男女別学を維持したいという思いがあったのだが、そのなかで、先の一覧からもわかるように、一部では男女が在籍する高校も存在していた。このような学校が生まれることは戦前には考えられないことであり、まさに戦後の新しさであったが、別学校が多数派のなかにあって、いったいどういう事情で男女が在籍する高校が誕生したのだろうか。このことについて考えてみたい。

(一) 男女併学と男女共学

ところで、ここで男女共学という言葉を用いずに、男女が在籍しているという言い方をしているのには理由がある。一般に男女共学というと、同一の学級で男女が共に授業を受けている光景を思い浮かべるが、学校史によれば、安中高校では男女が在籍していても、男子クラスと女子クラスに分かれていたという[24]。このような状態を男女併学というが、『群馬県統計書』や『群馬県統計年鑑』で男女が在籍していることが判明しても、それが男女併学なのか、男女共学なのかは、学校史などの史料にあたらなければ判然としない。今回、群馬県立図書館所蔵の数多くの学校史を閲覧したが、学級編成にまで言及している記述は少なく、男女が在籍しているということの内実まで明らかにすることは困難であった。また学校史ではないが、『群馬の高校教育白書』によれば、M高校では、一九四八〜五〇年と一九五三〜五五年には男女別の学級、一九五一〜五二年には、男女別学級と混合学級、一九五六〜六二年には混合学級、という学級編成が行われていたという。[25] そういう意味では、たとえ男女が同一の高校に在籍していたとしても、一般にイメージされる男女共学とは異なる状況が一部の学校にあったことは確かである。男女別学への志向性の強さは、男女併学の存在という点にも示されているといえるだろう。[26]

さらにいえば、『群馬県統計書』の一九四八〜五〇年には、男女編制別の学校数が掲載されているが、それによれば、一九五〇年において公立高校では男子のみ一二校、女子のみ一二校、男女共学二一校、男子部女子部八校、であるという。どうしてこのように男女共学校の数が多いのかといえば、たとえば一つの学校に男子の農業科と女子の農村家庭科、別学の全日制と共学の定時制があれば、男女が在籍しているとして、男女共学校とカウントされているからである。数字だけをみると共学校が多くあるように思えるが、実態は必ずしもそうではなかった。

さて、先ほどの学区ごとの高校一覧をみていると、男女が在籍している学校は大きく三つのグループに分けることができる。一つは富岡高校という旧制中学校だった学校が女子生徒を入学させたという、珍しいタイプである。もう一つは安中高校、中之条高校、吾妻高校、境高校のように、旧制中学校を前身とする高校が学区内になく、普通教育を受けたいと思う男子生徒の受け皿をどうするかが問題となった地域の高校である。三つには室田(榛名)高校、下仁田高校、松井田高校、大間々高校であるが、どういういきさつで男女が在籍するようになったのかがはっきりしないケースである。もともと小規模校であり、もしかしたら地理的に他校への通学が困難であるという理由で、男女が同じ高校に在籍することになったのかもしれないが、この問題の解明は他日を期したい。そして本論で注目したいのは、第一、第二のタイプの学校である。

(二) 旧制中学校における女子生徒の受け入れ

第一のタイプである富岡高校は、男女が在籍した高校のほとんどが高等女学校や農業学校を前身とする学校で占められているなかで、例外的な存在であった。富岡高校の学校史によれば、共学となったのは、「地域の父兄から大学進学の必要上、本校に女子生徒の入学許可の強い要望があった」[27]からであるという。同じ富岡市内には、高等女学校を前身とする富岡女子(富岡東)高校が存在していたが、ここでの進路指導をあきたらなく思う、大学進学をめざす女子生徒の保護者が、旧制中学校だった富岡高校への入学を希望したのだろう。学校史には女子生徒に対する「本校の態度」が掲げられているが、そこでは次のように述べられていた。

(一) 本校より求めて女子生徒を入学させるのではなく、入学希望の者があれば拒まない。

(二) 希望者がなくなり、自然消滅しても差しつかえない。

(三) 元来、本校は男子校であるから、女子のために特別な教育は充分にできない。[28]

教育機関とは思えないような冷淡な文言に驚きを禁じえないが、あくまでも男子校というアイデンティティを保持しようとしていることがわかり、まるで女子生徒は邪魔者扱いである。富岡高校に女子生徒が在学していたのは一九五〇〜七一年度(新入生の受け入れは一九六九年度まで)であったが、一九五〇〜六〇年代の富岡高校の全校生徒数を男女別に三年おきにとると次のとおりになる。[29] 括弧のなかの数字は、女子生徒数の全校生徒数に占める割合である。

一九五一年:男子七〇五人/女子五四人(九・一%)

一九五四年:男子六六五人/女子六八人(七・三%)

一九五七年:男子七二二人/女子一〇八人(一三・〇%)

一九六〇年:男子七五一人/女子八三人(一〇・〇%)

一九六三年：男子八〇八人／女子一二四人（一三・三％）
一九六六年：男子九四一人／女子一四二人（一三・一％）
一九六九年：男子八六六人／女子九八人（一〇・二％）

富岡高校には分校があり、この数字には分校の生徒数も含まれているので、本校の正確な人数はわからないが、女子生徒が少なく、男女比がかなり不均衡であったことは確かである。しかし、少ないながらも、女子生徒はコンスタントに在籍しており、女子生徒の入学希望者がいなくなって、共学廃止となったわけではなかったことがわかる。では、なぜ共学廃止となったのだろうか。そのおもな理由を学校史は次のように語っている。

（一）七十余年来の旧制中学校の伝統を受け継ぐ本校においては、その特質を生かし、教育効果を高めるためには男子別学がよい。
（二）本校では女子教育を受け入れる素地ができていない。つまり、施設面においては女子教育に必要な家庭科の施設が全くなく、また、昨年度から家庭科教師（非常勤講師）に来てくれる人がいなくなった。
（三）富岡地区には、女子別学の富岡東高校があり、更に、甘楽農業高校にも女子生徒専門の生活科（定員四十八名）が新設される案……が教育委員会で検討されているので、本校で女子生徒募集を停止しても、この地区の女子受け入れ数に変動はない。[30]

一九五〇年代末から六〇年代にかけては、「男子は四大、女子は短大」という、高等教育における性別分離が明確化し、受験勉強に励む男子にとって女子の存在はマイナスであるという、女子ブレーキ論が論じられるようになった時期である（小山 二〇〇九）。また一九六九年の教育課程審議会答申を受けて、翌年の『高等学校学習指導要領』では女子の家庭科四単位の必修化が決定し、「男は仕事、女は家事・育児」という性別分業家族が一般化していった時期でもある。このような社会的背景の下で、別学への志向性が高まっていたと考えられるが、男女共学を実施してから二〇年ほど経過していても、「女子教育を受け入れる素地ができていない」というのは、やはり男子校としての強固な矜持を持ち続けていたことの証しだろう。女子生徒は肩身の狭い環境におかれていただろうし、女子生徒に対して旧制中学校の壁はいつまでも存在し続けていたといわざるをえない。

(三) 旧制中学校がない学区における男女が在籍する高校

では、第二のタイプである、学区内に旧制中学校が存在しなかった碓氷学区、吾妻学区、伊勢崎学区では、なぜ男女が在籍する高校が生まれたのだろうか。そこには富岡高校とは異なる事情があった。

碓氷学区の安中高校は、高等女学校を前身とする高校であったが、新制高校がスタートする前の一九四八年二月に、郡内高校昇格推進委員会で、男子生徒を受け入れる決定を行っている。[31] そしてこの決定に先立つ一九四七年一〇月に出された「群馬県立安中高等学校設立後援会趣意書」は、その理由を次のように語っていた。

(安中町がある碓氷郡には——引用者) 旧制中学校の設立を見ず、永年多大な不便を忍んで子弟を高崎或は富岡に通学せしめて居りました。「中学校を設立すべし」とは郡民多年の要望でありました。幸今般改革された教育制度によりますと原則として男女共学の高等学校が認められましたので、この際この線にそうて普通教育を主とする男女併設の学園を建設しこの要望を充たしたいと存じます。[32]

そして、男女併学という形で安中高校が成立したことは、すでに述べたとおりであり、スタートした時点では男子一クラス、女子四クラスであり、一九五二年には男子二クラス、女子三クラスとなっている。生徒数は、一九五一年には全校六四六人中、男子一七五人、女子四七一人、一九五五年には七六四人中、男子一九二人、女子五七二人であり、[33] かなり女子が多い学校であった。

また、早くも一九五一年二月五日の『安中高校新聞』には、当時の校長による次の記事が掲載されており、安中高校とは異なる他学区の高校へ進学する男子生徒の動きがあったことがわかる。「郡内の高等学校への入学固定を喜ばず、高崎、富岡地区の学校への自由入学を希望したのである。その理由は何か。一言にして言えば、郡内の高等学校の男子普通科が地域社会の人々に対してまだ信用がないからである。更に具体的に言えば郡内の高等学校を卒業して果して全国の優秀なる大学へ入学し得るだけの実力を付与してもらえるか否かに対して親達が疑問を持っているからである」[34]。つまり、大学進学を希望する男子は旧制高等女学校だった安中高校に入学するよりは、学区を越えて旧制中学校だった男子校に入学しようとしたのである。その後、男子の募集停止という意見も出たようであるが[35]、結局のところ、男女が在籍する高校であり続け、女子校に戻ることはなかった。

またある安中高校の教員の述懐によれば、男女共学を実施した動機は二つあり、一つは「男女共学にしておかないと蚕糸と統合されてしまう、そうなると不便の点が多いとの考え方」があり、もう一つは小学校・中学校・大学が共学であるのに、「高校のみ別学にする意味はないとの意見」があったためであるという[36]。蚕糸というのは、旧制実業学校を前身とする蚕糸高校のことであり、男子の農業科・蚕糸科と女子の農村家庭科から成っていた。旧制高等女学校であった教育機関が旧制実業学校と統合されることを嫌い、それよりは普通教育機関として男子を入学させることのほうがよいと判断したということだろう。

吾妻学区では、中之条高校（旧制農業学校）と吾妻高校（旧制高等女学校）が、共に一九五〇〜五二年度、短期間であるが、男女の生徒を入学させていた。両校の学校史を読んでも、男女が在籍することになった理由が明確ではないが、「地域中学校などの要望もあり」[37]、「中学校側から、「吾高も進んで男子を収容すべきだ」との多数意見があり」[38]と記述されている。一九五〇年というのは、一九四七年に新制中学校に入学し、男女共学を経験している生徒たちが高校に進学する年であるので、これを機に、中学校側から男女共学を実現してほしいという要望があったらしい。安中高校のように、自らの判断で男女生徒の受け入れを決めたわけではない両校であるが、一九五二年の生徒数は、中之条高校は農業科（男子）と家庭科（女子）も含めて、男子五四八人、女子一六四人、吾妻高校は商業科（男女）と家庭科（女子）も含めて、男子一五七人、女子四一五人である[39]。前身校を反映する形で、かなり男女比が不均衡だったことがうかがえる。

そして吾妻高校では、男子用の設備の不備（便所の不足や狭い運動場など）、少数の男子のために女子生徒が犠牲になっているという思い、男子のための設備への支出や男女のための二重設備の必要性などの理由で、[40]女子校となることを望んでいたようである。吾妻高校では、県に女子校化を求める陳情書を一九五二年二月二八日に、そして三月一日には要望書を提出しており、[41]一九五三年度より普通科は女子だけの入学が決定した。「矢張り本校の伝統に生きて、女子一本に戻さねば[42]」というのが、学校側の本音だったと思われる。ただこの思いは、必ずしも女子生徒たちと共有できていなかったのではないだろうか。というのは、学校側が別学化を希望している折に、生徒たちは「総会を開いて男女共学を支持してきた[43]」からである。また中之条高校の学校史は男女共学の廃止について、「隣接する吾妻高校の意向、……経費の軽減という観点から、従前のように吾妻高校は女子、中之条高校は男子にという郡内町村長会の申し入れ等[44]」があったと指摘している。

伊勢崎学区には伊勢崎高校（旧制商業学校）、伊勢崎女子高校（旧制高等女学校）、境高校（旧制高等女学校）の三校があったが、伊勢崎高校と伊勢崎女子高校とは別学校であり、境高校は一九四九年から男子を入学させたが、一九五五年度から男子の募集を停止するにいたっている。というのも、女子の全校生徒数が四百数十人から五百人ほどであったのに対して、男子の生徒数は一九五一年七〇人、一九五二年六〇人、一九五三年三〇人、一九五四年一六人と、じり貧状態になったためである。[45]吾妻学区では中之条高校と吾妻高校とが別学校として棲み分けることになったのに対して、伊勢崎学区では普通科に進学する女子は伊勢崎女子高校と境高校に、[46]男子は伊勢崎高校におかれた普通科に通学することになった。普通科の門戸が女子に広く開かれているようにみえるが、実は、男子のなかには前橋学区の普通科高校に通う者が多くいたようである。一九五〇年には、伊勢崎在住前橋高校通学生一同の名で、伊勢崎学区と前橋学区との合併を求める請願書が提出されている。このとき、伊勢崎学区に居住する一〇〇人ほどが前橋高校に通学していたというが、合併を求める理由の一つは次のようなものであった。

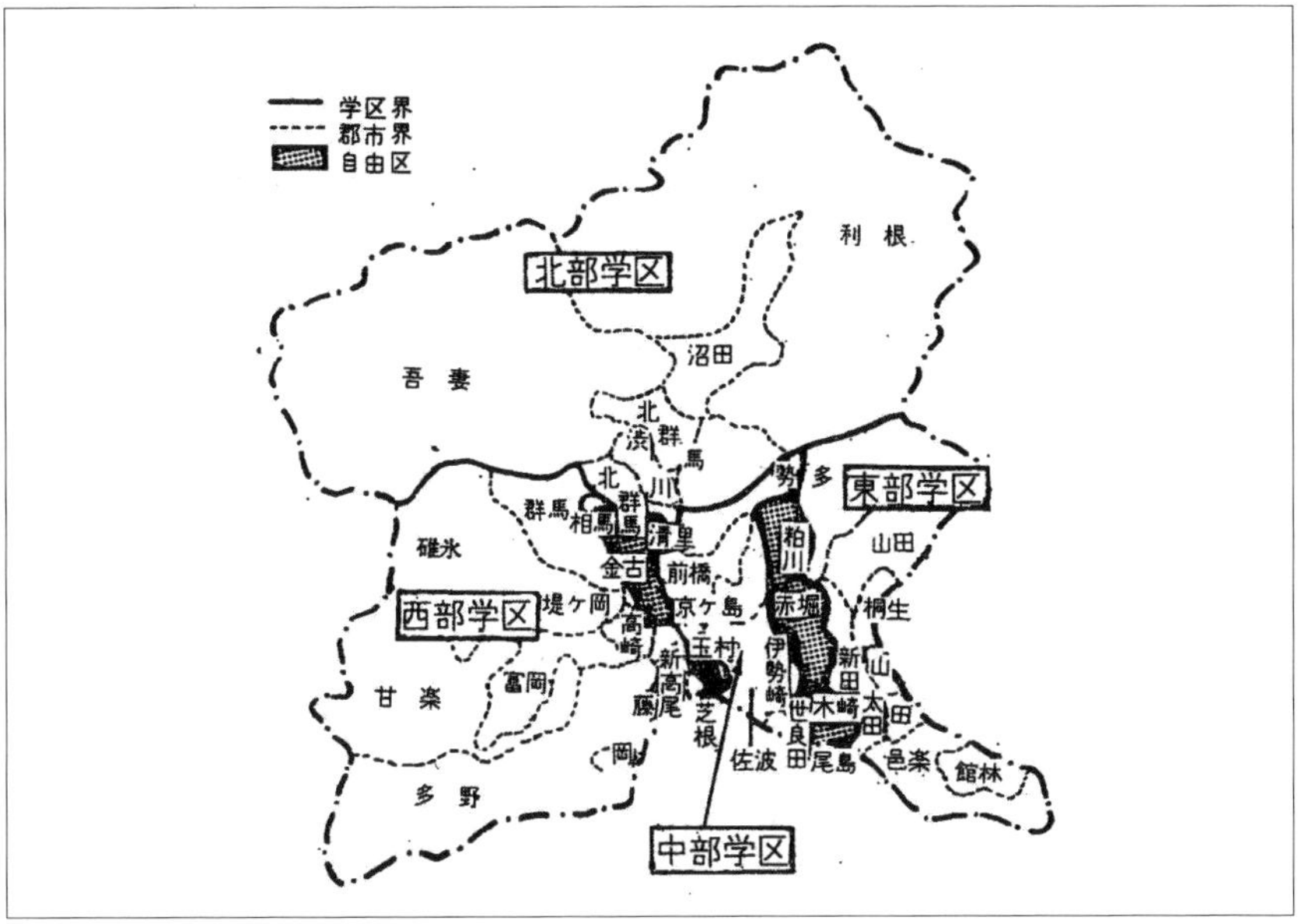

出典：『群馬県教育史戦後編　下巻』1967年、1112頁

図 2-2　改正学区及び郡市境界図

「伊勢崎、佐波地区[47]に充実せる普通科高等学校の設立される迄は原則として同地区内の本校（前橋高校――引用者）希望者は当然本校に吸収されるべきであり、地区制設定の為に同地区内の本校入学希望者の意志を拘束するのは希望者自身に逆効果を与へる事[48]」。このような事情もあって、伊勢崎学区だけが学区制の導入が一年延期された。

つまり、この第二のタイプにあっては、一二の学区に区分され、学区内に旧制中学校を前身とする普通科高校がなかったことが、男女併学・男女共学を導入するきっかけとなったことがわかる。そして安中高校以外の高校では、その試みは挫折し、数年足らずで男女別学へと舵を切ることとなったのである。

しかもこの状況をさらに加速させることになったのが、一九五五年に行われた学区の統合である。一九五〇年に一二学区に編成された公立高校であったが、その五年後、図2－2にみるように、一二学区は北部（渋川・吾妻・沼田）・

東部（太田・桐生・館林）・西部（高崎・藤岡・富岡・碓氷）・中部（前橋・伊勢崎）の四つの学区に統合され、学区の境界地域では複数学区を志願できる自由区も設けられた。この学区の変更によって、いわゆる伝統校とされる別学校への進学が容易になったことはいうまでもない。興味深いのは、学区を広く設定することの理由として、他県でもよく主張された「学校選択の自由は制限すべきでない」ということに加えて、次の理由も述べられていることである。

伊勢崎・吾妻・碓氷の三地区には旧制の歴史をもつ男子普通高校が無いため、或は綜合高校、或は男女共学高校として編成替された高校が出来上ったが、これらが必ずしも地域の要望を満足せしむる程度に充実していない。学区を細かく分けることは或程度学校差の解消に役立つが、これだけで理想を実現することは容易でない。綜合制高校や男女共学校の運営には多くの困難が伴い、かえって学校としての機能が低下するおそれがある。[49]

総合制についてはここでふれないが、男女共学に関していえば、要するに、学区を狭く設定することによって、旧制中学校を前身とする普通科の高校がない学区が生じ、共学とせざるをえなかったこと、そしてそれは大学進学を希望する男子生徒やその親たちの要望を満たすものではなかったということだろう。また県教育長である黒沢得男は「単独または一家の住居を移してまで他学区の高校入学をする多数の生徒のあつたことは、教育的にも面白くなく、何とか解決すべき問題であつたわけである。これが今回の中学区制への切替によつてこの矛盾は解決するわけである」[50]と述べている。越境入学や寄留という方法を用いて他学区の高校に進学することは、他県でもみられる現象であるが、黒沢が念頭においているのは、旧制中学校を母体とする男子高校への越境入学のことである。群馬県では別学の高校が多かっただけに、旧制中学校の伝統を引き継いだ男子高校への強いこだわりが存在していた。そういう意味では、一九五五年の学区の統合によって、少々通学距離が長くなろうとも、希望する別学校への進学を容易にする制度ができあがったのであり、別学教育はより強固なものとなったのである。

おわりに

本章の目的は、どうして群馬県では男女別学に対する志向性が強固なのか、そういうなかで一部とはいえ、なぜ男女が在籍する高校が誕生したのかを考察し、そこに潜むジェンダーの問題を明らかにすることであった。

まず指摘しておきたいことは、群馬県では男女共学に消極的だった文部省の方針を忠実に踏襲していることである。軍政部の圧力が弱かったこともあって、男女の教育機会の均等を実現し、地方の実情や地元住民の意見を尊重して、男女別学の新制高校が成立した。男女別学になじんでいた人々からすれば、高校が別学であることは当然のことであり、議論するまでもないことだったし、そのためか男女共学はおろか、男女別学に関する議論もほとんど行われていない。そしてそうであるからこそ、学区を小さく分けて、男子校と女子校が一校ずつあることが小学区制であり、男女が同一の教室で授業を受けていなくても、同一の学校に在学していれば男女共学制であると捉えたのであった。他県の状況を知っている目には、このような小学区制や男女共学制という概念の捉え方や、男女共学や男女別学に関する議論のなさは、奇異に映るのであるが、男女別学は疑問に思われることなく、「伝統」や「慣習」として当然視されていった。

そして男女別学を当然視する見方の背後には、女というジェンダーにふさわしい、女子のための教育は女子校においてこそ可能であり、大学進学のための教育は旧制中学校を前身とする男子校において可能である、という前提が存在している。また男女が共に学ぶことになれば、異性とのさまざまな問題が起きるかもしれず、男子の学力低下や勉強についていけない女子が生まれるかもしれない、という危惧が抱かれていた。このような考え方がない交ぜになりながら、男女別学が存続していったのである。

逆にいえば、だからこそ、男女が在籍する高校が生まれても、その多くがやがては別学校としての道をたどることになったのではないだろうか。富岡高校では、女子に配慮した教育は一切行わないという前提の下で、男子のような進学教育を受けたい女子に限って入学を認めていた。そこには女子生徒に対する冷淡さというものが垣間見える。そして結局のところは、男子の進学教育を重視する観点から女子の受け入れ中止にいたっており、富岡高校は男子教育に純化した学校となった。

また旧制中学校がない学区では、男子普通教育をいかに行うのかという観点から、男女が在籍する学校の設置が模索されている。男子クラスと女子クラスを設けることで、一つの学校内で別学状態をつくり出したり、数年で男女別学校化したり、他学区の男子校への越境、そして学区の統合という形で、別学校化が進んでいったりした。また男女が在籍していても、男女の生徒数比はかなり不均衡であり、前身校を反映する形で、男子が多かったり、女子が多かったりしている。そういう意味では、前身校の姿が常に意識されており、別学校に戻ることは容易だったということだろう。

したがって、それぞれの学校や学校がおかれていた地域の事情で男女が在籍する高校ができたものの、同一の教室で同一の教員から男女が共に教育を受けるという男女共学のありようは、なかなか実現できなかった。しかも、男女が在籍する高校を数においてはるかに上回る別学の高校が、戦前の旧制中学校、旧制高等女学校を継承する形で存在していたのが、群馬県なのであった。

注

（1）別学率は、『全国学校総覧　二〇二一年版』（原書房、二〇二〇年）に掲載されている学校一覧より算出した。なお、ここでいう男子校・女子校とは、入試要項で男子のみ、女子のみと明記している学校のことではなく、一方の性だけが在学している学校のことである。普通科だけでなく、全日制公立・組合立高校全体でみると、別学率は二〇・三％となる。

（2）群馬県教育委員会、二〇〇二年、『高校教育改革基本方針』六頁。ただし、この基本方針では、藤岡高校と藤岡女子高校の統合、伊勢崎東高校と境高校の統合、太田西女子高校の改編による共学化が提示されているにとどまっており、全県一斉の共学化ではない。

（3）群馬県高校教育改革検討委員会編、二〇一〇年、『群馬における今後の県立高校の在り方について報告』三二頁

（4）『群馬県統計書　昭和二五年』一九五二年、四七頁、『群馬県統計年鑑　昭和三〇年』一九五七年、二二二頁、参照

（5）「新制学校制度実施準備の案内」『近代日本教育制度史料』第二三巻、講談社、一九五七年、二五二頁

（6）「新制高等学校実施の手引」『近代日本教育制度史料』第二三巻、講談社、一九五七年、三三二頁

（7）『群馬県教育史戦後編　上巻』群馬県教育委員会、一九六六年、二四九頁、参照。なお同書は、この手引の発行年月日を不明としながらも、一九四七年一二月ではないかと推測している。

（8）「新学制実施準備会」『上毛新聞』一九四八年二月八日、参照

（9）『群馬県教育史戦後編　上巻』群馬県教育委員会、一九六六年、二六三頁、参照

（10）同右、二六四頁

（11）前橋市立女子、室田、高崎市立女子、下仁田、松井田、境、桐生市立の各高校の前身校が高等女学校となっているが、学校のホームページなどによれば、もともとは高等家政女学校や高等実践女学校、実科高等女学校であり、それが一九四二年から四六年にかけて高等女学校に転換したという。また大間々高校の前身校について、同校のホームページは農業高校が一九四八年四月に高等実科女学校を併合したと記している。高等実科女学校がどういう学校だったのか判然としないが、そのまま記載しておく。

（12）一九五五年に室田高校から榛名高校に校名を変更している。

（13）富岡東高校は一九四九年に富岡女子高校から名称変更した学校であるが、それは女子の普通科に加えて、男女を対象とした商業科を増設し、男子生徒が入学したためである。なお、全日制では一九五二年に男子生徒の募集を、一九五三年に商業科の募集を停止した。

（14）高校によっては、普通科以外に専門学科が設置されており、そこに普通科とは異なる性の生徒が在籍している場合もある。このような場合には、校内に男女が在籍していることになるが、本論はあくまでも全日制普通科に焦点を絞って論を進めていくことにする。

（15）『群馬県教育史戦後編　上巻』群馬県教育委員会、一九六六年、二六八頁、参照。このような捉え方は、『群馬県史　通史編9　近代現代3』群馬県、一九九〇年、群馬県高等学校教職員組合編『群馬の高校教育白書』一九六九年、黒沢得男（県教育長）「実情に即して高校学区制を改正」『群馬県教育広報』第四号、一九五四年一〇月、も同様であるし、多くの学校史においても、小学区制と記述されている。

（16）このことを指摘した代表的な研究として、橋本（一九九二）があるので参照されたい。

（17）田村遂（新制高校発足時の教学課長）による談話。『群馬県教育史戦後編　上巻』群馬県教育委員会、一九六六年、二七一頁

（18）『太田女子高校五十年史』一九七三年、六三八頁。ここでふれられている軍政官はアイスマン（K. L. Eisaman）であると思われるが、彼は「「話せば分かる思慮深い人物」で共学化問題にも寛大だったらしい」（「男女共学　ぐんま戦後50年　1　GHQ理念と別の道」『上毛新聞』一九九五年一月三日）という。

（19）『沼高百年史　上巻』一九九七年、二〇八頁

（20）『吾妻高校五十年史』一九七一年、五三五頁

（21）『太田高校九十年史』一九八七年、一〇三七頁

（22）『中之条高校七十年史』一九六九年、四六七頁

（23）「議論の余地ない」『上毛新聞』一九四九年一月三一日、参照。なお、太田女子高校ではアンケートの結果、教職員と保護者の九四％が反対であったという（『太田女子高校五十年史』一九七三年、六四七頁、参照）。また太田高校では「本校に太女を吸収合併するような意識もあっ」（『太田高校九十年史』一九八七年、一〇三七頁）たというから、太田女子高校側の合併に反対の理由が、単純に女子校であることへのこだわりだけではなかったかもしれない。また同じく一九四九年には、伊勢崎高校と伊勢崎女子高校を合併して男女共学校にするという案も存在していたが、それも実現しなかった。「男女共学立消え　伊勢崎、二校建でゆく」『上毛新聞』一九五〇年一月二二日、参照

なおここでいう伊勢崎高校は、現在の伊勢崎商業高校であり、現在の伊勢崎高校（二〇〇四年に伊勢崎東高校（一九六三年創立）と境高校の合併によって成立）とは継承関係にない。戦後に誕生した伊勢崎高校の前身は旧制商業学校であったが、旧制から新制への移行に伴い、商業科の他に普通科も設置された。ただ一九六三年には普通科が廃止され、一九六五年に校名が伊勢崎商業高校に変更されている。

(24) 安中高校の学校史には、「本校は普通課程の新制高等学校として発足したのであるが男生徒は一クラス、女生徒は四クラスを標準とし」（『創立四十週（ママ）年記念学校史』一九六一年、四一頁）、「（昭和――引用者）二十七年には一学年、男子二学級、女子三学級の二百五十名定員となり、男女共学校としての実践を上げていく」（『安中高校の六十年』一九八〇年、六二頁）、とある。男女別学級を編成していても「男女共学校」と自己認識していることは、なかなか興味深い。

(25) 群馬県高等学校教職員組合編『群馬の高校教育白書』一九六九年、四一―四三頁、参照

(26) 時代は下がるが、一九六七年に刊行された、村松喬『教育の森 9』毎日新聞社には、群馬県の男女共学について次のような記述がある。「共学の形の高校も、内容的には学校内で男女別学級にしているところが多い。男女混成学級の、厳密な意味での共学は富岡、安中、大間々、榛名（一学級）の例外的な四校だけである」（九二頁）。またベビーブーム世代の高校進学に備えて、一九六〇年代前半に三校の高校が新設されたが、そのうち二校は男女共学であったものの、実際は男女併学であり、男女は別々の教室で授業を受けていたという（「男女共学 ぐんま戦後50年 7 新制公立高の軌跡」『上毛新聞』一九九五年一月一三日）。

(27) 『富岡高校七十五年史』一九七一年、一〇一三頁。また一九九五年一月六日の『上毛新聞』の「男女共学 ぐんま戦後50年 4 富岡高校の21年」には、女子生徒が入学させて欲しいと校長に直談判したという証言が掲載されている。

(28) 同右、一〇一三頁

(29) 『群馬県統計書 昭和二六年』一九五三年、六〇頁、『群馬県統計年鑑 昭和二九年』一九五六年、一八七頁、『同 昭和三二年』一九五九年、二三七頁、『同 昭和三五年』一九六二年、二一四頁、『同 昭和三八年』一九六四年、二二二頁、『同 昭和四一年』一九六七年、二二六頁、『同 昭和四四年』一九七〇年、二四〇頁、参照

(30) 『富岡高校七十五年史』一九七一年、一〇一四頁。なお、同書によれば、共学の廃止に関しては地域社会、とくに同窓会などの要望の声が強かったという。

(31) 『安中高校の六十年』一九八〇年、六一頁、参照

(32) 『創立四十週（ママ）年記念学校史』一九六一年、四二頁

(33) 『群馬県統計書 昭和二六年』一九五三年、六〇頁および『群馬県統計年鑑 昭和三〇年』一九五七年、二二一頁、参照

(34) 『安中高校の六十年』一九八〇年、六一―六二頁

(35) 『創立四十週（ママ）年記念学校史』一九六一年、五三頁、参照

(36) 同右、六八頁
(37)『中之条高校百年史』二〇〇〇年、九六頁
(38)『吾妻高校五十年史』一九七一年、五〇九頁
(39)『群馬県統計書　昭和二七年』一九五三年、五六頁、参照
(40)『吾妻高校五十年史』一九七一年、五一七―五一八頁、五四六―五四七頁、参照
(41) 同右、五四二―五四五頁、参照
(42) 同右、五四七頁
(43) 同右、五三九頁
(44)『中之条高校百年史』二〇〇〇年、九六頁
(45)『群馬県統計書　昭和二六年』一九五三年、六〇頁、『同　昭和二七年』一九五三年、五六頁、『群馬県統計年鑑　昭和二八年』一九五五年、一八五頁、『同　昭和二九年』一九五六年、一八七頁、参照
(46) 一九五五年には伊勢崎市立女子高校も開校し、女子が通学可能な普通科の高校は三校になった。
(47) 伊勢崎学区は、伊勢崎市と佐波郡から成り立っていた。
(48)『群馬県教育史戦後編　上巻』群馬県教育委員会、一九六六年、二七一頁
(49)『群馬県教育史戦後編　下巻』群馬県教育委員会、一九六七年、一一一二―一一一三頁
(50) 黒沢得男「実情に即して高校学区制を改正」『群馬県教育広報』第四号、一九五四年一〇月

参考文献

入江直子、二〇〇四、「群馬県における共学化動向分析――「名を捨てて実をとる」か」亀田温子編『男女共同参画社会における高校・大学男女共学進行過程のジェンダー分析』（平成13―15年度文部科学省研究費基盤研究（C）（1）成果報告）
小野関千枝子、二〇〇五、「GHQ占領下の群馬県公立高校における「男女共学」の成立過程――1945（昭和20）年度から1955（昭和30）年度までの10年間」『明和学園短期大学紀要』第一六号
――、二〇〇七、「同（二）」『同』第一七号
小野寺みさき、二〇一八、「関東地区における新制高等学校再編過程の研究――埼玉・群馬・栃木県の公立高校における通学区

と男女共学制の関連に着目して」『早稲田大学教育学会紀要』第一九号
小山静子、二〇〇九、『戦後教育のジェンダー秩序』勁草書房
橋本紀子、一九九二、『男女共学制の史的研究』大月書店
村松喬、一九六七、『教育の森　9』毎日新聞社
八木美保子、二〇一一、「日本の公立学校制度における男女共学・別学の政策的展開――少子化時代における高校統廃合と男女共学化」生田久美子編『男女共学・別学を問いなおす――新しい議論のステージへ』東洋館出版社

史資料

吾妻高等学校創立五十周年記念事業実行委員会編、一九七一、『吾妻高校五十年史』群馬県立吾妻高等学校
太田高等学校校史刊行委員会編、一九八七、『太田高校九十年史』群馬県立太田高等学校創立九十周年記念事業実行委員会
学校史編纂委員会編、一九六一、『創立四十週（ママ）年記念学校史』群馬県立安中高等学校
近代日本学校教育制度史料編纂会編、一九五七、『近代日本教育制度史料』第二三巻、講談社
黒沢得男、一九五四、「実情に即して高校学区制を改正」『群馬県教育広報』第四号
群馬県議会事務局編、一九七八、『群馬県議会史　第五巻』群馬県議会
群馬県教育委員会編、二〇〇二、『高校教育改革基本方針』群馬県教育委員会
群馬県高校教育改革検討委員会編、二〇一〇、『群馬における今後の県立高校の在り方について報告』
群馬県高等学校教職員組合編、一九六九、『群馬の高校教育白書』
群馬県史編さん委員会編、一九九〇、『群馬県史　通史編9　近代現代3』群馬県
群馬県立安中高等学校創立六十周年記念事業実行委員会編、一九八〇、『安中高校の六十年』群馬県立安中高等学校
群馬県立太田女子高等学校太田女子高校五十年史編纂委員会編、一九七三、『太田女子高校五十年史』群馬県立太田女子高等学校
全国学校データ研究所編、二〇二〇、『全国学校総覧　二〇二一年版』原書房
戦後における群馬県教育史研究編さん委員会編、一九六六、『群馬県教育史戦後編　上巻』群馬県教育委員会
――――、一九六七、『群馬県教育史戦後編　下巻』群馬県教育委員会
富岡高校七十五年史編纂委員会編、一九七一、『富岡高校七十五年史』群馬県立富岡高等学校

中之条高校七十年史編輯委員会編、一九六九、『中之条高校七十年史』群馬県立中之条高等学校
沼田高等学校編、一九九七、『沼高百年史　上巻』沼田高等学校同窓会
百年史編集委員会編、二〇〇〇、『中之条高校百年史』群馬県立中之条高等学校
群馬県企画部統計課編『群馬県統計年鑑』
群馬県総務部統計課編『群馬県統計書』
『上毛新聞』

第II部 単一の学校の共学化

フォークダンスの授業では男女は指先だけを結んでいた。京都市立西京高校にて　1962 年

第3章

北海道における小学区制と男女共学

――札幌市内の公立高等学校三校を中心に

須田珠生

はじめに

北海道内では、一九五〇年度よりすべての公立普通科高等学校（以下、高等学校を高校と略記）で、小学区制と男女共学が実施された。この実施に対して『北海道教育史　戦後編』では、「制度上の転換はなめらかに進行した」[1]と記されている。しかしながら、当時の史資料からその様子を繙いていくと、地方と都市の地域格差が大きい北海道では、新制度への移行に対する許容度が地域によってまったく異なっていたことがみてとれる。たとえば、札幌市に隣接する江別町（現在の江別市）では、町内に北海道庁立江別高等女学校はあったが、それと対になる旧制中学校はなかったことから、一九四八年四月の新制高校発足時に江別高等女学校が北海道立江別高校になったのと同時に、何の抵抗もなく男女共学が開始となった。一方、江別町に隣接する札幌市では、後述するように市内に旧制中学校、もしくは高等女学校を前身とする公立普通科高校が複数あり、それぞれがいわゆる伝統校であったことから、小学区制と男女共学の実施に対して、猛烈な反対運動が繰り広げられた。

本章では、まず、どのような経緯で北海道内の小学区制と男女共学が推し進められていったのかを、北海道教育委員会（以下、道教委と略記）の動きと北海道議会（以下、道議会と略記）での議論に焦点をあてながら明らかにする。そのうえで、道議会での決定を当時の高校生がどのように受け止め、どのように折り合いをつけていったのかを、札幌市内の三高校を主な事例として取りあげ、検討していきたい。

一　新制高等学校の発足

(一) 北海道教育委員会の動き

北海道内では、一九四八年四月一日に一三九校の新制高校が誕生した。[2] 一三九校の内訳は、道立高校八九校、市町村立高校三〇校、私立高校二〇校である。[3] 一九四八年一一月一日に発足した道教委では、北海道地区教育課長であったウィンフィルド・ニブロ（Winfield Niblo）の勧告により、一九四九年一月一四日に全四項からなる「高等学校整備一般原則」が作成され、第一項に「男女共学実施を原則とする」ことが方針として掲げられた。[4] 男女共学は、ニブロがとりわけ積極的に推進した方針であったという。[5] 道教委内に設けられた高等学校整備準備委員会では、「高等学校整備一般原則」に基づき、高等学校の再配置準備が進められたが、「最初は、父兄や教職員の中にもかなり反対する人もあ」[6] り、結局、一九四九年度は、すべての公立高校で男女共学を実施することは叶わず、北海道内の三三校で男女共学を実施することとなった。[7]

その後、道教委は、一九四九年五月七日に「新学制実施の為の学校再配置計画の基本方針」を発表し、[8] さらに、同年一二月五日には、全九項からなる「高等学校整備統合計画実施要項」を決定した。内容は次のとおりである。

一、公立高等学校に対し、別案のとうり（ママ）通学区域設定要項に基き、通学区域を設ける。

二、学区内の人口、進学希望者数、及び産業経済事情等を勘案し、通学区域内の各学校学級数を別表の通り定める。

三、前項による余剰校舎は、義務教育施設に転用する。

四、道立学校の校舎を市町村立学校に転用する場合は、一応、無償貸付をし、後日適当の方法により処分する。

五、同一市町村内に二校以上の道立高等学校があるところで、その合計学級数が二十四学級以内の場合はこれを一校に併合し、校舎を併用する。

六、市町村立の通常課程の学校で、学校配置上、適当と認められるものはこれを道に移管する。

七、前項による移管及び生徒を道立学校に受入れた場合には相当経費を当該市町村に負担せしめる。

八、一学区内に高等学校の数が少いときは、普通教育を主とする学課の外、その地域社会に適合した専門教育を主とする学課を置くに務め、これにより難い（ママ）ときは職業教科に必要な施設の充実により実業教育の振興を図る。

九、男女共学は昭和二十五年度より全面的に実施する。[9]

右記の「高等学校整備統合計画実施要項」の決定と同時に、「北海道公立高等学校通学区域設定要綱」[10]も裁定され、北海道内では、一九五〇年度から普通課程四五学区の小学区制と男女共学を全面的に実施することが決定した。一九五〇年度から男女共学を全面的に実施する理由として、道教委は次のように述べている。「通学区域が制定されることになれば、当然男女共学と総合制を実施する必要が起ったのであるが、本道においても既に一部の高等学校は共学を実施し、何等支障なくやつているばかりでなく、生徒は云うに及ばず父兄も職員も、今日では男女共学は当然のこととして理解されて来た。殊に昭和二十五年度は、新制中学で男女共学をして来た第一回目の卒業生が、高等学校に入学して来るので、此の機会に……共学をする（ママ）」[11]。すなわち道教委は、新制中学校で男女共学を経験した生徒の高校入学時に合わせて高校の男女共学を開始することで、男女共学に対する不安や反対論を少しでも払拭しようと目論んだのである。

(二) 北海道議会における議論

一九五〇年度から小学区制と男女共学を全面的に実施するという道教委の決定を受けて、一九五〇年三月の第一回定例道議会では、はじめてこれらに関する具体的な議論が行われた。まず、男女共学に関してみていくと、主として議題にあがったのは、学校内の設備に対する予算についてであった。同定例道議会では、「男女共学を仮に全面実施する」にしても、現状の「男女全面共学促進実施に伴うところの施設費」のままで、「男女共学は支障ないところの結果を挙げることができるのかどうか[12]」という声や、「便所さえどうにかやればという、極端に言うとこういう予算」で、「男女の更衣室さえないというような所で男女共学」を強行するのは、「一大事ではないか[13]」という声が複数の議員からあがっている。ただ、設備の面での不十分さを理由に、男女共学の時期尚早を唱える声はみられるものの、「男女共学に対しては根本的に賛成[14]」、「共学の原理については反対はない[15]」という議員らの言葉からもうかがえるように、男女共学そのものに対して異を唱える発言は出てこなかった。

それよりも道議会議員や市民を紛糾させたのは、小学区制を全学年同時に実施するという道教委の方針であった。この方針に対しては、道議会のみならず、各地域の高校在学中の生徒や保護者からも批判の声があがり、その声は、市内に公立普通科高校が複数あった札幌市や函館市などで、とりわけ根強かった[16]。

札幌市内を例にみてみると、小学区制の全面実施が決定した一九四九年に、札幌市内には公立普通科高校が四校（道立札幌第一高校（旧北海道庁立札幌第一中学校）、道立札幌第二高校（旧北海道庁立札幌第二中学校）、道立札幌女子高校（旧北海道庁立札幌高等女学校）、市立第一高校（旧札幌市立高等女学校））あり、その四校のうち、道立札幌第一高校と道立札幌第二高校の二校が男子校、道立札幌女子高校と市立第一高校の二校が女子校であった。道教委は、一九五〇年度からの小学区制実施にあたり、これら四高校に在学するすべての生徒を「居住地域により……振り分け[17]」ようとしたのである。

小学区制を全学年同時に実施し、居住地域によって通学する学校を振り分けた場合、新入生は、入学した高校を卒業することができるが、一方で、新二年生と新三年生は、入学した高校と卒業する高校が異なる生徒が少なからず出てくる。こうした理由から、小学区制の全学年同時実施は、高校在学中の生徒はもちろんのこと、学校関係者や道議会議員、市民の多くが難色を示したのである。一九五〇年二月一四日の『北海道新聞』には、「〝公立高校の男女共学は全学年にわたり強行する〟との道教委発表は強い衝撃を与えた[18]」という記事が掲載され、道教委の強硬姿勢に対する不信感が綴られている。

道教委が、小学区制を新入生から漸次実施するのではなく、全学年同時に実施しようとしたのは、小学区制全学年同時実施こそ、各高校の「学校差をなくして、教育の機会均等を図[19]」ることが可能だと考えたからであった。同定例道議会では、「教員の配置など」の「学校設備」の面で「田舎の高校」と「都市の高校」に「学校差」があることが、議員によって指摘されている[20]。ただ、道教委が「学校差」として考えていたのは、「田舎の高校」と「都市の高校」の「学校差」というよりも、むしろ、市内に複数の高校がある地域における各学校の「学校差」であった。しかもその「学校差」というのは、「教員の配置など」の「学校設備」の面での「学校差」ではなく、各学校の「学力差」を意味していた。そのことは、たとえば、教育長による次の発言からうかがうことができる。「それぞれの学区制を執りませんと、その都市において、或る一つの学校に優秀な者のみが集中して、いつまで経つても学校差を温存するという惧れがありますので、……市内にそれぞれ学校の通学区を布くことになっております[21]」。また、別の日の答弁では、教育長は小学区制を「一年生から順次やる」のではなく、「全面的にやる」利点として、「相変らず男子の学校があり、女子の学校があるということになると、従来の情勢から、どうしても女子の方の力が落ちるというようなことがありますので、この際男女を一挙に教育する[22]」とも述べている。つまり、道教委が意味する「学校差」というのは、より具体的にいえば、旧制中学校を前身とする男子高校と高等女学校を前身とする女子高校の「学力差」でもあった。したがって、新入生から漸次、小学区制を実施するのでは、新二年生、新三年生が男子校、あるいは女子校の状態のまま引き継がれてしまい、道教委のいう「学校差」を縮めることにはならなかったのである。

道議会では、道教委が目指す「学校差」の解消自体に、懐疑的な立場をとる議員の発言もみられた。たとえば、社会党の議員であった本間武三は、「学校差をなくするということ」によって、「今までのように自分の学校が良い学校であるし、又良い学校にしなければならないという学童と先生の結びつき、P・T・Aと学校との結びつき、こういう問題に対して、きわめて事務的になりはしないか。……従来は学校差があつたので、その反対に先生方が非常に腕をふるつてやつたのであります[23]」と、「学校差」があることをむしろ肯定的に捉えている。ただ、この発言に対しても教育長は、「その地域におきまして比較的頭の良い、経済的余裕のある人が行つておる学校へ、比較的よくなかつた学校からも行くと非常によいわけで、……各地区によい学校ができることを私共も望んでおるわけであります[24]」と希望的観測を述べ、小学区制全学年同時実施の再検討に応じることはなかった。

(三) 道立高校へのこだわり

ところで、道議会での小学区制実施の決定を受け、実際に高校に通う生徒やその保護者らの最大の関心事となったのは、自分が居住する地域がどの学区に振り分けられるかであった。とりわけ最後まで「全学年男女共学に反対」の姿勢を示した「札幌はじめ小樽、函館、旭川など市内に高校が三学校以上あるところ[25]」では、市内に道立高校と市立高校が混在していたこともあり、新聞紙面上においても小学区制の話題が大々的に取りあげられた。

一九五〇年三月二六日の『北海道新聞』(旭川市内版)では、「新学期は目前に迫つたが、市の共学制、通学区設定は遅々として進まない。入学試験は済んだが、どの学校へはいるやら判らず不安な通学児童、父兄の疑問に答え、本社では、関係者の出席を得て、男女共学その他について座談会を開催した[26]」と、旭川地区通学設定委員長・市PT会連合会長であった中保恭一をはじめ、六名の出席者による座談会の様子が、新聞の一面全体を使って掲載された。座談会のなかで、北海道新聞社市原報道部次長の「共学、通学区設定に大分父兄の反対があつたようだが――」という質問に対して、中保は、「手違いから郡部の通学区内定が新聞に発表されると、みんな道立高校に変更してくれと陳情に来る、道立高校へのあこがれが消えない」と言い、さらに続けて、「(共学、通学区設定の――引用者)反対は秀才の児を持つ父兄に多かつた[27]」と述べている。

同座談会が開催された旭川市では、小学区制実施に伴い、市内を道立旭川高校(のちの北海道旭川東高校)の学区、道立旭川女子高校(のちの北海道旭川西高校)の学区、市立旭川高校(のちの北海道旭川北高校)の学区の三学区に分ける案が道教委から出された。つまり、居住地域によって、道立高校の学区か、市立高校の学区かが決まることになったのであるが、それまで道立高校に在学していた生徒からすれば、自分が入学した高校と比較して、学力の面でも、伝統の面でも劣位にある市立高校には行きたくないという道立高校優位の考えがあったのである。

(四) 学校名の改称

居住地域によって道立高校に行くのか、あるいは市立高校に行くのかが強制的に決定される都市では、在学生徒や保護者から不満が爆発する可能性が大いにあった。これを回避する策として、道教委は、一九五〇年四月六日から一一日までの北海道教育委員会定例会議において、「道立高等学校の校名変更について」の審議を行い、一九五〇年度からの小学区制実施に伴い、北海道内のすべての高校の学校名を改めることを決定した。[28]すなわち、「従来は北海道庁立何々とか、道立何々とか言つており、あるいは札幌市立何々高等学校、何々中学校と言つておりました名称を、全部設置名をかぶせることをやめさせまして、一様に私立であろうが、市町村立であろうが、道立であろうが、北海道何々高等学校……というような名前をつけさせまして、差別観念をなくするような措置[29]」をとることにしたのである。要するに、たとえば「北海道立札幌第一高等学校」は「北海道札幌南高等学校」に、また「旭川市立旭川高等学校」は「北海道旭川北高等学校」にという具合に、すべての学校名から「道立」や「市立」の設置主体名を除き、「北海道〇〇高等学校」と改称することになった。ただ、そのような学校名に変更すれば、まったく別の地域の居住者に対しては、学校名だけでは道立か市町村立かの判断はつかなくなるが、その市内の居住者からすれば、市内にある公立高校のうち、どの高校が道立で、どの高校が市立だったのかは、既知の事柄である。したがって、結局のところは、『北海道新聞』(旭川市内版)に掲載されているように、「市内普通高校新通学区域再編成について東高(旧道立旭川高校――引用者)から北高(旧市立旭川高校――引用者)に移ることを一時承認していた石北沿線の上川、愛別、当麻三村から北高へ移ることは納得できないという陳情が市に対して行われ[30]」るようなことが起きた。

道立高校優位の考えは、その後も尾を引き、小学区制が実施された翌年の一九五一年三月の道議会でも、次のような発言を発端として、議論となった。

今教育界では盛んに論ぜられておるように、学校差の撤廃というようなことが言われておりまするが、これは言葉の上では言いやすい。しかし、それが実際にはどうかと言いますと、なか〳〵この観念から脱却されないのであります。毎年二月、三月ごろの新学期を迎えますと、子供を持つておる親たちは、まず子供の考え方とか、あるいは子供の持つておる個性や、その他のことは一切かまわず、むしろ道立高校に入れたい、こう考えるのであります[31]。

教育長としては、道立か市町村立かを学校名に示さないことで「差別観念」をなくすことを期待していたが、その地域に住む高校生や保護者には、まったく無意味な対応策でしかなかった。結局、その後も道立高校に行きたいがために、「生徒だけを都市の知人や親戚の家に単独寄留させ、少しでも教員の充実した高校に入学させようとするモグリ受験」や「物置小屋に名札をかけ住所をごまかした受験生[32]」など、不正入学が頻発し、一九五〇年度からの小学区制の実施は、後々まで禍根を残したのであった。

二　札幌市内の公立普通科高校における男女共学の全面実施

(一) 高校再編成への反対運動

以上述べたように、道教委は、一九五〇年度から公立高校で全面的に小学区制および男女共学を実施することを決定した。では実際に、高校に在学していた生徒らは、この決定をどのように受け止めたのだろうか。本節では、札幌市内にあった公立普通科高校四校のうち、一九四八年四月一日に旧制中学校、もしくは高等女学校から道立高校に転換した三校を主な事例としてみていきたい。なお、札幌市内の公立普通科高校四校の学校名の変遷は**表3－1**のとおりである。なお、北海道札幌南高校（以下、札幌南高校と略記）の前身にあたる札幌尋常中学校と北海道札幌北高校（以下、札幌北高校と略記）の前身にあたる北海道庁立札幌高等女学校は、それぞれ北海道内で最初に創設された公立旧制中学校と公立高等女学校である[33]。

では、具体的に札幌市内の高校の動きをみていくことにしたい。札幌市では、まず道立札幌第一高校（のちの

	1948.4.1 北海道立札幌第一高校	1950.4.1 北海道札幌南高校
	1948.4.1 北海道立札幌第二高校	1950.4.1 北海道札幌西高校
	1948.4.1 北海道立札幌女子高校	1950.4.1 北海道札幌北高校
1923.1.20 札幌市立高等女学校	1948.4.1 札幌市立第一高校	1950.4.1 北海道札幌東高校

各学校の学校記念誌等より作成

札幌南高校）が先陣を切り、一九五〇年二月九日開催の生徒大会で「地区制（小学区制——引用者）による高校再編成絶対反対」を支持すると決議し、「早速強硬な反対運動に入った」[34]。この道立札幌第一高校の動きに対し、「市内の札二高を除く二校」、すなわち道立札幌女子高校（のちの札幌北高校）と市立札幌第一高校（のちの北海道札幌東高校）は、「同調」[35]を示した。結果として、一九五〇年二月一三日に三校での協議会が結成され、「関係者訪問、ビラまき、声明書張出、趣意書配布署名等」[36]の活動が展開された。なお、道立札幌第二高校（のちの北海道札幌西高校、以下、札幌西高校と略記）は、同校の山本梅雄校長が小学区制・男女共学に積極的な推進論に立っていたという理由から、反対運動には参加しなかった[37]。

道立札幌第一高校が反対運動を起こした理由は、同校新聞部発行の学校新聞の記事によれば、大きく次の三点に集約される。一点目は、「教育基本法における、男女共学は認められなければならないとのことは原則的に認容するが、それえ（ママ）の方法としての地区制は、義務教育をすでに終了し現在授業を受けておる学校につづけて勉強することの出来るわれわれの既得権を剥奪し、また個性、能力を無視するものでもある故、この方法は適当ではない」という理由である。二点目には、男女の学力差への懸念から、「長年離別されて各箇に教育されてきた男女の学力の差がそのひらきを下の線に統一されて全体的に学力の低下となる可能性が充分ある……一、二年で上級学校に受験せねばならぬ者達（ほとんど大部分の者である）にとつて学力的精神的に悪い結果をもたらす」と述べられている。そして三点目には、「予算の面——すなわち設備の面」の不十分さが挙げられ、これについては、「特に女子が今までの男子の高校に入つてきた場合には裁縫の授業が著しい悪条件において強行され、結局、不完全な教育

表 3-1　札幌市内公立普通科高校４校の校名変遷

1895.4.1 札幌尋常中学校	1899.4.1 札幌中学校	1901.6.15 北海道庁立札幌中学校	1915.4.17 北海道庁立札幌第一中学校	
			1912.7.8 北海道庁立札幌第二中学校	
			1902.4.1 北海道庁立札幌高等女学校	
			1920.4.14 札幌区立実科高等女学校	1922.4.1 札幌区立高等女学校

北海道立教育研究所編『北海道教育史　総括編』北海道立教育研究所、1970年、341・351・359頁、および

か、マンゾクの出来ない教育がなされる」と記されている(38)。ただ、道立札幌第一高校としては、あくまでも「現在の段階で」「地区制による高校再編成」を実施し、男女共学にするのは反対であるが、「これを漸進的にやり、実際には男女共学の経験を有する新入学生から実施す」ることには反対しておらず、むしろそのようにすべきだと述べている(39)。

道立札幌女子高校も、道立札幌第一高校と同様の意見を示していたようである。同校の学校新聞には、「本校生としての態度は新入生よりの漸進的共学には賛成であるが、相応する施設をなおざりにした全面即時共学には反対であると決定した(40)」と記されている。つまり、協議会を結成した三校は、小学区制による高校再編成と男女共学の実施について、全面的に反対したわけではなく、現時点で在学している生徒は現状のままとし、新入生から漸次行うのであれば、反対はしないという意見であった。

既述のような理由から道立札幌第一高校を中心とした反対運動が起こったのであるが、その運動は長くは続かず、結論から言えば、結成からわずか一〇日後の一九五〇年二月二二日には、三校協議会の運動は停止した(41)。主たる停止の理由は、「本校生（道立札幌第一高校生――引用者）が中心に動いたため各所で伝統固持と誤解され、道教委の態度も硬化し生徒に不利な状況に陥る恐れがあると（二月――引用者）二十一日ＰＴＡは生徒の運動中止を依頼(42)」したことにあった。

ただ、反対運動停止後も、とりわけ反対運動の中心にあった道立札幌第一高校の生徒のあいだには、道教委に対する不満が噴出し、なかなか収まる気配が

なかった。共に反対運動を行った道立札幌女子高校の自治会委員長が、「校友の皆さん、今回の男女共学全面実施に伴い、私たちの道立女子高も輝ける長い歴史にピリオドを打ち、私たち八〇〇名もいろいろの思い出を残して、先生とも学校ともこの校舎とも別れることになりました……今回の全面共学に対しては、多くの無理が伴つて満足にお勉強が出来ないだろうと思うので反対したのです。しかし関係各方面からその心配はないとの確認を得た今、私たちは良いと信ずることをすべきです」と曲がりなりにも現状を受け入れようとし、「私たちは過去の回想にのみふけることなく前進すべきです[43]」と在校生に呼びかけているのに対して、道立札幌第一高校の学友会委員長は、「今愛する一高に心ならずも離別をしなければならない、そして殊に民主主義の叫ばれてゐる世の中に於てかくの如き経路でかくの如く引き裂れなければならないのは何としてもあきらめきれない何者かが強く心を支配する。否冷静に考へれば考へる程激憤の情が湧き上つてくるのを禁じ得ない[44]」と述べている。ほかの生徒からも、「再編成に決る迄の道教委のとつた態度には立派でしたとはお世辞にも云えない[45]」であるとか、「教育委員会の何んと謂う無定見。無力か。われわれは共学実施の過程に於いて、その上に対するドレイ性、下に対する官僚的尊大をいやと謂う程見せつけられた。しかもその政策の貧困性。……われわれは愚弄されているようなものである――[46]」と、小学区制と男女共学を強行した道教委への不満が口々に寄せられている。

(二) 男女共学全面実施後の様子

道教委の強硬姿勢に対して、在学生からは不満の声が湧き上がったが、最終的には道教委側の方針を受け入れざるを得ず、一九五〇年四月二六日には新二、三年生の配属校が決定、二日後の四月二八日には配属校へ移動と、高校再編成の実施は慌ただしく進められていった。

新二、三年生が配属校へと移動となった四月二八日は、日記に「我が生涯の最悪の日[47]」と綴った生徒がいたことからもうかがえるように、どの学校でもかなり悲観的な雰囲気が漂っていた。道立札幌女子高校の移動日当日の学校日誌には、「二八日、朝から他高校へ赴く生徒三々伍々、校内を歩き名残を惜しむ。職員室に、教室にまた放送室に。本日、各校入学式挙行の時刻である午後一時を前にして、正面玄関、廊下に溢れた生徒たち一斉に瀘浠（ママ）。〃先生さようなら〃を叫んで、再び相会うこともなく校門を出ていく。残る本校生手を振つて別る。時に正午」(48)と離別を惜しむ様子が記されている。また、移動日の直前である四月二五日に発行された道立札幌第一高校の学校新聞には、半ば諦めたように「みんなが平等に犠牲にならう」(49)と記されている。

だが、実際に小学区制によって市内四高校に生徒を分散させた後の様子を、各高校の学校新聞や生徒会雑誌からうかがうと、当初の感情とは裏腹に、札幌北高校（旧道立札幌女子高校）と札幌西高校（旧道立札幌第二高校）の生徒たちは割合に、現状を受け入れ、男女共学に対しても肯定的な捉え方をしていったようである。

札幌北高校生徒会が毎年一回発行していた生徒会雑誌『北校』の創刊号（一九五一年二月発行）には、巻頭言として「男女が共に同じ屋根の下で学校生活を送つて来た、そしてこれからも楽しく過ごして行こうという」(50)と、共学を前向きにとらえている様子が記されている。もちろん、なかには「男女の間には壁がある」(51)という生徒もいたが、同雑誌のクラス紹介では、「両性互いに理解し合い仲良くやつている」（三年四組）、「モデル共学ここにありと自負したい所」（二年五組）、「ああ共学はいいもんや」（二年六組）、「男女の関係がイヤにしつくりしている」（一年四組）などと綴り(52)、共学がうまくいっていることをアピールするクラスが散見され、それはとくに、一、二年生のクラス紹介に多くみられた。

また、札幌西高校は、先の反対運動に参加しなかった手前、学校として共学を肯定的に捉えないわけにはいかない面もあったのかもしれないが、学校新聞である『札幌西高新聞』の記事として、「１９５０年回顧　成功した共学」とのタイトルを冠した座談会の様子を掲載し、「増進した勉強欲」「堅実な男女交際え（ママ）」(53)等、共学が順調にいっていることを全面的に押し出す文言を連ねている。くわえて、札幌西高新聞局が一九五二年に在校生徒四五四名（男子二九五名、女子一五九名）に対して行った校内世論調査では、「共学をどう思うか」という質問に対して、「賛成する」が七八・八％、「反対する」が一五・〇％、「わからない」が六・二％という結果であったが、これに対して同新聞局は「共に学ぶのは当り前」のことであり、「今更再検討しようという人達の方がどうかしている……ということに落ちつきそうである」と結論づけをしている(54)。

ただ、小学区制・男女共学の実施に、もっとも抵抗を示した札幌南高校（旧道立札幌第一高校）では、他高校のように一筋縄ではいかなかったことがうかがえる。**表3－2**は、男女共学が実施された翌年度である一九五一年度の『生徒命令簿』をもとに、各クラスの学級委員および生徒会代議員の男女別選出数を示したものである。なお、一九五一年度の同校の生徒数は、一年男子・三八九名、一年女子・一七〇名、二年男子・二八二名、二年女子・一六九名、三年男子・二八六名、三年女子・一七五名であり、男女比でみると、一年は、おおよそ二対一、

生徒会代議員					
第1学期		第2学期		第3学期	
男子	女子	男子	女子	男子	女子
3	0	3	0	1	2
1	2	2	1	2	1
3	0	3	0	3	0
2	1	3	0	2	1
2	1	3	0	3	0
3	0	3	0	3	0
3	0	2	1	3	0
3	0	3	0	3	0
1	2	3	0	3	0
2	1	2	1	3	0
3	0	3	0	3	0
2	1	3	0	3	0
2	1	3	0	3	0
2	1	3	0	3	0
3	0	3	0	3	0
3	0	3	0	3	0
3	0	3	0	2	1
3	0	3	0	3	0
2	1	2	1	1	2
2	1	2	1	3	0
2	1	3	0	3	0
3	0	2	1	2	1
1	1	3	0	3	0
3	0	2	1	2	1
3	0	3	0	3	0
2	1	2	1	2	1
3	0	3	0	3	0

表 3-2 『生徒命令簿』にみる学級委員・生徒会代議員の男女別選出数

1951年度	学級委員								
	第1学期			第2学期			第3学期		
	代表	男子	女子	代表	男子	女子	代表	男子	女子
3年1組	男子	5	1	男子	6	0	男子	4	2
3年2組	男子	4	2	男子	4	2	男子	3	3
3年3組	女子	5	1	男子	5	0	男子	4	2
3年4組	男子	5	1	男子	5	1	男子	3	3
3年5組	男子	5	1	男子	5	1	男子	4	2
3年6組	男子	5	1	男子	3	3	男子	3	3
3年7組	男子	6	0	男子	6	0	男子	6	0
3年8組	男子	6	0	男子	6	0	男子	6	0
3年9組	男子	5	1	男子	3	3	女子	2	4
2年1組	男子	4	2	男子	4	2	男子	4	2
2年2組	男子	5	1	男子	5	1	男子	6	0
2年3組	男子	3	3	男子	4	2	男子	4	2
2年4組	男子	6	0	男子	4	2	男子	5	1
2年5組	男子	5	1	男子	6	0	女子	3	3
2年6組	男子	5	1	男子	5	0	男子	4	2
2年7組	男子	6	0	男子	5	1	男子	6	0
2年8組	男子	5	1	男子	6	0	男子	5	1
1年1組	男子	5	1	男子	4	2	男子	6	0
1年2組	男子	5	1	男子	4	2	男子	4	2
1年3組	男子	4	2	男子	5	1	男子	5	1
1年4組	男子	5	1	男子	5	1	男子	6	0
1年5組	男子	5	1	男子	4	2	男子	4	2
1年6組	男子	4	2	男子	5	1	男子	5	1
1年7組	男子	5	1	男子	5	1	男子	5	1
1年8組	男子	6	0	男子	6	0	男子	6	0
1年9組	男子	5	1	男子	5	1	女子	5	1
1年10組	男子	5	1	男子	5	1	男子	6	0

北海道札幌南高校『北海道札幌南高校　生徒命令簿　昭和二十六年四月』より作成

二、三年は、おおよそ三対二であった。表3－2から明らかであるように、旧男子高校であった同校では、男女共学後も、相当、男子生徒優位の状況がつくられていたようである。学期ごとにクラスから六名選出[55]する学級委員の代表に女子を選出したクラスは、全二七クラスのうち四クラス（三年三組、三年九組、二年五組、一年九組）のみであり、その四クラスさえも女子を代表に選出したのは、三学期間あるうちの一学期間だけであった。つまり、学級委員の代表には、全二七クラスの三学期分で年間、延べ八一名が選出されるが、女子は四名しか選出されなかったのである。三年七組のように女子生徒が在籍しているにもかかわらず、三学期間を通して、代表はおろか、一度も学級委員に女子を選出しなかったクラスも三クラス（三年七組、三年八組、一年八組）あった。各クラス三名選出の生徒会代議員にいたっては、男子生徒優位の状況がいっそう顕著であり、三学期間を通して女子生徒を一名以上選出したのは三年二組、一年二組、一年九組のわずか三クラスだけであった。

一九五三年一〇月一八日に同校で開催された座談会でも、男女共学に対して、男子生徒と女子生徒のあいだには、かなり温度差があったことがみてとれる。女子生徒が「私は元女学校に居たので、男女共学に憧れていた」（三年）、「期待して居た通り、素晴らしい学校だなァと思いました」（一年）と述べ、共学に賛成の意を示す一方、男子生徒は「我々はまず大学に入る事が問題」であるのに、「高校生になると、おのずから男女間の意識が変ってくる、それが受験期の男子の気持に影響するという短所がある」から、男女共学は「反対です」（二年）や、中学卒業以後は「分けて各々の個性を、伸ばす方が良い様な気がします」（三年）と、共学への不快感をあらわにしている[56]。同校では、教員側にも、座談会で発言した男子生徒らと同じような意見が共有されていた。座談会に参加した教員は、男女共学について次のように述べている。

現在の女子が、男子と同じような条件にあれば、これは相当やれると思う。しかし女子も十七・八になるとやはり家庭で手伝う時間が多くなる。その上に趣味の茶、花道等をやるとすると、どうしても時間的な不利はまぬがれない。そして、それは仕方ない事だ。私は思うんだが、必ず同じ組織に於ける男女共学は反対だ。

なまじつか男の学校に入つた為に、したい事が出来ず、十分に個生（ママ）を伸ばさないで卒業してしまう女子もいる。だから自由に学校を選択する様にすれば無理がなくていいと思う。……やつぱり男女両校を必要とするナ。[57]

右記の発言をした教員は、共学実施から四年目に入ってもなお、同校を「男の学校」だと述べている。「家庭で手伝う時間が多く」、さらには「趣味の茶、花道等をやる」ために勉強時間の確保が困難なのであり、「現在の女子が、男子と同じような条件にあれば、これは相当やれると思う」と述べていることから、男女間の学力差は、能力ではなく、環境の差であると考えていることがうかがえるが、いずれにせよ、男子生徒と女子生徒をひとつの学校にまとめる男女共学に対しては反対の立場にあった。同教員の発言は、進学実績を考えての発言なのであろうが、こうした考えは、結果として後に同校における名ばかりの男女共学を促進させる要因となっていったのである。

三　コース別クラス編成による男女共学の崩壊

一九五〇年度以来、道教委の方針に従い小学区制、かつ男女共学という制度のもと教育が行われてきたが、男女共学開始当初から、卒業後の進路として男子生徒の大半は大学進学を希望し、女子生徒の大半は就職を希望するという状況にあった札幌南高校では、進学実績を伸ばし、なおかつ就職の面でも成果をあげるため、生徒の進路希望に応じてカリキュラムをコース別に分けるコース別クラス編成が一九五四年度から新三年生を対象に行われることになった。同校では、北海道内でもいち早くコース別クラス編成が取り入れられ、Ａコース（進学希望者対象）とＢコース（就職希望者対象）が設定された。

表3-3　札幌南高校のクラス毎のコース・男女別人数（1954年度）

	コース	男子	女子
3年1組	A（進学）	58	0
3年2組	B（就職）	0	53
3年3組	B（就職）	0	56
3年4組	B（就職）	45	0
3年5組	A（進学）	39	19
3年6組	A（進学）	39	18
3年7組	A（進学）	55	0
3年8組	A（進学）	57	0
3年9組	A（進学）	54	0
3年10組	A（進学）	53	0
計		410（うち、クラス不明10）	150（うち、クラス不明4）

六華同窓会編『平成二年版　六華同窓会会員名簿』1990年、251-266頁より作成

一九五四年度の三年生のクラスごとの男女別人数とコースは、**表3-3**に示したとおりである。**表3-3**から読みとれるように、三年五組と三年六組の二クラスを除く八クラスで、学校としては男女共学をうたいながらも、男女別学のクラスが編成された。

同校のコース別クラス編成は一九五四年度を通して、学校と生徒とのあいだで大論争を引き起こすこととなった。同校の学校新聞である“*The Minamiko*”に掲載されたコース別クラス編成の記事を追っていくと、まず一九五四年五月一七日の新聞には、次のような内容が記されている。

二十九年度からはクラス編成をコース別としている。二十九年度においては三年生のみに実施しているが三十年度からは二年生にも実施する方針と聞く。三年生の編成状況を見るとA（進学）コース七組、B（就職）コース三組となつており男女別に見るとAコースの内二組に各七（ママ）―八名計名（ママ）の女子生徒が混つておりBコースでは三組の内二クラスが女子のみ、あとのクラスが男子のみとなつている。……Bコースをも男女別々のクラスを編成したのはあきらかに行き過ぎであり男女共学の一端を崩すものではないだろうか。(58)

生徒側としては、実情を鑑みれば、進路選択の都合上、「コース別クラス編成は少なくとも三年生にとっては必要であろう[59]」という思いもないわけではなかった。だが、それでもなお、三年生全一〇クラスのうち八クラスを男子のみ、あるいは女子のみのクラスとしてクラス編成を行うのは、「あきらかに行き過ぎであり男女共学の一端を崩す」のではないかと、学校当局に対する批判的な意見が記されている。

コース別クラス編成に関する記事は、その後も毎号のように掲載され、一九五四年七月二三日の“*The Minamiko*”第二〇号には、生徒九名（男子生徒四名、女子生徒五名）、教員二名、司会者一名（男子生徒）による座談会の様子が、また、“*The Minamiko*”第二一号には、新聞部が全校生徒に調査した「コース別編成」に賛成、反対のアンケート結果が掲載された[60]。

“*The Minamiko*”第二〇号に掲載された座談会では、女子生徒から「私達は男子と同じに勉強しようと思つて公立高校に入つて来た」（二年）、「学校側は私達女子をどうお考えになつているか、わかりませんが、今の南高の女子は男子に圧倒されているのですね。もう少し経つたら女子が南高から消えて旧一中になつてしまう様な気がします」（三年）というように、学校が女子生徒を蔑ろにしているという不満が述べられている。さらに、Aコース（進学希望者対象）の男子生徒からも、「同じ舎校（ママ）内に生活しているから共学が充分なされているとか、女子が廊下を通るから接するだろうという」学校側の言い分は、「あまりにも皮相的にすぎると思う。ホーム・ルームを離れた共学など何の意味もない」（三年）、「それ（コース別クラス編成の実施――引用者）は余りにも一方的な学校側の態度ではないでしょうか[61]」（三年）とコース別クラス編成に対する反対意見が出された。しかしながら、出席していた教員の一人は、座談会の最後に次のように述べ、それまでの生徒らの意見を一蹴した。「君達は予備校化するとかしないとか言つているが、君達は一体全体どうなんだい、大学に入りたいのだろう。入る為には、我々はやつてやらなければならないから、一生懸命やつているんですよ。一寸理屈がましいが、我々は君達を教育しているんですよ[62]」

同校は、すでに述べたように北海道内に最初に創立された公立旧制中学校を前身とする高校であり、道内随一の歴史と大学進学者数を誇る進学校であった。一九五四年五月一七日の“*The Minamiko*”第一八号には、「北大合格者百七名　東大に六名　全道最高の成績」との題で記事が掲載され、「二位の札幌西高校より、（北大合格者が——引用者）およそ四〇名も多」[63]かったと記されている。そうした同校にあっては、「ホーム・ルームの男女の数がアンバランスになる事」[64]など、言ってみればどうでもよいことであり、同じクラス内に男女が在籍していなくても、校内に男女がいるのであれば「男女共学」という曲論を述べてでも、コース別クラス編成を行い、進学実績をあげるほうが優先だったのである。

札幌南高校におけるコース別クラス編成の議論は、同校と同様に男子高校が前身であった札幌西高校にも飛火していった。札幌西高校では、共学を開始した当初から学校新聞に「共学第一年の成績はやがて訪れる大学入試によって客観的にその大体の評価が存される」[65]と記されたり、「進適（新制大学進学適性検査——引用者）」の結果が「市内四校の内最高」[66]であったことが掲載されるなど、学校としての進学実績をかなり気にしていた。同校では、札幌南高校がコース別クラス編成を開始したのを受け、校長が校内で記者会見を行い、札幌西高校としては「現在はそのような計画はないが、生徒も父兄もその方法がよいとなれば、実施するかもしれぬ」と述べ、続けて、次のように発言している。

あのやり方（札幌南高校のコース別クラス編成——引用者）が男女共学を抹殺するとは考えない。結局の問題は各自が自分の大きな目的を達成することにある。また高校を増設することを請願しているが、ぜひ女子の高校を作り、実力のない女子はその高校に入学し、自らの目的を達成すべきである。……事実上、男女の学力差をなくすることは不可能なことである。女子の大部分は就職するか、すぐ家庭の人となるのだから、進学者と同じ勉強をするということは、かえって不幸なことと思う。[67]

校長は校内記者会見のなかで、もはや就職希望の女子生徒は、同校には不要だと言わんばかりの言い分を述べ、コース別クラス編成に関する問題は、札幌西高校でも論争を巻き起こすことになった。結局、同問題は少しでも進学実績をあげたい学校や「大学進学を目ざ」す「受験生として考えた場合、必ずしも否定してしまうことはできない」[68]と、学校側の方針に賛同せざるを得ない進学希望の一部の男子生徒の側、それに対して大半が就職希望の女子生徒と進学希望でありながらもコース別クラス編成に絶対反対の立場をとる男子生徒の側、この二者の対立を顕著にしていくこととなったのである。[69]

おわりに

本章では、新制高校発足に伴い、北海道内の高校再編成がいかに行われたのか、さらにまた学校、教員、高校に在学する生徒らが小学区制・男女共学の実施に対して、どういった葛藤をもち、どのように折り合いをつけていったのかをみてきた。

本章で扱った北海道では、一九四八年の新制高校発足時には、男女別学校と共学校とが混在していたが、一九四九年の道教委の決定を受けて、一九五〇年度より北海道内すべての公立高校が男女共学となった。道教委としては、小学区制を布き、男女共学を実施することで、各学校の学力の優劣による「学校差」を縮めようと目論んだ。それゆえに、市内に複数の公立普通科高校がある地域においても、すべての生徒を強制的に市内各高校に振り分ける全面実施に踏み切ったのである。しかしながら、札幌市内の高校にみたように、小学区制実施によって市内四校の男女の人数は平均化したとしても、結局のところ、旧男子高校が共学した高校、なかでもいわゆる「一中」を前身とする高校がその地域の進学実績の頂点である状況は依然として変わらず、「学校差」は期待するほど縮まらなかった。しかも、男子は進学、女子は就職という従来の進路選択が、男女共学校になってもそのまま引き継がれた状況では、かえって学校内で男女の差をいっそう生徒らに突きつけることになった。一九五〇年度からの男女共学全面実施により、表面上は、男女が同一の学校で、同一の教育を受ける権利が保証されることになった。しかしながら実態としては、教員が女子生徒に「男子に追いつけないから……家庭科コースを選択した方が望ましいといつ[70]」たり、コース別クラス編成という名目のもと、男女別のクラス編成にすることで、男女を差別化する教育が行われたのであった。

北海道では、一九五〇年の高校再編成以来、小学区制が続けられたが、札幌南高校をはじめとする進学実績が良好な高校への越境入学が絶えず、道教委は一九六六年度から全道八学区の大学区制を実施することにした。大学区制実施によって学力を軸とした各高校の序列は顕在化し、当初、道教委が懸念していた「学校差」はより顕著になっていったのである。

注

（1）北海道立教育研究所編、一九八三年、『北海道教育史　戦後編五巻』北海道立教育研究所、六六頁

（2）北海道立教育研究所編、一九八九年、『北海道教育史　戦後編六巻』北海道立教育研究所、三一頁

（3）同前、四六八頁

（4）第二項から第四項では、次のような方針が掲げられた。第二項「六三三を一貫して考慮する」、第三項「教育の機会均等を主として学校分布を考慮する」、第四項「一学級定数を五十名以下とし、且つ十八学級を最高標準とする。但し大都市においては暫定的に二十四学級まで認める」。北海道教育委員会編、一九五〇年、『北海道教育行政概要　昭和二四年度』北海道教育委員会、二六一二七頁

（5）北海道立教育研究所編、一九八一年、『北海道教育史　戦後編二の一巻』北海道立教育研究所、三〇六頁

（6）前掲『北海道教育行政概要　昭和二四年度』二七頁

（7）同前

（8）同前、二八―三〇頁
（9）同前、三一―三二頁
（10）なお、農業課程は全道一〇学区、水産、商業、工業課程は全道一学区が通学区域として定められた（北海道教育委員会編『北海道教育行政概要　昭和二四年度』北海道教育委員会、一九五〇年、三四頁）。
（11）前掲『北海道教育行政概要　昭和二四年度』三四―三五頁
（12）林謙二（民主党）による発言。北海道議会編、一九五〇年、『定例北海道議会議事速記録　昭和二五年　第一回』北海道議会事務局、三六九―三七〇頁
（13）田中巌（民主自由党）による発言。同前、四二七頁
（14）田中巌（民主自由党）による発言。同前、四二六頁
（15）山内広（無所属）による発言。同前、四三四頁
（16）前掲『北海道教育史　戦後編六巻』五三頁
（17）北海道札幌南高等学校創立百周年記念協賛会百年史編集委員会編『百年史　北海道札幌南高等学校』北海道札幌南高等学校創立百周年記念協賛会百年史編集委員会、一九九七年、二五二頁
（18）「連絡会議を設置」『北海道新聞』（旭川市内版）一九五〇年二月一四日、二面
（19）教育長・岡村威儀による発言。前掲『定例北海道議会議事速記録　昭和二五年　第一回』四二四頁
（20）後藤三男八（農民協同党）による発言。同前、三九二頁
（21）教育長・岡村威儀による発言。同前、四三二頁
（22）教育長・岡村威儀による発言。同前、三七二―三七三頁
（23）本間武三（社会党）による発言。同前、四〇三頁
（24）教育長・岡村威儀による発言。同前、四一三頁
（25）「道教委談　高校の男女共学」『北海道新聞』（旭川市内版）一九五〇年三月三日、三面
（26）「もめる通学区制問題」『北海道新聞』（旭川市内版）一九五〇年三月二六日、四面
（27）同前
（28）北海道教育委員会調査課編『北海道教育概要　一九五一年版』北海道教育委員会調査課、一九五一年、三頁

(29) 教育長・岡村威儀による発言。北海道議会編、一九五一年、『定例北海道議会議事速記録　昭和二六年　第一回』北海道議会事務局、一三七頁

(30)「高校新通学区ご破算」『北海道新聞』(旭川市内版) 一九五一年二月一〇日、四面

(31) 後藤三男八 (農民協同党) による発言。前掲『定例北海道議会議事速記録　昭和二六年　第一回』一二七頁

(32)「学校長に処罰権」『北海道新聞』一九五一年四月一九日、三面

(33) なお、函館尋常中学校 (のちの北海道函館中部高校) も札幌尋常中学校と同年の一八九五年に創設されている。

(34) 北海道立札幌第一高等学校学友新聞部編「高校再編成　四区制で強行か　全面共学実施が目的」『THE SAPPORO FIRST H.S. JOURNAL』第四四号、一九五〇年三月一日、一面

(35) 同前

(36) 同前

(37) 前掲『百年史　北海道札幌南高等学校』二六二頁。これに対して道立札幌第一高校は、道立札幌第二高校の態度を「こうした問題は上から押しつけられるものではなく、教育をうける側の積極的な意見が基本となるべきであり、こうしたことは無視できない。……二高側が、今回の態度の底をなす「反対してもどうにもならない」という敗北主義的諦観の埒内から一歩も前進していないことは合理性を主張し真実の探究をなす学徒に不似合な消極性である」(北海道立札幌第一高等学校学友新聞部編「高校再編成について」『THE SAPPORO FIRST H.S. JOURNAL』第四四号、一九五〇年三月一日、一面) と痛烈に批判している。

(38)「高校再編成について」前掲『THE SAPPORO FIRST H.S. JOURNAL』第四四号、一面

(39) 同前

(40) 札幌女子高等学校自治会新聞部編『女子高等学校新聞』第一二号、一九五〇年三月一七日

(41) 北海道立札幌第一高等学校学友新聞部編「反対運動静観状態え(ママ)」前掲『THE SAPPORO FIRST H.S. JOURNAL』第四四号、一九五〇年三月一日、一面および前掲『百年史　北海道札幌南高等学校』二六三頁。なお、道立札幌女子高校の学校記念誌では、一九五〇年三月二〇日に「三校協議会は……運動を一切停止」したと記されている (札幌北高等学校創基六十周年記念事業協賛会編『六十年』札幌北高等学校創基六十周年記念事業協賛会、一九六三年、一七八頁)

(42)「反対運動静観状態え(ママ)」前掲『THE SAPPORO FIRST H.S. JOURNAL』第四四号、一面

(43) 札幌女子高等学校自治会新聞部編「お別れに際して」『女子高等学校新聞』第一二号、一九五〇年三月一七日
(44) 北海道立札幌第一高等学校学友新聞部編「日本青年の誇りと紳士の礼儀をもつて」『一高新聞』第四五号、一九五〇年四月二五日、二面
(45) 北海道立札幌第一高等学校学友新聞部編「猿声豚語」同前、一面
(46) 「教育の危機に就てなど」同前、一面
(47) 「共学の思い出」(女子生徒による寄稿)『北校』創刊号、北海道札幌北高等学校生徒会、一九五一年二月、一九頁
(48) 道立札幌女子高等学校『学校日誌 昭和二十五年』
(49) 前掲「猿声豚語」『一高新聞』第四五号
(50) 「巻頭言」『北校』創刊号、北海道立札幌北高等学校生徒会、一九五一年二月、頁数なし
(51) 「座談会 共学あれこれ談義」『北校』同前、一一頁
(52) 「ホームルーム」同前、四〇―五〇頁
(53) 「1950年回顧 成功した共学」『札幌西高新聞』第六号、一九五一年三月一〇日、二面。なお、座談会は一九五一年二月一七日に生徒七名によって実施された。
(54) 「共学と社会情勢をどう考えるか」『札幌西高新聞』第一五号、一九五二年五月三〇日、四面
(55) なお、二年六組の第二学期のみ、五名の選出であった。
(56) 「学校生活を語る 座談会」『みなみ』札幌南高校生徒会、一九五三年一二月、四―五頁
(57) 同前、六頁
(58) 「コース別クラス編成に望む」"*The Minamiko*"第一八号、一九五四年五月一七日、一面
(59) 同前
(60) 「コース別編成」に関するアンケート調査による男女別の結果は、次のとおりである。男子・賛成三五・九%、反対四六・四%、女子・賛成二三・〇%、反対六三・〇%。また、コース別の結果(三年生のみ対象)は、次のとおりである。Aコース・賛成五四・四%、反対三二・七%、Bコース・賛成一〇・二%、反対七二・九%。
(61) 「予備校化に前進 不明朗なクラス編成――異常化たどる男女の間 やめてほしいコース別」"*The Minamiko*"第二〇号、一九五四年七月二三日、二面

(62) 同前
(63)「北大合格者百七名　東大に六名　全道最高の成績」"The Minamiko" 第一八号、一九五四年五月一七日、一面
(64) 横田庄八「本校の教育の問題点」"The Minamiko" 第二〇号、一九五四年七月二三日、二面
(65)「捨語抜声」『札幌西高新聞』第五号、一九五一年一月一日、一面
(66)「進適」『札幌西高新聞』第二〇号、一九五三年一月一日、二面
(67)「希望があれば実施　進学就職コース別授業」『札幌西高新聞』第三一号、一九五四年九月二一日、一面
(68)「受験生としては必要なこと」『札幌西高新聞』同前、二面
(69) 結論としては、札幌西高校ではコース別クラス編成は実施しなかった。札幌北高校でもコース別クラス編成が実施されることはなかった。また、札幌南高校のコース別クラス編成は、一九五四年度のみの実施で廃止となった。
(70)「予備校化に前進　不明朗なクラス編成――異常化たどる男女の間　やめてほしいコース別」"The Minamiko" 第二〇号、一九五四年七月二三日、二面

参考文献

北海道教育委員会編、一九五〇、『北海道教育行政概要　昭和二四年度』北海道教育委員会
北海道教育委員会調査課編、一九五一、『北海道教育概要　一九五一年版』北海道教育委員会調査課
北海道立教育研究所編、一九八一、『北海道教育史　戦後編二の一巻』北海道立教育研究所
――、一九八三、『北海道教育史　戦後編五巻』北海道立教育研究所
――、一九八九、『北海道教育史　戦後編六巻』北海道立教育研究所
――、一九七〇、『北海道教育史　総括編』北海道立教育研究所
北海道議会編、一九五〇、『定例北海道議会議事速記録　昭和二五年　第一回』北海道議会事務局
――、一九五一、『定例北海道議会議事速記録　昭和二六年　第一回』北海道議会事務局
北海道札幌北高等学校創立九十周年記念事業協賛会編、一九九二、『北高九十年』北海道札幌北高等学校創立九十周年記念事業協賛会
北海道札幌西高等学校創立90周年・定時制80周年記念誌編集委員会編、二〇〇二、『創立90周年・定時制80周年　記念誌』北海

道札幌西高等学校創立90周年・定時制80周年記念事業協賛会

北海道札幌東高等学校創立全日制90周年定時制30周年記念事業協賛会「記念誌」編集部編、一九九七、『創立全日制九十　定時制三十周年記念誌　つどいて』北海道札幌東高等学校創立全日制90周年定時制30周年記念事業協賛会「記念誌」編集部

北海道札幌南高校『北海道札幌南高校　生徒命令簿　昭和二十六年四月』

北海道札幌南高等学校創立百周年記念協賛会百年史編集委員会編、一九九七、『百年史　北海道札幌南高等学校』北海道札幌南高等学校創立百周年記念協賛会百年史編集委員会

『みなみ』札幌南高校生徒会、一九五三年一二月

六華同窓会編、一九九〇、『平成二年版　六華同窓会会員名簿』六華同窓会

The Minamiko 縮刷版刊行準備会編、一九八二、『札幌南高校新聞縮刷版　一九四九―一九八二』

札幌西高新聞縮刷版刊行委員会編、一九六五、『札幌西高新聞縮刷版　一九五〇―一九六五』

『北校』創刊号、北海道札幌北高等学校生徒会、一九五一年二月

札幌女子高等学校自治会新聞部編『女子高等学校新聞』

札幌北高等学校創基六十周年記念事業協賛会編、一九六三、『六十年』札幌北高等学校創基六十周年記念事業協賛会

道立札幌女子高等学校『学校日誌　昭和二十五年』

第4章

京都市内の公立高校生における男女共学観

和崎光太郎

はじめに

京都府では、公立高校で小学区制・総合制・男女共学制のいわゆる「三原則」が一九四八年一〇月から一九八五年三月まで継続されたと広く認識されており、一九九〇年代にはこの公立高校のありようを実証的に明らかにする試みが小山静子らによる共同研究によってなされた(1)。

この共同研究で「男女共学制」を担当した小山(2)は、文部省と京都府の意向、軍政部の圧力、制度が先行した後に男女共学の意義が語られるようになったこと、男女共学制と小学区制との関係などを明らかにしている。さらにそれらの成果を踏まえたうえで、男女共学制が実施されても「戦前の男女観に根本的な変革が加えられてはいなかった」こと、つまり「男女特性論は、共学支持にも、共学反対にも使われる両刃の剣であった」ことに加え、「共学か否かが重要な問題となるのは、もっぱら女子の教育においてであ」ったという根強いジェンダーの非対称性を論証している。[3] つまり、「民主教育の象徴」として語られてきた京都府の公立高校における男女共学制は、確かに男女での教育機会の均等・教育格差の是正という意味では画期的ではあったが、一方で男女共学をめぐる議論そのものが男女で非対称的であり、男女共学制は男女観にさほど変革をもたらす制度ではなかったのである。

では、「両刃の剣」となるような根強い男女特性論に支えられた男女共学とは、そもそもどのような観念として生徒に受け止められていたのであろうか。本章では、京都市域(後述)の全日制公立高校を対象に、まず統計資料で高校別の男女共学のありようを確認したうえで、各高校の「現場」の史料である高校新聞を用い、そこから浮かびあがる男女共学観を明らかにする。高校新聞を用いるねらいは、高校間における男女共学観の相違点・共通点を知り得るのに加えて、当時の生徒にとっての男女共学がどれほどの関心事であったのか、他の話題との重みの違いや他の話題との関連のなかで実態に即して把握できるからである。[4] 考察対象とする時期は、旧制時代ではあるが高校新聞の前身となる学校新聞が発行され始めた一九四七年度から、男女共学が高校新聞紙上で物議を醸すきっかけとなった文部大臣による男女共学再検討発言(後述)があった一九五六年度までとする。

本章における京都市域とは、京都市および京都府乙訓(おとくに)地域(京都市の南西部)で構成される高等学校の通学域(京都市・乙訓通学圏)であり、一九六四年に府立乙訓高校が開校するまでは乙訓地域には公立高校が存在しなかったので、本章の対象とする期間には京都市域における公立高校生は原則すべて京都市内の公立高校に通っていたことになる。つまり、考察対象となる高校はすべて京都市内であり、それらの高校に通う生徒は京都市域在住である。

一　京都市内の公立高校における男女共学の実施と高校新聞

京都市には終戦直後に連合国軍の第一軍団が置かれ、京都府軍政部教育課長ケーズ・エリオット(C. Elliott)による強力な指導・勧告もあり、[5]義務教育最優先の方針が採られた。この方針のもと、新制中学校が一九四七年四月に発足（授業開始は五月）するとともに旧制中等学校には併設中学校が設置され、翌一九四八年四月に新制高校が誕生した際[6]にはいくつかの元旧制中等学校の校舎が新制中学校に完全転用された。このように新制中学校の整備が優先され新制高校の整備が後まわしにされたので、同月誕生した公立全日制新制高校の実態は、計二一校のうち一八校が元旧制中等学校の九つの校舎に同居して二部授業が行われるという状況であり、[7]しかもほぼすべての高校が男女別学のままであった。[8]

ともあれ一応新制高校が開校したのであるが、その半年後の同年一〇月にはこれらの新制高校はすべて廃止され、新たに小学区制・総合制・男女共学制の新制高校が創設された。このいわゆる「高校再編」は、一九四八年一〇月一五日に教員異動完了、同月二〇日に登校開始、法令上での旧学校廃止と新学校設置は同月三一日付であり、[9]生徒の転校と教員異動は府立高校・市立高校の垣根を越えて行われ、教員異動の正式発令は同月三一日、異動総数は七〇八人にのぼる。[10]翌一一月一日に教育委員会法に基づく府・市の教育委員会が発足した。

気に留めておかねばならないのが、本章の対象となる期間は市内公立高校在学者のうち女子が一貫して少ないことと、学校により設置している課程の収容定員に差があったことから学校別の男女比にも差が生じていたことである。

試みに、本章が対象とする期間の高校新聞がすべて現存している府立鴨沂（おうき）高校、府立洛北高校、市立西京高校、市立洛陽高校の四校（詳しくは後述）の女子生徒比率を比較しよう（**表4－1**）。市内公立高校の女子生徒比率は、一九五〇年代初頭が三六・四％、一九五六年度が三六・二％であり、鴨沂高校と洛北高校の女子生徒比率はこれを少々上回る。[11]旧制市立第一商業学校の跡地に開校した西京高校は商業課程が大規模で、全校生徒中一九五一年度は三三・〇％、一九五六年度は四〇・〇％が商業課程に在籍していたが、[12]全校生徒の女子比率が市内公立高校全体と比べて一九五一年度でマイナス二・〇％、一九五六年度でプラス二・四％と大差ない。[13]一方、旧制市立第

表4-1　高校別女子生徒比率

	市内公立高校全体	鴨沂高校	洛北高校	西京高校	洛陽高校
1950年代初頭	36.4%	40.4%	39.2%	34.4%	20.7%
1956年度	36.2%	37.5%	39.2%	38.6%	17.8%

注1：生徒数の単位は人。比率の小数点第2位以下を四捨五入。
注2：1950年代初頭は、鴨沂高校が1952年、洛北高校が1950年の数値（月日は不明）。両校の数値は京都府教育研究所『京都府教育史戦後の教育制度沿革』（京都府教育研究所、1956年）によっており、この資料に記載されている統計の年が異なっている。西京高校および洛陽高校の数値は1952年1月31日現在、『京都市教育概要 昭和26年度』による。
注3：1956年度は、鴨沂高校および洛北高校の数値は京都府教育委員会『公立学校基本数調査』(1956年）により月日は不明、西京高校および洛陽高校は『昭和31年度 京都市教育概要』により1957年2月1日現在の数値。

一工業学校の跡地に開校した洛陽高校は工業課程が大規模で、全校生徒中一九五一年度は四七・五%、一九五六年度は四七・二%が工業課程に在籍しており、[14]全校生徒の女子比率が市内公立高校全体と比べて一九五一年度でマイナス一五・七%、一九五六年度でマイナス一八・四%と明らかに低い。[15]後に高校新聞を読み解くにあたって洛陽高校は他校とは違う傾向が出てくるかもしれない。

次に高校新聞に目を向けよう。

全国的にみると、高校新聞の源流は終戦直後から発行された旧制中等教育機関の学校新聞にいくつかのルーツが確認できるものの、大半は新制高校になってから発行されており、[16]一九五五年には全国で一〇〇〇校あまりの高校で新聞が発行されていたとされる。[17]

京都市内の高校新聞も旧制中等教育機関に高校新聞のルーツを確認でき、旧制府立京都第一中学校の学校新聞である『京一中新聞』と旧制市立第一工業高校の学校新聞である『京工新聞』がそれぞれ鴨沂高校（洛北高校ではない）と洛陽工業高校の高校新聞縮刷版に含まれている。ほかに一九四八年二月の時点で新聞部が存在したことが確認できる公立旧制中等学校は、府立京都第二中学校（後に新制中学校に転用）、府立京都第三中学校（後に府立山城高校に転用）、府立京都第五中学校（後に新制中学校に転用）、市立第二商業学校（後に新制中学校に転用）、府立京都第一高等女学校（後に鴨沂高校に転用）、府立第二高等女学校（後に府立朱雀高校に転用）、府立桃山高等女学校

表 4-2　筆者が現存確認および閲覧できた高校新聞の一覧

	旧制京都一中『京一中新聞』	旧制第一工業『京工新聞』	府立山城高校『山城高校新聞』	市立伏見高校『伏見高校新聞』	府立朱雀高校『朱雀新聞』	市立洛陽高校『洛陽新聞』	市立西京高校『西京学園新聞』『西京高校新聞』	府立鴨沂高校『鴨沂新聞』	府立洛北高校『洛北高校新聞』
46年度	47年1月								
47年度		48年1月							
48年度	48年4月	48年10月	48年12月	49年1月	49年3月	48年12月	48年12月	49年2月	
49年度			49年7月	49年9月	49年10月 ● 50年2月				(50年4月開校)
50年度				● 51年2月	● 50年6月 ● 51年3月				50年6月
∫									
56年度									

（後に京都学芸大学桃山分校に転用）であるが[18]、旧制府立京都第一中学校および旧制市立第一工業高校以外は学校新聞が発行されていたことが確認できておらず、そもそも翌月末（一九四八年三月末）で旧制中等教育機関は閉校しているのでこれらの学校では新聞部が設立されたものの新聞が発行されていなかった可能性もある。

京都市内の公立新制高校においては、一九五〇年四月時点で一二校のうち一〇校で高校新聞が発行されていたことが確認できている（残りの二校は市立日吉ヶ丘高校・府立桂高校）。一〇校のうち縮刷版が発行されているのは前述した四校（市立西京高校・市立洛陽高校・府立洛北高校・府立鴨沂高校）であり、残りの六校（市立堀川高校・市立伏見高校・府立朱雀高校・府立山城高校・府立桃山高校・府立嵯峨野高校）のうち堀川高校・桃山高校の二校は高校新聞の現存が確認できず、ほかの四校についても現存が確認できた号はわずかであった。**表4－2**は、筆者が現存確認および閲覧できた高校新聞の一覧である。

二　旧制および再編前新制高校の時期

旧制時代の学校新聞で発行されていたことが確認できたのは『京一中新聞』と『京工新聞』であり、この期間の『京工新聞』には男女共学に関する記事が掲載されていなかった。

『京一中新聞』には、文部省が男女共学に言及した最初の文書である発学第五〇号「新学校制度の実施について」が出されるよりも前の一九四七年一月発行の第一号において、すでに男女共学に関する記事が掲載されている。この記事は新学制について新聞部員である生徒が校長にインタビューするものであり、次のようなやりとりがある。

記者（生徒）：「では、男女共学は何時ごろから実施されるのですか？」

校長：「中学校では直ちに実施されますが、高校では共学は望ましいことではあるが、大都市において、現状では整備その他の関係から男女別々に教育されることがありましょう。ですから期日ははつきりいえません」

記者：「はあ、よくわかりました」(19)

この内容からうかがえるのは、文部省が正式に男女共学の方針を打ち出す以前にすでに学校には男女共学制が実施されることが伝わっていたが、それがいつ・どのように実施されるのかまではわかっていなかった、ということである。

概してこの時期（旧制）の男女共学についての記事からは、当事者意識を読み取ることができない。同年一二月の同紙に掲載された座談会（五年生六名、新聞部生徒二名、男性教員二名）の記事には、次のようにある。

中野（五年生――引用者）男性と女性では発育年齢も違うし、能力の問題もありますから、困難ではないでしようか／中井（教員――引用者）今すぐ男女共学ということは勿論無理だが、方向はやはりその方へ進むべきだと思う、社会そのものが男性と女性の協力の上に成り立つているのだから、学校だけ別にする理由は無いと思う、結局は共学によつてお互いに啓発されるところが多いんじやないか／岡田（教員――引用者）原則としては僕も賛成だそういう精神で、無理のない機会を見つけて共学の方向に進んでゆけば、案外早くいい結果が期待できるかもしれない

生徒が卒業間近の五年生であり、当事者意識に欠けるのは当然といえば当然であるが、教員の意見も具体性に乏しく、そこに当事者意識を感じられない。一方で、生徒が「発育年齢」「能力」といった当時は男女の先天的な要素と考えられていたことを理由に男女共学を「困難」と考えていることは、後にみる根強い男女特性論の背景の一つにもなっているであろう。

一九四八年四月には前述したような男女別学・二部制の新制高校が誕生し、旧制中等教育機関は法令上は閉校

となった。たとえば府立京都第一中学校が閉校してその在校生がそのまま在籍する府立洛北高校が誕生、府立京都第一高等女学校と府立嵯峨野高等女学校が閉校して両校の在校生が在籍する府立鴨沂高校が誕生したが、この新たに誕生した洛北高校と鴨沂高校は元府立京都第一高等女学校校舎で同居する二部制であった。一九四八年四月の新制高校誕生から同年一〇月の高校再編までの期間で確認できた高校新聞は、『京一中新聞』から一九四八年五月（日付不明）に改称した『洛北高校新聞』と、市立京都第一工業学校の学校新聞がそのまま継承された市立洛陽工業高校の『京工新聞』、同年七月と一〇月に二回発行されただけの鴨沂高校の『鴨沂新聞』である。

『鴨沂新聞』には男女共学に関する記事が掲載されていないが、ほかの二紙には当時いつ実施されるか決定されていなかった男女共学についての記事が毎号のように掲載されており、そこには鴨沂高校生のコメントも掲載されている。

たとえば『洛北高校新聞』の第一号に掲載された「即時実施か、男女共学　新制中学で俄然問題化」という見出しの記事[20]には、洛北高校と同居する鴨沂高校の生徒談として「私は共学に絶対賛成します、この際、思いきつて共学を断行するならば、あらゆる方面□リードしている洛北の方に啓もうされる点が多いからです、お互の理解が不十分だといわれるのはそれは私達が悪いんで、男子の方にどしどし引振(ママ)つてもらいたいものです」（□は判読不能文字）とある。ここからは、男女共学によって女子（元高等女学校生徒）が男子（元旧制中学校生徒）によりリード・啓蒙され、引っ張られる側の女子にメリットが大きいという男女共学観がうかがえる。

さらに同号には、「女学生諸姉がみた一中生というものについてほんとにザツクバランに語つてもらうことにした」記事[21]があり、この記事においても「時々こんな会を開いていただいてこちらもどしどし男の方に食い下つて進んで行きたいものです」と、男女共学によって女子が男子に引っ張られる姿が理想として語られている。

六月になると高校再編についての記事が掲載され始める。たとえば六月の記事[22]では、同年九月に「今の新制高校を一応御破算とし、新たに学区制による男女共学の高等学校」が誕生することが既定路線になったと報じられ、九月の記事[23]では、「全京都新制高校生の注視の的となつている再編成案は、（一）全面的男女共学（二）総合制高校の確立（三）通学区域の合理的再編成、という三原則に基づいて、……いよいよ新編成によるスタートが切られるのは十月中旬と見られる」と報じられている。

『京工新聞』には、旧制時代には男女共学に関する記事が掲載されていないが、新制に移行し学校名が洛陽工業高校と変わった後の六月には「〃仲良く〃を実行へ　二部授業二ヵ月間の足あと」という見出しの記事[24]がある。この記事には、洛北高校と鴨沂高校が同居する旧府立京都第一高等女学校校舎で「男女共学まで話が進められているとの事、各方面よりその成り行きが期待されている」と、他人事のように男女共学が語られている。当時の洛陽工業高校では二部制で同じ校舎に同居する男子校の洛南高校（元府立京都第二中学校）と部活動・校友会活動を共にする機会が多かったが[25]、同様の共同活動が京都市内唯一の男子校・女子校の二部制であった洛北高校・鴨沂高校でも行われており、この男子校・女子校による共同活動は洛陽工業高校においても注目されていたが、あくまで男女共学は他人事であったさまがうかがわれる。

この記事が掲載された二週間後、同紙で初めて高校再編についての記事が掲載されている。ただしそこでは、「高校は、総合制、男女共学の線に切換へられんとしている、……ただ工業高校はその特殊的地位を認められ一応はこの枠外にあるという府側の発表は注目し得る[26]」と、自分たちは工業高校であるので高校再編とはあまり関係がなさそうだという推測がなされ、さらに同号の社説[27]では「一応まとまつたかに見えた新校々制度も又一揺れせんとしている即ち男女共学、総合制、地域制による高校改革案がそれである。そもそもの事の起りは、公立校々長会議で本問題を取り上げ、次いで教組でも取り上げて始めて日刊新聞に発表されたのである」と、若干の苛立ちを表しながら、高校再編の見通しを当局が「即時公表[28]」することが要望されている。

七月発行の同紙には、「工業高校の希望者は　普通校へ変れる？　高校問題その後の成行き」という記事[29]が掲載されている。この記事には、

> 高校整備問題は、その後余り進展していないようであるが、洛陽では過日の生徒大会席上で一応男女共学、地域制、総合制の三原則に賛成するとの意をまとめ、七月二日、全市公立高等学校が堀川高女に集合、その席上で発表した／すなわち各学校の意見は大体三原則に賛成の方向であつた、よつて連合委員会はただちに市当局へ出向かい、各学校の意意（ママ）を伝へた／これに対し市当局は次の如く発表した／大体今の所は九月より実施の予定だが、現在研究中なのではつきりしたことはいへぬただ工業高校は、実習整備等を考慮すればわく外になるのではないか、ただし希望者は普通高校に転学は出来るであろう[30]

とあり、市内公立高校の生徒会はおおむね三原則には賛成だったが、工業高校は別扱いになるであろうという見通しが生徒・市当局ともにあったことがわかる。その後、工業高校は例外という認識は生徒・市府当局ともに高校再編直前まであったようであり[31]、それゆえに一〇月の高校再編直前に同紙上では「新校」の「革命的発足」が謳われた[32]。この高校再編で洛陽工業高校は新たに洛陽高校となり、洛陽高校は生徒の「ほぼ半ばは工業科生である」ることから男子一〇九六名・女子三一三名で女子率が約二二％でのスタートとなった[33]。

このように同校の男女共学化は、「他人事」であったことが突如自らに降りかかってきたことではあったのだが、再編直前の同紙上では男女共学への反対意見はみられず、むしろ男女共学化は新制高校が誕生した一九四八年四月に行うべきだったという社説[34]が掲載されている。というのも、高校再編によって「学校的差別は全然無くな」り、「一中だから三高へ入学出来る率が大であるという様な事はこの際断乎取り去[35]」られるのではという期待があったからである。つまり、男女共学の理念や理想が語られる以前に、男女共学化を含む高校再編によって学校階層上自分が上昇するか否かという点に意識が傾いていたのである。

三　再編後から一九四九年度末まで

では、男女共学が実施されてからはどのような男女共学観が台頭してくるのであろうか。まず、男女共学化以降（一九四八年一〇月二〇日以降）の高校新聞紙上にはどのくらい男女共学に関する記事（本文において男女共学に触れられている記事）が掲載されていたのか確認しよう。

『洛陽新聞』（一九四八年一二月創刊）と『西京高校新聞』（一九四八年一二月創刊、第一・二号の紙名は『西京学園新聞』）では、一九四九年度中は男女共学についての記事が毎号のように掲載されているものの、一九五〇年度からは激減する。『山城高校新聞』（一九四八年一二月創刊）、『伏見高校新聞』（一九四九年一月創刊）、『朱雀新聞』（一九四九年三月第二号発行）では、おもに国立国会図書館のプランゲ文庫に所蔵されている号しか現存確認ができなかったが、それらにおいては男女共学に関する記事が毎号のように掲載されている。京都市内公立高校の高校新聞紙上では、少なくとも男女共学化の一年半後にあたる一九四九年度末までは男女共学についての議論が活発であったといえよう。この一九四九年度末の卒業生は、一九四四年四月に旧制中等学校に入学、学徒勤労動員中に敗戦、五年生になるはずの一九四八年四月に新制高校に二年生として「転校」、同年一〇月に高校再編で小学区制に基づき新校への転校と男女共学化を経験し、翌年三月に旧制中等学校五年生として卒業すること[36]と翌月に新制高校三年生として進級することのどちらも選択できたという激動の学年である。

では、これらの記事から生徒のいかなる男女共学観を読みとることができるのだろうか。

まず注目されるのが、高校再編後数カ月のうちにみられる、男女共学は思ったよりもスムーズに実施できたという見方である。たとえば『西京学園新聞』第一号の記事[37]には「我が西京の学園も已に二ヶ月を経てきた、始めはしつくり行かなかつた共学も近頃は心配御無用」とある。さらに同号には、「男女共学　大体うまくいつている――だが注文も」という男女生徒それぞれ五名ずつ（併設中三年生を含む）の座談会記事も掲載されている。[38] そこには、

司会　男女共学の問題については戦争が終つて以来、よい悪いいや実施するせぬと大騒ぎをやつたわけですが、九月（ママ）にあつけなく実施されて、もう大部（ママ）たちました、それまで大騒ぎをしましたが、やつてみれば何でもないというのが一般の空気だと思います……／▽　始まる迄は随分心配したりしましたが、やつてみれば何でもない、お互に啓蒙され合つて前よりよく勉強するようになりました……／○　女の人はグループ意識が強くて何か小さく固つてしまうし、男の方にもまだ二、三人の女の人と話した事しかないという人もおり、男女両方ともそのよい所を充分取入れる所まではまたい（ママ）つてませんね……（発言者は明記されておらず不明）

とあり、男女がお互いの長所を取り入れることが男女共学の理想的姿として想定されていることがうかがえる。ただし、ここに想定されているのは男女の生徒個々の長所ではなく、没個人的な集団としての「男子」と「女子」がそれぞれ有すると考えられていた「長所」であり、同様の議論・意見は他校にもみられる。[39] 加えてこのような思考の枠組みは「短所」を考える場合にも通じていた。[40] そもそも、この傾向は生徒に限ったことではなく、教員がこのような枠組みで男女共学の意義を生徒に語る記事が多々ある。[41]

このように、この時期の高校新聞紙上では、男女共学の意義は「両性の理解による健全なる社会の建設」にあるという意見[42]に加えて、自身の既往の男女観が絶対であり現実の異性が間違ったあり方であるという意見[43]も散見されるほど、あらゆる議論に通じて生徒における男女特性論は強固であった。それゆえに、男女共学をスムーズに実施できたという評価があるとともに、最初の生徒会選挙で当選した役員一八名のうち女性はわずか一名であることに何の疑義も挟まれない。[44] 当時は、理想的な男女共学として男女それぞれの「長所」をお互いが取り入れ得る場が考えられており、男子と女子が同じ教室で「問題」なく学んでいればそれで成功と評価される男女共学観であった。また、高校再編以前にみられた男女共学化と学校階層の変化を関連づけるような議論・意見が消え

たことも、男女共学制実施後における男女共学の語りの特徴である。このような男女共学観であったからこそ、高校新聞紙上には、男女共学によって発生すると想定された男女間の学力差や男子の「露悪的」な態度といった「問題」が実際は大した問題ではなく男女共学によって立派な「ゼントルマンとレデイになつて来ている」という評価[45]がなされている。

では、このような男女共学について、生徒のうちどれほどが賛成していたのだろうか。同時期の『洛陽新聞』には、男女共学に関する生徒のアンケート結果[46]が次のように掲載されている。

> 第一問　共学はあなたに良い影響をもたらしたか、否か？この問に答えた者の、良い影響ありとしたのは約四〇㌫、その主な意見として、勉強の能率が上る様になつたとか、相互の理解が深くなつて来た、とか異性の心理が解る様になつた、という様な意見が主／又悪いという者の意見は三二㌫勉強の能率が下つて来た、とか非常にやかましいとか、風紀が乱れて来たとかの声が高い、不明の者は二八㌫でただばく然として解らないといつた者が多い
>
> 第二問　あなたは現在の共学制度に不満はあるか？／この質問に答えた者の内、有るとしたものは五七㌫で主な意見として設備が足らない、とか、まだ社会的に早い、とかいう様なのが主それに反し無いというのが二六㌫で、まだ共学になつてあまりたつていないから解らないというのが主であつた、不明のものは一七㌫
>
> ……
>
> 第四問　共学は今後どの様に進めるべきか？／この質問に対し回答ありが六二㌫又回答が無い者は三八㌫であつたその主な意見として、お互いの個性を尊重し、お互いの理解を深めよ、又学校の設備をもつと完全にする事などで異色のあるものとして、現在の共学制度は不完全極まりないものであるから、始めから改めてやり直せとの強硬論もあった

いきなりの高校再編・男女共学化であったにもかかわらず、男女共学に賛成である割合のほうが多いが、課題

として生徒の意識や姿勢が挙げられるのではなく学校の設備があげられている。つまり、この時点での男女共学はともかく実態としてできているか否かが重要であり、「問題」がなければ成功であるという男女共学観のもとで男女共学が実施されていた。当時の男女共学をめぐる語りにおいては、生徒間において何らかの理念が共有されていたわけではなく、良くなったところと「問題」であるところが語られているにすぎないのである。[47]

ただし、工業課程を設置するがゆえに女子生徒比率が約二割の洛陽高校においては、他校にみられない記事も掲載されている。上記記事が掲載された翌月、再びアンケートが実施され、そこでは早くも「共学は不人気」であるという結果が出ている。[48] さらに翌月には、男子の目線からその理由が分析され、男子には身勝手な女性観があるのと男女共学になったので「恋愛」をしなければならないという思い込みとその挫折があると結論づけられている。[49] このような素朴な男女共学観に理念が付け加えられていったことがうかがえるのは、同じ洛陽高校の二年生女子生徒による一九四九年一一月に掲載された記事である。[50] この記事では、男女共学は決してうまくいっているわけではなく、「社会の大部分」も共学のことを「色眼鏡で見ている」のではあるが、「我国が文明の流れと共に次第に開拓され進歩してゆく共学制度」を活かし、「封建社会の改革を目指し、進み行こうではありませんか」と説いている。さらにその四カ月後には、「女性の多くが中性化の傾向を強めた」という世論に対してその「根底」に「男尊女卑的見地が覗れる」と非難する記事も登場する。[51]

四　一九五〇年度以降

一九五〇年度以降は、西京高校および洛陽高校の高校新聞において男女共学についての記事がみられなくなるが、一九五〇年四月に開校した洛北高校の『洛北高校新聞』には一九五一年度末まで男女共学に関する記事が毎号のように掲載されている。京都市内公立高校の高校新聞においては、男女共学についての議論は一九四九年度末までは活発であり、一九五一年度末までも男女共学は話題性のあるテーマではあったと考えるのが妥当であろう。この一九五一年度の高校三年生は一九四六年四月の国民学校高等科または旧制中等教育機関などへの入学者であり、翌一九五二年度の高校三年生は大部分が新制中学校が誕生した一九四七年度の新制中学校一年生である。つまり、はじめて新制中学校に一年時から在籍した生徒が高校三年生になった年度には、もはや男女共学は高校新聞紙上においてテーマにはならない程度に高校生にとって「あたりまえ」のことになっていたことがうかがえる。一九五二年一〇月の「いわゆる背骨について」という記事（執筆者氏名はあるが生徒かどうかは不明）[52]では、「高校生を対象にする種々なる問題、男女共学とか、学力、教養、礼儀などの課題」は、「浮気者のジャーナリズムはもうこのテーマに飽いたようだ」と、男女共学にかかわらず高校生をめぐるジャーナリスティックな風潮に辟易し、それがようやく収まったという認識が示されている[53]。

一九五〇年四月に開校した洛北高校では、前述したように一九五〇年度中は男女共学に関する記事が毎号のように掲載されているが、その内実は生徒会活動への女子生徒の関わりに関するものが多い。具体的には、生徒会への女生徒の参加が乏しいことを嘆き「真に男女平等の理想的な共学」ではないとする生徒自治会員のコラム[54]、「某女生徒」による「男女同権が強く叫ばれている折からもう少し女子の立候補者があつて欲しいと思つた」というコメントを掲載した記事[55]、などである。ただし繰り返しになるが、一九五〇年代に入ってからは、総じて男女共学は話題になりやすいテーマとはいえない。逆に話題になりやすいテーマは順に、部活の対外試合、生徒自治会・ホームルームへの生徒の関心度・参加度の低さ、高校の「予備校化」であり、各高校新聞紙上ではこの三つの話題が圧倒的に多い。

この傾向が急に変化し、男女共学に関する記事が再び高校新聞紙上を賑わせるようになるのは、一九五六年に「太陽族」がブームになり、同年七月一〇日に清瀬一郎文部大臣による男女共学を再検討したいという旨の発言が報じられてからである。この発言は高校生にもインパクトを与えており、翌八月に日本青年会館で開かれた全国高等学校新聞連盟において、男女共学反対論が高校生の口から飛び出したが、「反対者は女子高生には皆無で、ほとんどが地方の別学高や、男女の比率の著しく偏した共学高（例えば男百人に女一人）に多い[56]」という状況だったようである。

京都市内公立高校の高校新聞には、この発言が報じられた直後、一斉に清瀬発言を批判する記事が掲載されている。たとえば『西京高校新聞』に掲載された「共学廃止は絶対反対」という記事[57]には、

これまで起つた風紀上の問題が必らずしも、共学の中から起つたものとは限りませんん文部省は昭和二十七年の調査で、共学の風紀の害はないと発表しておきながら、今さら風紀を理由として廃止されるのでしたら、あまりにも無責任な態度と云わねばならないでしよう。それとも理由は他にあるのかも知れませんが。とにかく反対です。私たち女子にとつて、せつかく積極的になり、又男子と同じように討論し、意見をのべることが出来るようになつたのです。それが女子ばかりにされては、又学力の程度も下げられるでしようし、いわゆる女の中の女とも云うべき教育をされるのではないでしようか。そして、結局戦前のように女はしとやかに和裁、洋裁、お茶、お花をけいこし、又男子に対しては大人しく従うという、あわれな身分にならなくてはならないかも知れません。民主々義の国に何のために、そのような制度が用いられねばならないのでしようか。……全校生徒の皆さん！共学廃止には反対しようではありませんか。

と、根拠のない「風紀上の問題」を盾にせっかく実現した男女共学が奪われかねないことへの女子生徒による怒りが、男女共学は「民主々義の国」にふさわしい制度であるという男女共学観とともに表明されている。さらに同紙翌号には「男女共学問題を探る　本紙世論調査より」という見出し、小見出しに「圧倒的に多い共学賛成反対は僅か九％」「一番多い〝相互理解の為〟注目すべき〝共学こそ自然の姿〟」「意外に少い〝風紀上云々の声〟〝多い勉強の邪魔になる〟」とある記事[58]が掲載され、男女共学を支持する生徒が圧倒的に多いことがアピールされ

ている。さらに、この記事にあるアンケート結果をもとに的外れな共学廃止論に対してそもそもなぜそのような珍説が出てくるのかを冷静に論じている記事[59]や、「何事にも服従・従順し、人間として正当な欲求も自主的批判をする事も諦らめ、個人的行動に欠け」る「修身的人間」と男女共学のもとで育った現代人とを対比させて「共学廃止に抵抗しなければならない」ことを説く一年男子の記事[60]も掲載されている。

この清瀬発言を機にした男女共学をめぐる意見において新しいのは、高校新聞紙上で生徒が男女共学を民主主義国家にふさわしい制度として明言し始めたことである。では、それらの言説のなかで男女特性論はどのような位置にあったのだろうか。

『洛北高校新聞』に掲載された「共学制に弊害あるか　清瀬発言に抗議」という論説[61]には、

> 戦後我国が封建制度から脱皮して民主国家になりつつあるのは、一つには共学制が起因しているのではなかろうか……本校においては、……男女互いに協力し合い、よくその使命を果し、共学制は成功しているようだ。この事は、やがて社会に出た場合、女子の社会的地位の向上、社会生活の民主化をはかり、民主国家をさらに発展さる基となろう

とある。『鴨沂新聞』には、「検討の必要なし!清瀬文相発言に反対」という記事[62]のなかに次のような一文がある。

> また生理的体力の許す範囲に協同運動競技に参加し、女子は男子の決断力、積極性をしらずしらずのうちにまなびとることが出来、男子に対する信頼性を高めると共に、男子は女子の体力に理解を持つに至る手段である。男女共学とは必ずしも男女席を同じくすることを意味せず、天性である男らしさ女らしさの円満な助長のためには別席の特殊教育は言うまでもない

これらの記事からは、清瀬発言をきっかけとして民主国家にふさわしい男女共学という男女共学観が言説レベルで表出しているが、男女それぞれに「天性」があるという男女特性論は受け入れられており、男女特性論はこのような民主主義と一体となった男女共学観と矛盾するものではなかったということを読みとることができる。

おわりに

以上、本論からみえてきたことは、戦後から一九五六年という短い期間においても男女共学観はひとくくりにはできず、学校間格差や民主主義といった他のテーマと関連しつつ時代によって移り変わってきたということである。三原則実施後にはとりあえず同じ教室で学ぶことができたことで男女共学は成功したという素朴な男女共学観が前面に出ていたが、後付けで男女共学の理念が形成されていき、新制中学校の最初の一年生が高校三年生になる一九五二年頃にはすでに男女共学は「あたりまえ」になり、一九五六年の清瀬発言に際しては民主国家にふさわしい状態としての男女共学観が表出した。このように、いわゆる三原則のうちの少なくとも男女共学に関しては、当初から何らかの理念が生徒間に共有されていたわけではない[63]。ただし、後付けの理念化ではあったものの、他章で論じられている他府県市の「男女共学」を考慮すると、この理念は一九五〇年代後半に教育の機会均等を保持する後ろ盾として高校新聞に登場していたという点で意義深いことは確かである。

一方、この期間の男女共学観に通底していたのが男女特性論であり、概して一九四〇年代末には男子と女子にはそれぞれ特性があるからこそ男女共学はうまくいくのかという不安、一九五〇年代には男女それぞれに特性があるからこそ共学してお互いのことを知らなければならないという考えが非常に強固であった。この「両刃の剣」状態に矛盾が表明されることがなかった理由は、男女共学の理念形成が後手に回り、常に男女の特性の語りが男女共学の理念の語りよりも優位にあったこと、加えて男女共学の理念が形成されていく時期にはすでに男女共学が「成功」と捉えられていたことにある。つまり、男女共学の理念が形成されたといっても、それはもう実際にできていることの理念化であり、しかも社会の縮図的な学校観に基づく社会の縮図としての男女共学＝「民主国家にふさわしい状態としての男女共学」という、あたかもジェンダーニュートラルであるかのように語られる「民主」と結びつけられた男女共学の理念化にとどまっていたのである。ここにいう男女共学とは、男性とは異なる特性を持つ女性に男性と同等の機会を与えることとして生徒に受け止められており、生徒の関心は、男女共学そのものではなく、男女共学化によって引き起こされる（と想像された）没個人的な集団としての「男子」と「女子」の問題および「民主」のほうに向いていたのである。

ただし、女子比率が圧倒的に低い洛陽高校の高校新聞では男子のより率直な意見が表明され、さらにそれに対して女子が応戦するという、個人としての男女の関係性への不満を赤裸々に吐露した他紙ではみられない記事や、男女共学によって女性が「中性化」しているという世論の根底に「男尊女卑的見地」がうかがわれると非難する記事もあった。建前上は男女同数であるべきだが実際はそれがまったく達成できていない高校においては、男女共学が「成功」として片づけられることも、「民主」に回収されることもなく、男女共学とはそもそも何であるのかという問いが自身の問題としてダイレクトに生徒に突きつけられていたのであろう。

謝辞　本章執筆にあたり、京都府立高校関連の資料について、多田英俊氏（京都府立高校教員）にご助言をいただきました。この場を借りてお礼申し上げます。

注

（1）その成果は小山静子・菅井凰展・山口和宏編『戦後公教育の成立——京都における中等教育』（世織書房、二〇〇五年）として刊行されている。総合制は、一九五〇年代前半に早くも実質的な終焉を迎え、総合制という名の多課程併置制になった（山口和宏「総合制」前掲『戦後公教育の成立——京都における中等教育』五五–九八頁）。小学区制は、戦時下の中等学校ですでに導入されていたこともあり長く続き、一九八五年度入試で類型制度に変わっても小学校制の枠組みを活かした総合選抜が採用されたが（小山静子「小学区制」前掲『戦後公教育の成立——京都における中等教育』三一–五三頁）、二〇一三年度入試で京都市・乙訓通学圏公立高校普通科の総合選抜を廃止して単独選抜に移行することで小学区制は名実ともに完全に終焉を迎えた。

（2）小山静子「男女共学制」前掲『戦後公教育の成立――京都における中等教育』一二三―一五六頁

（3）前掲「男女共学制」一五四―一五五頁

（4）とはいえ、同時代の本人の思いがそこにそのまま書かれている保証はなく、かつ高校新聞に掲載されるということは新聞部や教員のフィルターを通過した意見である可能性も常に考慮しなければならない。本章は、あくまで高校新聞紙上にみられる男女共学観とその変化を論じたものである。

（5）具体的には、西川祐子『古都の占領――生活史からみる京都　一九四五～一九五二』（平凡社、二〇一七年）五七―六四頁を参照されたい。

（6）一九四八年四月一日から同月一九日までは旧制中等学校の校舎をそのまま使用しつつ「引越し」を進め、同月二〇日に二部制開始（京都市告示第五九号、同六〇号、京都市教育研究所、一九七五年、『戦後京都市教育史資料（一）』京都市教育研究所、五一〇―五一二頁）。

（7）しかも、旧制から新制へ移行する際にいくつかの学校が統合されているので、実態としては三校が同居という校舎もある。単独校舎だったのは府立桂高校（元は府立甲陽農業学校）・市立美術高校（元は市立美術工芸学校）・市立藤森高校（元は私立菊花高等女学校）の三校。新制高校の誕生および同居状況については、各高校の記念誌、前掲『戦後京都市教育史資料（一）』五一〇―五一三頁、川口靖夫「新制高校の誕生――京都における戦後教育改革の一齣」『京都府立嵯峨野高等学校研究紀要』（第一六号、二〇一五年三月）一八―二〇頁を参照し、加えて京都市学校歴史博物館において複数の元在学生から聞き取りを行った（二〇一四～二〇一六年）。

（8）唯一の共学校は市立伏見商業高校（元府立桃山中学校校舎に府立桃山高校と同居）であったとされ（前掲『戦後京都市教育史資料（一）』五一〇頁）、同校は元市立第三商業学校と元市立伏見実科高等女学校の統合校であることから信憑性は高い。男子校と女子校が二部制で同居していたのは元府立京都第一高等女学校校舎のみ。元府立桃山中学校校舎と元府立京都第一高等女学校校舎以外は、すべて男子校と男子校、女子校と女子校の組み合わせ。

（9）京都市告示八一号、京都府指令三学一〇七一号ほか（前掲『戦後京都市教育史資料（一）』五一二―五一七頁）

（10）「新制高校教員大異動」『京都新聞』（一九四八年一〇月一七日付）

(11) 両校ともに普通課程と商業課程を設置。
(12) 京都市教育委員会『京都市教育概要 昭和二六年度』（一九五二年三月）および京都市教育委員会『昭和三一年度 京都市教育概要』（一九五七年一一月）による。
(13) 五年間で男子生徒比率が約四％下がっているのは、商業課程の男子生徒比率が低下したことによる。西京高校には他の三校にはない家庭課程があり、家庭課程の在学者数は一九五一年度が二四人、一九五六年度が一二人であるが、全校生徒のうちどちらも一％程である。
(14) 前掲『京都市教育概要 昭和二六年度』および前掲『昭和三一年度 京都市教育概要』による。
(15) 五年間で男子生徒比率が約三％上がっているのは、一九五四年度入学生から府立洛東高校の新設にともなう学区変更により商業課程の募集を停止したことによる。この学区変更については前掲「小学区制」二三一二九頁、前掲「総合制」七〇―七三頁を参照。
(16) 高須正郎『学校新聞』（同文館、一九五五年）一八―二六頁
(17) 前掲『学校新聞』八頁
(18) 「中等学校新聞連盟 新年度より新しく発足か」『京一中新聞』（第九号、一九四八年二月、日付なし）
(19) 「六・三・三制問題を校長先生に聞く」『京一中新聞』（第一号、一九四七年一月、日付なし）
(20) 「即時実施か、男女共学 新制中学で俄然問題化」『洛北高校新聞』（第一号、一九四八年五月、日付なし）
(21) 「座談会 私達のみた洛高生 独立心が強いと思う 想像より紳士的で印象は上々」『洛北高校新聞』（第一号、一九四八年五月、日付なし）
(22) 「統合問題の核心をつく 御破算となるか？当局、意見まちまち」『洛北高校新聞』（第二号、一九四八年六月、日付なし）
(23) 「再編成案いよいよ具体化 発足は十月中旬 切換えには一週間の休暇？」『洛北高校新聞』（第五号、一九四八年九月、日付なし）
(24) 「〝仲良く〟を実行へ 二部授業二ヵ月間の足あと」『京工新聞』（第六号、一九四八年六月一四日）。
(25) 前掲「〝仲良く〟を実行へ 二部授業二ヵ月間の足あと」「両校親睦学芸会」『鴨沂新聞』（創刊号、一九四八年七月二〇日）

(26)「工業高校は枠外?早急の公表要望さる　第二次高校整備案」『京工新聞』(第七号、一九四八年六月二八日)
(27)「(社説)高校整備案の即時公表を」『京工新聞』(第七号、一九四八年六月二八日)
(28)前掲「(社説)高校整備案の即時公表を」
(29)「工業高校の希望者は　普通校へ変れる?　高校問題その後の成行き」『京工新聞』(第八号、一九四八年七月一九日)
(30)引用文中の「連合委員会」とは、各校の教員・保護者で構成された諮問機関としての教育委員会(後の教育委員会法に基づく教育委員会とは別)のことだと思われる。
(31)「高校再編成　実施は十月中旬　楽観許さぬ前途」『京工新聞』(第九号、一九四八年九月一三日)、「(社説)再編成問題について」『京工新聞』(同上)
(32)「新校　廿日に革命的発足!」『京工新聞』(第一〇号、一九四八年一〇月七日)
(33)前掲「新校　廿日に革命的発足!」
(34)「(社説)休み中に学力ばん回」『京工新聞』(第一〇号、一九四八年一〇月七日)
(35)前掲「(社説)再編成問題について」
(36)少なくとも朱雀高校においては、一九四八年度末の高校二年修了生は旧制中等学校五年生として卒業でき、この選択をした者は「旧制さん」と呼ばれていたようである(当該学年の一学年下の方への二〇一六年の聞き取りによる)。
(37)「アディユー・一九四八年　さらば苦難の年　母校創建の暁鐘鳴り響く　男女共学も軌道に」『西京学園新聞』(第一号、一九四八年一二月二四日)
(38)「男女共学　大体うまくいつている――だが注文も」『西京学園新聞』(第一号、一九四八年一二月二四日)
(39)たとえば「生徒諸君に望む　自治会々長　森脇敬一」『伏見高校新聞』(第一号、一九四九年一月二四日)など
(40)「おとこから　おんなから」『西京学園新聞』(第一号、一九四八年一二月二四日)
(41)たとえば、「〝共学を語る〟座談会　互いに美点を見出そう　今後の融合に期待」『山城高校新聞』(第三号、一九四九年三月一三日)、「困難の中にも成果あり　川地教官に新高の足跡を聞く」『山城高校新聞』(第三号、一九四九年三月一三日)など
(42)前掲「生徒諸君に望む　自治会々長　森脇敬一」
(43)「伏見高校の sein と sollen　新聞局主催座談会」『伏見高校新聞』(第二号、一九四九年三月一九日)、「女性短評　健全な

社交性を　心臓の強いのが能ではない」『伏見高校新聞』（第九号、一九四九年九月三〇日）

(44)「公選終え躍進の基礎固まる　活動苦学に本格化」『西京高校新聞』（第四号、一九四九年七月、日付なし）

(45)「過渡期を乗り越えて　一九四九年の足跡　無理にでもやればどうにか」『西京高校新聞』（第八号、一九四九年一二月二三日）。同様の男女共学観は教員にもみられる。たとえば『洛陽新聞』の第一号（一九四八年一二月二二日）には複数の教員による男女共学に関するコメントを掲載しており、そこでは男女の学力差と男女交際のあり方が「問題」化されている。

(46)「共学是か非か　本紙第一回世論調査　「影響なし」四〇％　やり直せとの強硬論もある」『洛陽新聞』（第一号、一九四八年一二月二二日）

(47)同様のことを読みるところができる記事は多々ある。たとえば朱雀高校での座談会も、まったく同じ思考の枠組みに基づいて議論が展開されている（「男の智力女の教養　アプレゲールの色濃し　我々の生活打診」『朱雀高校新聞』（第四号、一九四九年一〇月二〇日）

(48)「どうみる?再編後の学校　学校側で世論調査　総合、共学は不人気　新聞科、散髪屋などをご注文」『洛陽高校新聞』（第二号、一九四九年一月二五日）

(49)「みんなで自治会を育てよう　くぼた・けんぞ」『洛陽高校新聞』（第三号、一九四九年二月一四日）。なおこの記事はタイトルに「みんなで自治会を育てよう」とあるが、記事内容はほとんどが自治会と関係のない男女共学論である。

(50)「共学雑感（新学制一周年を迎えて）」『洛陽高校新聞』（第一〇・一一合併号、一九四九年一一月七日）

(51)「R国風土記　巻二」『洛陽高校新聞』（第一七・一八合併号、一九五〇年三月七日）

(52)「いわゆる背骨について」『洛陽高校新聞』（第四六号、一九五二年一〇月一一日）

(53)ただし、当時は概して高校生の性的な「問題」がジャーナリズムで鎮静化した時期ではなかった。この記事が掲載されたときは、一九五二年初頭にイタリア映画「明日では遅すぎる」の上映をきっかけとして中高生への性教育をめぐる議論がマスコミで活発化した後の時期であり、一時的にこのような認識が生まれたのかもしれないが、この記事が掲載された四カ月後には映画「十代の性典」の公開をきっかけとして再び同様の議論が沸き起こっている。当時のメディアにおける中高生の性的な「問題」の語りについては、小山静子「純潔教育の登場――男女共学と男女交際」小山静子・赤枝香奈子・今田絵里香編『変容する親密圏／公共圏　八　セクシュアリティの戦後史』（京都大学学術出版会、二〇一四年、二四一―二八頁）を参照

(54)「プリズム」『洛北高校新聞』(第二号、一九五〇年七月一一日)

(55)「立候補者が僅少　女生徒の奮起望む」『洛北高校新聞』(第八号、一九五一年五月一五日)

(56)「続出する共学反対珍論」『鴨沂新聞』(第四四号、一九五六年九月一九日)

(57)「共学廃止は絶対反対」『西京高校新聞』(第五五号、一九五六年七月二〇日)

(58)「男女共学問題を探る　本紙世論調査より」『西京高校新聞』(第五六号、一九五六年九月二四日)

(59)「父兄の慎重さを望む　男女共学問題」『西京高校新聞』(第五六号、一九五六年九月二四日)

(60)「男女共学について」『西京高校新聞』(第五六号、一九五六年九月二四日)

(61)「共学制に弊害あるか　清瀬発言に抗議」『洛北高校新聞』(第三八号、一九五六年一〇月一〇日)

(62)「検討の必要なし!清瀬文相発言に反対」『鴨沂新聞』(第四四号、一九五六年九月一九日)

(63)三原則は文字通り「原則」であり、そこに何らかの理念が加えられていたのかどうか、共有されていたのかどうかは、また別次元のことである。ゆえに、三原則を理念として語る(たとえば、中野新之祐「都市部伝統産業地域の子どもたちの職業選択と学校——京都西陣の場合」橋本紀子・木村元・小林千枝子・中野新之祐編『青年の社会的自立と教育——高度成長期日本における地域・学校・家族』大月書店、二〇一一年、一五八頁)ためには、その理念の存在を同時代の史料を用いて実証しなければならない。

参考文献

小山静子、二〇〇五、「小学区制」小山静子・菅井凰展・山口和宏編『戦後公教育の成立——京都における中等教育』世織書房

——、二〇〇五、「男女共学制」小山静子・菅井凰展・山口和宏編『戦後公教育の成立——京都における中等教育』世織書房

——、二〇一四、「純潔教育の登場——男女共学と男女交際」小山静子・赤枝香奈子・今田絵里香編『変容する親密圏／公共圏 八　セクシュアリティの戦後史』京都大学学術出版会

川口靖夫、二〇一五、「新制高校の誕生——京都における戦後教育改革の一齣」『京都府立嵯峨野高等学校研究紀要』第一六号

高須正郎、一九五五、『学校新聞』同文館

中野新之祐、二〇一一、「都市部伝統産業地域の子どもたちの職業選択と学校——京都西陣の場合」橋本紀子・木村元・小林千枝子・中野新之祐編『青年の社会的自立と教育——高度成長期日本における地域・学校・家族』大月書店

西川祐子、二〇一七、『古都の占領――生活史からみる京都　一九四五～一九五二』平凡社
山口和宏、二〇〇五、「総合制」小山静子・菅井凰展・山口和宏編『戦後公教育の成立――京都における中等教育』世織書房

史資料

京都市教育委員会、一九五二、『京都市教育概要　昭和二六年度』
――、一九五七、『昭和三二年度　京都市教育概要』
京都市教育研究所、一九七五、『戦後京都市教育史資料（一）』
『京都新聞』
京都府教育委員会、一九五六、『公立学校基本数調査』
京都府教育研究所、一九五六、『京都府教育史　戦後の教育制度沿革』
高校新聞（学校新聞）『鴨沂新聞』『京一中新聞』『京工新聞』『西京学園新聞』『西京高校新聞』『朱雀高校新聞』『伏見高校新聞』『山城高校新聞』『洛北高校新聞』『洛陽新聞』

第5章

男女比が極端に不均衡な男女共学

——熊本市内の県立高等学校

小山静子

はじめに

現在、熊本市内には、旧制中学校・高等女学校を継承した県立高等学校(以下、高校と略記)が三校ある。それは済々黌(せいせいこう)高校、熊本高校、第一高校であり、済々黌高校と熊本高校が旧制中学校、第一高校が旧制高等女学校を前身とする高校である。そしてこの三校は男女共学校ではあるものの、かつては男女比が極端に不均衡な高校として知られていた。たとえば一九六〇年における全生徒数に占める女子生徒は、済々黌高校では全生徒一六三六人中女子四〇人(二・四%)、熊本高校では一五四六人中女子九一人(五・九%)であり、逆に、第一高校における男子生徒は一五八二人中男子一八人(一・一%)となる。(1)一九四九年以来、熊本県の県立高校は制度的には男女共学であったが、この三校には多くの男子のみ、あるいは女子のみのクラスがあり、これでは実質的にはほとんど男女別学といっても過言ではないだろう。

いったいどうしてこのような男女共学のありようが生じたのだろうか。本章ではこのことを考察し、それを通して浮かびあがってくる教育とジェンダーの問題を明らかにしていくことにしたい。

一　新制高等学校の誕生

(一)　小学区制の実施

一九四八年四月に新制高校が成立したとき、熊本市内の公立普通科高校は、県立の済々黌高校(中学済々黌)、熊本高校(熊本中学校)、熊本女子高校(第一高等女学校と第二高等女学校)[2]と、市立女子高校(市立高等女学校)の四校であった(括弧内は前身校名)。そして翌年四月には、男女共学が実施されたことにともなって、熊本女子高校は第一高校に、市立女子高校は市立高校に校名変更している。

ここで注目すべきは、新制高校への移行に際して、「他県の多くは高校三原則の徹底をはかるため、旧制中等学校と新制高等学校との連関を絶ち、校名も旧制の中等学校名を連想しないように新しい校名をつけた。しかし本県では校名、施設、教職員、生徒とも旧制からそのまま新制に移行した学校が多かった」[3]ということである。しかも校名が継承されただけでなく、熊本高校では校章は「中」を「高」に差し替えただけで、制服・校歌を変更することはなかったし[4]、済々黌高校でもそれは同様であった。そのことを済々黌高校の学校史は、「学校名・校訓・校歌・校章など戦前の熊本県立中学済々黌のそれを、そっくり継承することができたのは一大快事であった」[5]と語っている。また第一高校の校長だった吉田浩は、「第一、第二と高校に順序をつける如き印象を与える校名は絶対に不可である」という軍政部の意見に対して、「「第一」は順序の数詞ではなく固有名詞であると主張し」、校名について「第一希望も「第一」、第二希望も「第一」と出しました」と述懐している[6]。

このように、旧制から新制への移行は、旧制の学校をそのまま引き継ぐ形で、実質的には大きな変化もなく始まったが、一九四八年一一月に県教育委員会が設置されると、教育委員会は高校の再統合を検討していくことになる。そして早くも一一月二九日には、その根本原則が定まり、男女共学制・通学区制について、次のように決定された[7]。「(四) 女子に男子と同等の教育を施すこと (男女共学)。(五) 通学区制の採用、即ちその地区の生徒はその地区の学校で修学する[8]」。この根本原則の決定にあたっては、「軍政部教育課長ピダーセンが指導助言をあたえていた[9]」という。教育委員会と軍政部との間でどのようなやりとりがあったのかははっきりしないが、この根本原則が示されたことをうけて、一九四九年一月には「高等学校統合再整備要綱」が決定されている。そして一九四九年四月五日、県教育委員会告示第四号により新制高校の小学区制と男女共学制が決定し、本格的には一九五〇年より適用されることとなった。

熊本市以外の市町村では、一つあるいは複数の旧制中等学校によって、一つの新制高校が設立されたので、ほとんどの地域では、一つの地域に一つの公立普通科高校が存在していた。それに対して、熊本市内には四つの普通科高校があったため、小学区制を採用するかどうか、採用するとしたらどのような区割りを行うのかが、問題であった。そして学区の設定をめぐって、熊本市と熊本県は対立しており、市は県立・市立をあわせた四校を一学区とする中学区制の考えであったのに対して、県は四学区に分けた小学区制にしたい意向であったという[10]。この対立は解消されなかったようで、結局は、熊本市立高校普通科は熊本市内全域を学区とし、市内の三校の県立普通科高校は学区が三つに分けられることになった。図5－1にみるように、県立の三校に進学できるのは、熊本市内と市内周辺部の郡部の居住者に限られ、市内は中学校の校区単位で、飽託(ほうたく)郡以外の郡部は町村単位で、学区が設定されている(飽託郡は学区の設定なし)。このような状況に対して、「男女共学と小学区制は、旧制中等学校の同窓会や熊本県民の反対にあった。……熊本市では、小学区制は難航し、一度発表された案を撤回する場面

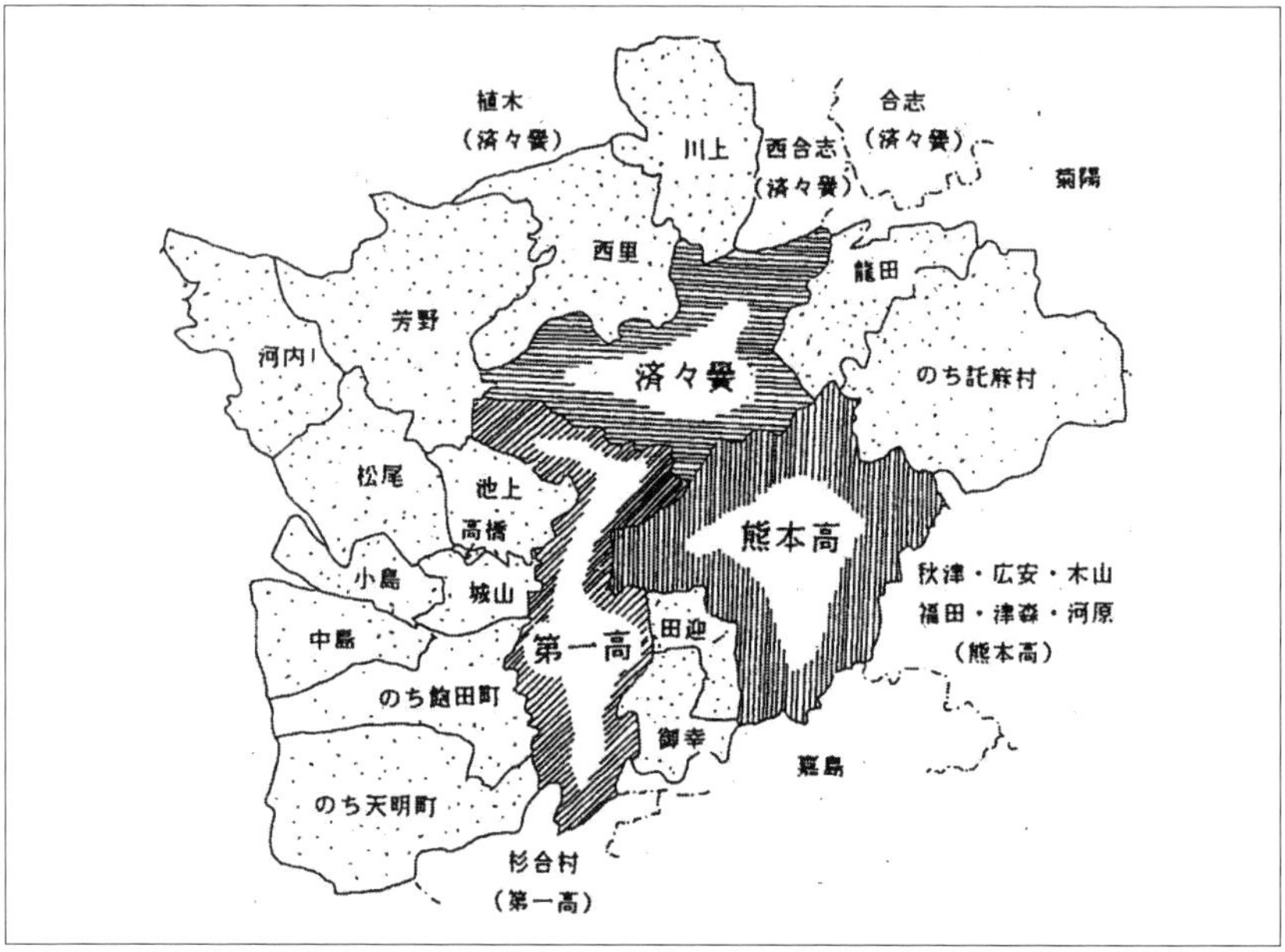

出典：『熊本市戦後教育史　通史編Ｉ』1994年、150頁
注：高校名が記入してある地域が熊本市域
　　[⁝]は飽託郡
　　植木・西合志・合志は鹿本郡と菊池郡の一部
　　秋津・広安・木山・福田・津森・河原は上益城郡の一部
　　杉合村は下益城郡の一部

図5-1　公立普通高校熊本市関係学区（1950年度）

もあった[11]」という。かなり反対論がくすぶっていたことがうかがわれるが、ともあれ小学区制と男女共学制は実施されていった。

(二) 男女共学制の課題

ただ、教育改革の焦点はあくまでも小学区制の採用にあった。というのも、熊本市内にある三校の県立普通科高校に小学区制が実施されれば、自動的に男女共学が実現するからである。そして熊本市内全域が学区となり、小学区制から外れた市立高校では、前身校が高等女学校であったことを反映して、急速に女子校化した[12]。とはいえ、そもそも県は男女共学の実施に消極的であったと思われ、たとえば河野県学務課長は、小学区制が実施される二年前には次のように述べていた。「本県に唯一つ女性文化中心の学校として第一高女だけは女子のみの高等学校とし男子の中に交わらせずして女子本然の香りを残すようにして見たい[13]」。彼が女子特有の教育というものを強く意識しており、女子校だけは存続させたいと願っていたことがわかる。また稲毛県教育文化委員長は、「男女中等学校がある時は男女別々の高校とし強いて共学をやらない[14]」と語っていた。

しかしこれらの意見はともに一九四七年のものであり、一九四九年や五〇年になると、男女共学の実施に関して、県議会などでは積極的にその必要性が主張されることもなければ、反対意見が述べられてもいない。熊本県に限らず、当時の人々にとって男女共学はまったく未知の経験であったから、その実施に大きなためらいがあったことは想像に難くないが、小学区制が採用されたことで男女共学は粛々と実施されていった。ちなみに共学が開始された一九四九年には、済々黌高校では全生徒一一八〇人中女子は三二人（二・七％）、熊本高校では一二七一人中女子が一二人（〇・九％）、第一高校では一一三六人中男子が一二人（一・一％）、という状況であった[15]。しかし一九五二年になると、済々黌高校が一二八五人中女子二四二人（一八・八％）、熊本高校が一三九八人中女子二四一人（一七・二％）、第一高校が一三三四人中男子二九八人（二二・三％）となっており[16]、不均衡な男女比が少し解消されている様子がうかがえる。

ただ、実際に男女共学が実施されることで大きな問題となったのが、従来の学校の施設や設備が一方の性のみを想定してつくられていることであり、とりわけ、それまで男子校だったところに女子生徒が入学する際の不都合が問題視されていた。県議会でもこのことが議論されており、一九四九年四月二八日の四月定例会で、総務部長の渋谷保は次のように答弁している。「私どもは女子の生徒が男子の学校で勉強いたしますためにはいろいろ設備をしなければならないと思います。これはひとり便所のみならず、裁縫室、家事の実習室等、従来の男子の学校になかつたものを総合的に準備すべきだと考えますので、（教育委員会に――引用者）この具体案を出してもらいまして、それによつて財政と勘案いたしまして、その施設をどの程度にやるかということを検討したいと考えております」（『熊本県議会速記録』五二頁。なお、議事録（一九五一年より『熊本県議会会議録』と改称）からの引用にあたっては、以下、頁数のみを記す）。

つまり、女子向きの教育、それを象徴するものが家庭科教育であるが、それを受けるための設備が共学化した旧制中学校では不十分であることが問題とされていたのである。(17)そのため、女子のための教育設備が充実しているという理由で、私立女子高校に入学する生徒も多かったらしい。「ミシンが無いとか、或は裁縫するにはアイロンも無い、今から行くとすれば前の女学校からなった私立学校に行けば高等女学校時代の施設があると言って、まあ言わば全国的ですが女子の学校にあっては、押すな押すなの盛況だったそうです(18)」という回顧談が残されている。

ちなみに一九五〇年当時、地方都市には珍しく、熊本市内には私立の普通科高校が六校（男子校二校、女子校四校）存在しており、公立高校よりも数が多かった。女子校の一つである尚絅高校では、一九五〇年の生徒数が六八九人であったのに対して、一九五四年には一四八三人にふくれあがっている。(19)この間、九州学院高校や九州女学院高校でも生徒数が増加しているが(20)、女子校の生徒数の増加は目を見張るものがあった。もちろんこのような現象は、公立高校の入学定員があまり増えないなかで起きたことであり、女子向きの教育への期待によってのみ引き起こされたものではないが、より充実した女子のための教育を求める意識があったことは確かだろう。

逆に、旧制高等女学校だった学校に男子が入学することに関しては、「男の便所と衛生室を早急に完備したいといっているが将来男子が多くなれば運動場も拡張したいと目下共学の受入れに大わらわである(21)」という記事が、新聞に掲載されているくらいである。旧制高等女学校を前身とする学校の運動場の狭さは他県でも指摘されているが、体育が男子教育にとって重要だと考えられていたことの証左だろう。ただ男子にとっての問題は女子にとっての問題ほどには認識されていなかった。ジェンダーに応じた教育の必要性は、女子に対して強く認識されていたことがわかる。

二　小学区制の問い直し

（一）小学区制の修正

すでに述べたように、男女共学制は小学区制の結果もたらされたといっても過言ではなく、当時の議論の焦点はあくまでも小学区制にあった。では、小学区制が実施されるにあたって、どのような論理が展開されたのだろうか。まずは、県議会での議論に注目してみたい。一九四九年二月二五日の二月定例会において、福田令寿（県教育委員会委員）は次のように述べている。

> 地区制（小学区制のこと――引用者）を布いて、この学校にはこの地区の者でなからねば入ることが出来ないとなれば、その地区制のために自分の希望する学校にも行かれないで困るじゃないかという心配もありますが、しかし、この地区制を布くということによりまして、優秀な生徒が優秀と認められている学校にばかり集つてくるという弊害は除くことが出来るのであります。……これによつて自然と教育をやつてゆきますうちに学校差がだん〳〵減つてくるものであるということは申上げるまでもないことであります（七四―七五頁）。

教育委員会としては、学校差の解消をめざして、小学区制を実施しようとしていることがわかる。ここでいう学校差は、熊本市内と市外というような、地域による高校の学校差とも、熊本市内の高校の学校差とも解釈できるが、教育委員会は前者を想定していたようである。というのも、同年三月の臨時会でも、教育委員会から次の答弁が行われているからである。「学区制（小学区制のこと――引用者）を考えた根本精神は、教育の機会的等をはかるためである。従来のように学校差が出てくると優秀なものは自分の希望する学校に入るが、そうでない者は程度の低い学校に入るという事になつて、全体として相当の差等をつけることになるので、この差等を是正して、いずれの地方でも相当の教育が行われるようにしたい[22]」

しかし熊本市内の住民からすれば、市内の高校の相違のほうが大きな意味をもっていたと考えられる。というのは、市内の三校の県立高校には、前身校が旧制中学校か旧制高等女学校という違いだけでなく、同じ旧制中学校であっても、済々黌高校と熊本高校には明確な校風の相違が存在していたからである。両校は、ともに明治期に設立された中学校を前身とする歴史ある学校であったが、済々黌高校はバンカラの気風で知られる一方で、熊本高校は英国紳士型の人間形成をめざすなど、両校の校風は明確に異なっていた。そして、第一高校を含めて、これら三校の校風は「伝統」として重視されており、しかも旧制から新制への移行にあたって、戦前の学校の姿がそのまま継承されていたので、人々はこの三校に対して相当のこだわりをもっていたということができる。それゆえ、学校差の解消を大義名分とした小学区制の実施は、混乱をもたらす可能性が高いものであった。

県議会では小学区制に対するあからさまな反対の意思表示はなされていないが、新聞の投書欄には、反対意見が掲載されている。その代表的なものが、小学区制の採用は「生徒の自由意志を束縛する[23]」というものであった。居住地によって進学先が決まることで、選択の自由が阻害されてしまうというのである。また、「私達はもとより男女共学を否定するものでもなく学校の伝統に固執するものでもない、ただ教育の民主化に名をかりてその復興と自由を阻害するようなことがあってはならないと思うのである、万事は進学する生徒達の幸福を基調として決定さるべきであろう[24]」という投書も掲載されている。各校の伝統というものが強く意識されているがゆえに、学校を選択するためには、生徒の希望・自由意志が尊重されるべきなのであった。それに対して、「熊本市内の学区制の決定をしぶり希望によろうとしているのは各校の伝統いわゆる封建的勢力を守るための口実にすぎない[25]」という小学区制への賛成論もあった。伝統を守ろうとすることは封建勢力の温存につながるという、いかにも戦後初期らしい議論である。

このような賛否の意見がありつつも、一九五〇年四月、小学区制は全面実施された。しかし早くも一九五一年になると、県議会では小学区制の存続をめぐる議論が開始されている。一九五一年三月一九日の三月定例会で、橘武徳（民主党）は「学区制……はもはや撤廃してもらいたいと思うのであります」（三三五頁）と問いかけた。そして同年一二月一五日の一二月定例会になると、岡崎伊十郎（社会党）は次のように発言している。

熊本市においては学区制の廃止さえ叫ばれております。[26]……やつておるのやらやつていないのやらわからないような学区制は、今後どうされるつもりか。私は学区制の実施はこれは教育の制度の改革とともに、教育の機会均等をめざして、あるいは男女共学の強い線をめざして生れた新しいすがただと思うのであります。その新しいすがたをいかに生かすかということが、今後の教育行政に加わる大きな問題であるとするならば、学区制は原則として実施しなければならない、維持しなければならない、しかし現在相当の批判が行われているのにたいしては、やはり反省しなければならないのであるが、それらの難点の打開について、教育長はいかなる方策を考えておられるかお聞きしたい。また熊本市においての学区制存置の見通しについて一応承りたいのであります（三四頁）。

彼自身は小学区制を維持しようとする立場であったが、ここでいう「難点」とはどのようなことだったのだろうか。一九五四年一月の記事ではあるが、県教育委員長の福田令寿は、小学区制を実施した結果生じた問題について、次のように語っている。「或は学校の伝統を慕うのだとか、或は曾て自分の親兄弟が学んだ学園だからだとか、或は大学進学の便宜が多いからだとか雑多の事由からして区域外からの入学志望者が数多く出て来る。そして当人達や父兄達は合法的脱法策を企てる。転住だ、寄留だ、心にもないにせ養子縁組だと随分手のかゝる工作が続出した」[27]。また一九五三年の新聞には、「現制度を強行した結果は、中学校において教師父兄が一体となつて、ぬけ道をさがし、てん然として脱法行為をなし、ヤミ教育に浮身をやつし、高校側も優秀な生徒を集めようとして、知らぬふりをしているという状態になつたのではないか[28]」という投書が掲載されていた。小学区制を実施したものの、それが徹底されておらず、惨憺たる状況になっていたことがわかる。まさに、「県民は「高校の格差をなくすこと」よりも「高校の伝統を守ること」を選んだ[29]」という状態だったのである。

このような状況認識をふまえての岡崎の質問だったが、これに対して横田正人教育長は、難点や弊害があることを認めたうえで、「各地からいろいろ陳情があつて、学区制を緩和してもらいたいということを申出てきているのでありますが、それらのその志望区域によりまして、自由区域と申しますか、あるいは緩衝地帯と申しますか、それをこさえて、だんだんひろげてまいりますと、結局学区制をしかないと同じ格構(ママ)になるのであります」(三九頁)と述べており、困惑した様子がうかがえる。そして彼は小学区制に関する公聴会を一二月二二日に開催する予定であることを明らかにした。

この公聴会には県議、PTA、高校、中学、教職員組合、報道関係者などの代表、五〇余名が出席し、小学区制を堅持するという教育委員会の方針を前提に、二時間にわたって意見交換が行われたという。そしてそこでは次の意見が出たと報じられている。「学校進学の基準として重視するのは学校の伝統である、学区制はその伝統を破る」(県議)、「悪い伝統を打破するのが委員会の方針である」(委員長)、「熊本市を……自由進学としたい、撤廃の理由は選択の自由、狭い市内での区分は不合理、政令審査委員会でも撤廃を考慮している」(中学校長(熊本))、「一部の修正は已むを得ないが撤廃しては男女共学が不可能になると学区制の保持を主張」(高校側)、「厳重な学区制の設定を提言」(教組側)[30]。百花繚乱の感があるが、結局のところ、原則として小学区制を維持するが、従来のものに多少修正を施すという結論が出された。

この結論をうけて、翌一九五二年一月一〇日の県教育委員会では、学区外からの入学を認めることとし、その割合を全県一律に二割以内とする案が決定されている[31]。そして、一月二六日、県教育委員会規則第一号「熊本県公立高等学校の通学区域に関する規則」が出され、四月よりこれが実施された。

(二) 共通通学区制へ

ところが、早くも、翌一九五三年三月一三日の県議会三月定例会で、田中典次(自由党)は、「あの機械的な学区制を撤廃するだけのご決意はまだつかないものであるかどうか、この点をおたずねをいたします。……とくに郡部出身の家庭においてたとえ立派な子弟が生まれてきても、これが都会地の学校にはいるということは、非常に大きな制限をうけておるのが実情であります。私はこの学区制の長所が絶無とは申しませぬが、現在においてはすでに学区制を撤廃する時期がきていると確信します」(一二五頁)と述べ、小学区制の撤廃、具体的には郡部から熊本市内の高校への入学許可を求める発言をしている。これに対して、教育委員長の福田令寿は、「現在は過渡期であつて、現段階においては、まことに好ましくない学区制であるかもしれませぬけれども、かような機械的な方法によつてでも、なるだけつまり学校差を少くするという趣旨から、やむを得ずとつておる学区制でござりまして、まだ今日これを直ちに撤廃するというところまで私どもは考えておらぬのでござります」(一三一頁)と答え、撤廃の考えがないことを明らかにした。そしてさらに彼は、学校差の解消を意図する背後にある教育観を次のように開陳している。

今日の社会の考え方といたして、ことに父兄の考え方といたしましては、学校は上級学校に進学するものが多数出れば、これがもつとも優秀な学校であるという評価を下す傾向が多分にあるのでござりまして、かような点において、私どもは相当これは教育の大方針としては考慮を要するものではないか、つまりわかりやすい言葉で申しますならば、さような教育は出世主義であり、点取りムシを養成する教育である。これがはたして教育委員会の理想とすべき教育方針であるか、こういう点に一般の人の理解も、また父兄の理解も、また教育にあたつておる人々のお考えも、相当マア、極端に申しますればまちがつておるものがあるのではないか、こういうことを一朝一夕にして是正することは決してたやすいことではござりませぬけれども、教育委員会としては、なるべくかような点を本当の道にひきもどしていきたい考えをもつております（一三二―一三三頁）。

このような考え方は田中の容れるところではなく、彼は、「学校差をなくするということが、立派な学校の進展上にブレーキをかけることではないと思うのであります」（一三四頁）と述べ、小学区制を撤廃し、優秀な生徒を集めることで、「立派な学校はグングンのばして、このほうに追いつかせるという主義のご指導をお願いしたいと思います」（一三四頁）と主張している。

二人のやりとりは平行線をたどったが、田中の考えの方が当時の人々に受け入れられていたのではないかと思う。たとえば、このやりとりの二週間ほど前、『熊本日日新聞』は社説で、小学区制は悪平等化をもたらし、それによって一流大学への進学が困難になることを指摘していた[32]。また三月二五日の熊本市議会では、「熊本市内における県立普通高等学校の三校区制を撤廃し、市内一円を共通の一校区制に改正されたい[33]」との、発議第三号を全員一致で採択している。しかもすでに述べたように、小学区制の抜け道として「合法的脱法策」が行われており、二割の学区外入学者を認めるという小学区制の修正が行われても、「多少の効果はあつたがこれも絶対に悪風一掃は出来なかつた[34]」という。ということは、郡部から熊本市内の高校に入りにくいということだけでなく、市内の三校の高校を選択できないということも、人々には問題として認識されていたということだろう。このような状況のなかで、『熊本日日新聞』は再度、一〇月八日に社説で小学区制の廃止論を展開している[35]。

そしてついに、一〇月一二日の県教育委員会で、済々黌高校、熊本高校、第一高校に関しては共通通学区域制とし、熊本市と飽託郡を共通学区とすることと、学区外からの二割の入学許可も従来どおりとすることが決定され、翌日、発表された。このことを『熊本日日新聞』は、全国ではじめての小学区制の変更であり、「県下の高校、中学、PTA関係者はいずれも県教委今回の措置は大英断であるとして賛成の意向を表明、歓迎している[36]」と報じている。正式には、一一月一四日に、県教育委員会規則第一一号「熊本県公立高等学校の通学区域に関する規則」の一部改正が行われて、一九五四年四月から実施されることとなり、市内の三つの高校へは自由に進学することができるようになった。一九五〇年に小学区制が実施されたものの、五二年にその修正、そして五四年からは市内三校の共通通学区制の採用、と制度がめまぐるしく変化し、あまりにあっけなく小学区制は崩壊したのである。

三　男女共学の有名無実化

（一）男女共学をめぐる議論の登場

ところで、すでに述べたように、男女共学制は小学区制の結果として成立した側面があったため、男女共学についてはほとんど議論されてはこなかった。しかし、小学区制が修正、さらに撤廃されるに及んで、当然、男女共学制の是非にも問題関心が払われていくことになる。小学区制の修正が決定された一九五二年初頭、二月一日の県議会一月定例会では荒木豊雄（民主党）が、次の質問に立っている。

（教育方法が――引用者）男女同権への過程として適切であるか否かを反省しなければならないと思うのであります。アメリカ文明と日本文明は、その歴史が示すごとくその大なる差違があると思うのであります。一挙にして男女共学を実施することが、その過渡期の青少年にたいして大きなギセイをもとめたとすれば、あまりにもかあい（ママ）そうといわなければなりません。多くの男性の中にある少数の女生徒はそうではありませんけれども、多くの女生徒達の中にある少数の男子生徒の姿は、見る眼もかあいそうな姿にあることはご承知の通りであります（一〇八頁）。

また、「男女共学を行うのみにおいて、苦しい県財政の中から約二千万円の施設費を要求されているのであります。この経費が費途されないうちに、男女共学にたいするご検討をおねがいすると同時に、教育委員会のご意見をうかがいます」（一〇九頁）と、彼は財政の面からも、男女共学について検討を要することを主張していた。それに対して福田令寿は、絶対に男女共学を変更しないとは言えないが、「男女共学のほうが新時代に適応する民主精神、万民平等、人間平等という観念を植えつける上に、やはり男女共学は近道であるということを考えます」（一一五―一一六頁）と述べて、共学を維持する方針であると答弁している。

一九五三年三月一三日の三月定例会になると、松岡明（社会党）は、共学によって、男子の質実剛健さと、女子本来の奥床しさや優美さが欠けてきていること、学校設備の充実という財政的負担があることを述べ、私立の別学校の良さにふれながら、県立高校においても「男女別のモデルスクールをお考えいただいてはどうであろうか」（一一〇頁）と提案している。そして彼は、アメリカやソ連の事例や、教育紙に掲載された論説を引きながら、男女の相違を根拠とした別学論を次のように展開していった。

> 学校は、女子にたいしては子供の世話をする知識と技能とをあたえ、男子には身体的道徳的力をつけなければならぬ、こういうふうにいつておるのであります。……中学校から入学した当初の高校の一年生については、男女の学力にあまり等差を感じないが、上級の学年にいたると、次第に男子の学力は急激に進んでまいりますし、これに反して、女子は家事手伝い、その他影響もあるが、その大部分は男子に追随することはできない。また大学進学者もすくないために、二、三年にいたれば家政科方面の単位を多く選択得習（ママ）する結果となり、男女共学も名のみでありまして、実際上は男女別学というのが実情ではないかといつておるのであります（一一一―一一二頁）。

この意見に対して、福田は男女共学の功罪を認めながら、「要はこれをどう生かして、どういうような結果をあげていくかというふうに努力していくほかはないと思うのでございます」（一一八頁）と述べ、男女共学を見直す考えのないことを明らかにしている。

(二) 共通通学区制導入後の議論

ただ、熊本市内の三校に共通通学区制が採用されることになれば、女子は旧制高等女学校だった高校に、男子は旧制中学校だった高校に進学するであろうことは、これまでの経緯からいって容易に想像がつくことであった。このことが一九五三年一二月二〇日の一二月定例会でも話題になっているが、横山治助教育長は、次のように答弁している。

男女共学あるいは教育の機会均等という基本線を私達は曲げるという意味で学校区を撤廃しようと、こういうぐあいに考えたわけではないのでございました。男女共学もとより必要でございますけれども機会均等もはからなければならない。……学区制というワクでしばってそいつを実行するよりも、みんなの自覚に訴えてそれが保てるようにという意味で……共通通学区域にした、……男女共学が崩れないようにということは、別の方法で高等学校あるいは中学にたいしまして私達たえず注意をしていく、指導の面によつて男女共学を保持していく、マアこういう見解でおるわけでございます(一一九頁)。

小学区制が廃止された後の男女共学制の存続の危うさについては、「自覚」に訴え、「指導」を語るのみであった。

また福田は次の言葉を残している。

男女共学の線を打立つるために、已むを得ず設けたのが誠に器械的ではあつたが、小通学区制であつた。……今日でもまだ男女等数には程遠い。しかし漸次良い方向に進んではいる。こゝまで進めば大通学区制にしてもよかろうと考えて小地域制を止めた。……どうか進学を指導する中学校側、生徒を受け入るゝ高校側、更に生徒自身、その保護者など各当事者の良識と理解と好意とに訴えて実質的に真に立派な男女共学が実現

せんことを祈るものである。(37)

男女共学のために小学区制を導入したというのははなはだ疑問であるが、福田が、男女共学は「漸次良い方向に進んで」いるという認識に立っていることがわかる。そして、あとは当事者の「良識と理解と好意」に任せて「祈る」というのは、男女共学の維持に熱意が感じられない言葉であり、行政として無責任ではないかという印象すらもってしまう。

このようななか、人々の間には、男女共学制が壊れるのでないかという危惧の念が広がっていた。『熊本日日新聞』には、小学区制の撤廃は、「せつかく軌道に乗つてきた男女共学制度を破壊するものとして波紋を投じ、連日県教委会に教育の機会均等、男女共学など一連の新教育推進に支障をきたさぬよう善処されたい旨の陳情や県教委会は新教育制度を根本的に破壊しようとするのか?などの苦情が殺到(38)」という記事が掲載されている。また小学区制の廃止を主張してきた『熊本日日新聞』の社説であったが、二月七日の社説では、「男女共学ということが市内の高校における限り、ほとんどその実を失つてしまうのではなかろうか(39)」という懸念が示されていた。その他、「せつかく実績をあげている男女共学も崩れはしないか。……男女別の高校が現れないと誰が断言できよう。そうなれば私たち校区制の趣旨を体して入学した者は一体どうなるのであろう(40)」といった投書も掲載されている。

それに対して、福田は二月九日に県教育委員長として声明書を発表し、沈静化を図ったが、そこでは「共通々学区域とした以上、制度その他の方法により、さらに共学を強制するよりも、むしろ共学はどこまでも学校側、生徒、父兄など関係者の自覚に基く自由意思により、これを維持すべきものと考え(41)」と述べられていた。小学区制の維持のために自らの教育観を語っていた福田であったが、男女共学に関してはそのようなことはなく、自由意思に委ねることを最優先としたのである。

そして三月には共通通学区制が布かれた最初の高校入試が行われたが、そのことについての興味深い新聞記事が出ている。すなわち、一九五四年度入試の受験生が「済々黌五百六十八名中女子四十四名、熊本高校四百五十九名中女子二十名、第一高五百五十八名中男子四十九名」がいたことをもって、「県教育庁はこの数字で男女共学制が軌道に乗つたことを確認、今後は各中学校の適切な指導でさらに完全なる自主的共学体制が確立するよう啓蒙に乗り出すことになつた」(42)というのである。ちなみに、前年の一九五三年の入学者は、済々黌高校では女子が九四人、熊本高校では女子が四一人、第一高校では男子が八九人であったから(43)、受験生が全員合格しても、一九五四年の入学者は前年に比べるとかなり大幅な減少になる。これは新聞記事であり、教育庁自身が語っている史料ではないので注意を要するが、先にふれた福田の声明書とも勘案してみると、行政がめざしていたのは自由意思に基づいた「自主的共学体制」だったといえるだろう。だからこそ、たとえ男女比がよりいっそう不均衡になろうとも、自主的に旧男子校をめざす女子や旧女子校をめざす男子がいたことをもって、「男女共学制が軌道に乗つた」と捉えることができたのではないだろうか。そしてこの記事は、小学区制の撤廃が「折角軌道に乗つてきた男女共学制を崩壊させるものとして反対を表明していた中学校ならびに教組関係者の意見が完全にき憂にすぎなかつたことが……明らかになつた」(44)とまで述べている。減少したことを問題視するよりも、ゼロではなかったことを評価しているようであり、男女共学制が存続しているという事実に満足していたように思われる。

(三) その後の男女共学の状況

一九五四年度に共通通学区制が実施されて以降、県立高校の学区制は制度的に変化していない。また一九六二年度に第二高校が設立され、熊本市内の県立普通科高校は四校となった。このようななかで、各高校の男女別生徒数はどのような状況になっただろうか。**表5－1**は、男女共学が開始された一九四九年から、史料が確認できた一九六七年までの、各高校における男女別人数と全校生徒に占める女子生徒の割合を示したものである。ここから指摘できることは、一つには、一九五〇年から一九五二〜三年までは、済々黌高校と熊本高校における女子生徒、第一高校における男子生徒の数が順調に増加していたのに対して、一九五四年の学区制の変更によって、急速にその数を減らし、五％にも満たない状態にまでなったことである。一九五六年六月六日の『毎日新聞』の記事、「揺れる男女共学」では、「両校（済々黌高校と熊本高校——引用者）とも家事、裁縫室をもて余し、せっかく買ったミシンもホコリをかぶったままである」と述べられていた。

二つには、熊本高校にあっては一九五〇年代後半以降、済々黌高校にあっては一九六〇年代以降、徐々に女子生徒数が増加に転じたのに対して（といっても、一九五一〜二年の水準に戻ってはいないが）、第一高校の男子生徒は増加することなく、減少の一途をたどったことである。このことに関連して思い起こすのは、県議会で、旧制高等女学校だった高校に進学する男子生徒のことを、「かあいそうな姿にある」と発言した議員がいたことである。どういう意味で可哀想なのかは語られていなかったが、男子のなかの少数の女子と女子のなかの少数の男子とに対する受け止め方に違いがあったことがわかる。想像するに、学校教育のレベルや社会的威信において旧制中学校のほうが高いと考えられているときに、劣位である旧制高等女学校に男子が進学していることをもって、可哀想だという意識が働いたのではないだろうか。

そして三つには、第二高校は新設校であり、引き継いだ旧制中等学校がなかったため、他の三校に比べると随分と男女比が異なっていることである。熊本市内には、私立の男子高校よりも女子高校のほうが多数だったこともあり、市内の県立普通科高校に占める女子生徒の割合は一九六〇年代半ばには四割弱であった。そしてそれは第二高校の女子生徒の割合とほぼ同じであり、そういう意味でも、歴史ある三つの高校のありようは特異であるといわなければならない。

表 5-1　男女別生徒数と女子の割合

	済々黌高校			熊本高校			第一高校			第二高校		
	男子	女子	割合 (%)	男子	女子	割合 (%)	男子	女子	割合 (%)	男子	女子	割合 (%)
1949	1,148	32	2.7	1,259	12	0.9	12	1,124	98.9			
1950	1,138	121	9.6	1,186	142	10.7	156	1,398	90.0			
1951	1,129	191	14.5	1,179	201	14.6	237	1,136	82.7			
1952	1,043	242	18.8	1,157	241	17.2	298	1,036	77.7			
1953	1,063	246	18.8	1,251	164	11.6	254	1,111	81.4			
1954	1,134	195	14.7	1,280	124	8.8	217	1,161	84.3			
1955	1,294	135	9.4	1,359	38	2.7	143	1,267	89.9			
1956	1,440	74	4.9	1,430	71	4.7	64	1,374	95.5			
1957	1,521	61	3.9	1,509	73	4.6	23	1,488	98.5			
1958	1,572	50	3.1	1,499	82	5.2	2	1,579	99.9			
1959	1,556	43	2.7	1,474	88	5.6	0	1,592	100.0			
1960	1,596	40	2.4	1,455	91	5.9	18	1,564	98.9			
1961	1,613	42	2.5	1,430	103	6.7	34	1,550	97.9			
1962	1,629	47	2.8	1,458	106	6.8	33	1,572	97.9	275	109	28.4
1963	1,625	71	4.2	1,516	123	7.5	14	1,664	99.2	618	360	36.8
1964	1,633	93	5.4	1,584	120	7.0	2	1,744	99.9	1,029	588	36.4
1965	1,664	107	6.0	1,590	166	9.5	0	1,804	100.0	1,134	734	39.3
1966	1,655	107	6.1	1,578	187	10.6	0	1,793	100.0	1,179	726	38.1
1967	1,624	120	6.9	1,540	221	12.5	0	1,780	100.0	1,174	721	38.0

出典：熊本県教育庁調査課編『教育要覧』1950年
熊本県教育委員会編『教育要覧』1951～1953年
熊本県教育庁庶務課調査係編『教育要覧』1953年
熊本県教育庁庶務課調査係編『教育調査資料集』1954年
熊本県教育庁秘書課編『教育資料集』1955～1956年
熊本県教育庁施設調査課編『教育資料集』1957～1965年
熊本県教育庁総務課編『教育資料集』1966～1967年

注：1953年発行の『教育要覧』が2つあるのは、1950年から先に発行された1953年のものまでは前年の統計が、後で発行された1953年のものには1953年の統計が掲載されているためである。なお、1954年以降に発行されたものには、当該年の統計が掲載されている。

おわりに

これまで述べてきたことを振り返ってみて改めて思うことは、男女共学制の必要性や意義について語る言葉の少なさである。小学区制の意義を述べる言葉に比して、男女共学制を推進する論理が展開されることはあまりなかった。男女共学の実施は小学区制の採用に伴う産物という性格のものであったと考えるゆえんである。県としてはむしろ男女共学には消極的であったが、おそらく軍政部ピーダーセンの後押しで小学区制が行われた結果、否応なく男女共学となったのではあるまいか。男女共学の見直しを語る議員が、日米の歴史の違いに言及していたが、そのことに自分たちの意思で共学を決定したわけではないという思いを垣間みることができる。

そして、男女共学の意義が論じられていなかったことは、小学区制が揺らいでいたときに、共学を積極的に支持する論理が弱かったということを意味していた。そのため、小学区制が撤廃され、熊本市内の三つの高校に共通通学区制という名の中学区制が適用されることになった際、内実がはっきりしない「指導」が語られるのみで、あとは個々人の選択や自由意思に委ねられたのである。その結果、もともと生徒の男女比が不均衡だった各高校ではさらに不均衡となり、その傾向は、済々黌高校では一九六〇年ころまで続いたし、第一高校では男子生徒が在籍しないという事態にまで立ち至った。そういう意味で、男女共学は有名無実化したといってもいいかもしれないが、制度としてはあくまでも男女共学制が維持されている。旧男子校に進学する女子や旧女子校に進学する男子は、一部の例外として容認されており、そういう人々がいること自体が自主的共学体制の成果とみなされていた。

また男女共学をジェンダーの視点から捉え直すと、興味深いことがみえてくる。女子に対する教育という観点から共学を捉えれば、女子への家庭科教育の必要性、そのための学校設備の整備とそれに関わる財政負担の問題が、共学をやめる論拠として示されていたことがわかる。しかもそれだけでなく、卒業後の進路の違いや性別役割分業が、高校教育における男女の相違を生み出すものとして認識されており、ひいては別学の妥当性、より正確にいえば、旧男子校からの女子の排除が主張されることにもなった。逆に男子への教育という観点からすれば、旧制高等女学校を前身とする高校では、男というジェンダーにふさわしい教育（女子に対してのものほど明示的ではないが、大学進学のための準備教育や身体能力を高める教育が想定できる）が、十分に行えないと考えられていたことである。そういう意味では、旧男子校におけるごく少数の女子の存在は例外として容認できても、社会的威信が低く、男というジェンダーの教育が不十分だと考えられた旧女子校における男子は、受け入れにくかったといえるだろう。

ただ、男女比が極端に不均衡であったとしても、済々黌高校や熊本高校という男女共学校が存在していることには意味があったのかもしれない。すでに述べたように、熊本市立高校は一九五〇年代末には女子のみが在籍する学校と化していたし、第一高校も一九五四年の中学区制の採用以降、男子生徒が漸減し、一九六〇年代半ばには男子の在籍者がいなくなっていた。一九六二年には、男女比があまり不均衡ではない第二高校が市内四番目の県立高校として開校したが、新設校ということもあり、社会的威信が低かったことは否めない。また熊本市内にあった私立高校はすべて別学校であり、共学の私立高校の誕生は一九七〇年まで待たなければならなかった。このような状況のなかで存在していたのが、男女比が極端に不均衡ではあっても、歴史や社会的威信を有し、一応男女共学である済々黌高校と熊本高校であった。そして熊本高校では一九五〇年代後半以降、済々黌高校では一九六〇年代以降、女子生徒が少ないながらも増加していき、男子と同様の大学進学をめざす女子をひきつけていったのである。

しかしそれは、一部の「特別な女子」への対応であり、「男子並み」の進学を希望する少数の女子が旧制中学校を前身とする高校に進学し、多くの女子が旧制高等女学校を前身とする高校へ進学するという、女子の間に差異化をもたらすことであった。さらにいえば、少数の女子が在籍していた済々黌高校と熊本高校には多くの男子のみの学級があったことを考えるならば、第二高校が設立されるまでは、私立高校も含めて、熊本市内では戦前のような男女別学での教育が基本的には続いていることを意味していたのである。

注

(1) 熊本県教育庁施設調査課編『教育資料集』第四四号、一九六〇年、六九頁、参照

(2) 両校が合併して熊本女子高校が成立したが、合併といっても、第一高等女学校の土地での開校だったため、第二高等女学校の関係者からは合併に対する反対運動が起きていた。たとえば、「第一と合併は反対 単独昇格めざす二高女」『熊本日日新聞』一九四八年二月三日、「〝憤りは爆発寸前〟」『熊本日日新聞』一九四八年三月九日、参照

(3) 『熊中熊高八十年史』一九八六年、四四七―四四八頁。旧制中等学校名が新制高校に引き継がれたことに関して、『熊本市戦後教育史 通史編Ⅰ』(一九九四年)は、「このことは、全国でもめずらしく、熊本の根強い伝統尊重の意識を示すものであろう」(二四三頁)と述べている。またこの問題に関して、丸山学は以下の回想を行っている。「終戦後、熊本に乗り込んだ駐留軍の軍政府に引っ張り出された私は教育顧問(コンサルタント)をつとめた。……熊本の高等学校も軍政府の案としては男女共学の県立高校を四校作ることになつていたし、その名称も学校の位置で東高、西高……と云うようになる形勢であつた。私は日本人としてはたゞ一人のコンサルタントであつたが、この軍政府の案に反対し、それぞれの校名が持つ教育上の意義を説いてこの案に反対し、軍政官も遂に折れた。このようにして他の多くの都市学校が新しい校名で出発したのに、熊本では旧名を残すことになつて今日に到つている」(「先輩の話」『多士 創立八十周年記念号』一九六三年、二六頁)。なお、『多士』とは済々黌高校の同窓会誌である。

(4) 校歌に関して、「軍政当局から一、二ケ所注意を受けたものの、研究するということでそのまゝにしておかれたという」(『熊中熊高八十年史』一九八六年、四五〇頁)

(5) 『済々黌百年史』一九八二年、七六三頁

(6) 吉田浩「新制高校発足当時の感懐(口述)」『創立五十年』熊本県立第一高等学校、一九五五年、四〇頁

(7) 熊本市内には、戦前には商業・工業・農業の公立実業学校があったが、それらがそれぞれ新制の職業高校になり、総合制の実施は見送られた。

（8）『熊本県教育行政史　第1巻―1』一九九三年、三四三頁
（9）『熊本市戦後教育史　通史編Ⅰ』一九九四年、二四二頁。ここではピダーセンと表記されているが、ウォルター・ピーダーセン（Walter Pedersen）である（「百年史の証言　福田令寿翁にきく（191）」『熊本日日新聞』一九六九年二月二七日）。また福田令寿は、「その指導助言というのが、当時の実情ではほとんど至上命令でした」（同）と回想している。
（10）詳しくは、「県、市の意見対立　高校の通学区域」『朝日新聞』熊本版、一九四九年三月九日、「またも流会で持越し　もめる熊本市の学区制問題」『朝日新聞』熊本版、一九四九年三月一二日、参照
（11）『熊本市戦後教育史　通史編Ⅰ』一九九四年、二四二―二四三頁
（12）女子校化したといっても、制度上は共学である。ちなみに、女子だけが在籍する学校となったのは、一九五八年であるが、それ以前も、男子生徒数は全校生徒約八〇〇～一〇〇〇名に対して三〇名前後であり、男子は圧倒的に少数であった。ただ市立高校では、一九七三年には男子生徒が百名以上入学し、実質的な男女共学制が実現した。
（13）「新学制の方針」『熊本日日新聞』一九四七年三月二一日
（14）「強いて男女共学にせぬ」『朝日新聞』熊本版、一九四七年一二月七日
（15）熊本県教育庁調査課編『教育要覧　昭和二十四年度』一九五〇年、一〇七頁、参照
（16）熊本県教育委員会編『教育要覧　一九五三』一九五三年、一一二頁、参照
（17）済々黌高校における家庭科教育に関して、一九五二年五月二五日の『済々黌新聞』は「やつと出来たわょ割烹室」という興味深い記事を掲載している。それによれば、上流向、中流向、農村向の割烹室が五部屋完成し、八月からは第二期工事として被服室の建設が始まること、そしてこれが完成すれば、「家庭科の授業は調理、被服は大体充実、作法、生花方面が少々欠陥という程度になる」という。この記事から、当時の女子高校生に求められていた家庭科教育の内容を推し測ることができる。
（18）「中学創立十周年記念懐古座談会」『熊本県中学校十年の歩み』一九五八年、一二三頁
（19）熊本県教育委員会編『教育要覧　一九五一』一九五一年、八二頁および熊本県教育庁秘書課編『教育調査資料集』第一九号、一九五四年、三頁、参照
（20）尚絅高校以外の私立高校における一九五〇年から一九五四年にかけての普通科の生徒数の変化は次のとおりである。
男子校：鎮西高校（五四〇名→五一七名）、九州学院高校（五五四名→九九五名）

女子校：中央女子高校（九八名→九五名）、九州女学院高校（三五九名→七七一名）、信愛女学院高校（一九二名→一九七名）

（熊本県教育委員会編『教育要覧　一九五一』一九五一年、八二頁および熊本県教育庁秘書課編『教育調査資料集』第一九号、一九五四年、三～四頁、参照）。

（21）「熊本女高に男子入学」『熊本日日新聞』一九四九年四月一一日。また一九四九年五月三〇日の『熊本第一高校新聞』に掲載された「男女共学第一歩」でも、運動場の狭さが指摘されている。

（22）『熊本県議会史　第5巻』一九七九年、七〇〇頁。なお、この臨時会の『熊本県議会速記録』は熊本県議会図書室には存在しない。

（23）投書「高校の地域制」『熊本日日新聞』一九四九年二月一五日

（24）投書「学区制に寄す」『熊本日日新聞』一九四九年三月七日

（25）投書「学区制を布け」『熊本日日新聞』一九四九年二月二三日

（26）この発言が行われたのは一二月一五日であったが、この二日前の一二月一三日には、『熊本日日新聞』は社説「高校学区制を全廃せよ」を掲載しており、市民の間で小学区制反対の声がかなりあったことがうかがわれる。

（27）福田令寿「新春を迎えて」『教育委員会報』第四一号、一九五四年一月一五日

（28）投書「高校学区制へ」『熊本日日新聞』一九五三年一〇月七日。投書者は熊本市一学区制を主張する、私立高校の関係者である。

（29）『熊本市戦後教育史　通史編Ⅰ』一九九四年、二四四頁

（30）「通学区域外は二割以内」『教育委員会報』第一八号、一九五二年一月一五日

（31）「昨年以上の試験地獄」『熊本日日新聞』一九五二年一月一一日、参照。なお、この記事によれば、学区外からの割合に関して、学務課からは一割という案が出されたが、市内の三校については三割、県下一律に一割という意見が提出され、三時間にわたって協議した末に、一律二割とすることに決定したという。

（32）社説「高校学区制を再検討せよ」『熊本日日新聞』一九五三年二月二七日

（33）『熊本市議会史　戦後編　第一巻』一九八九年、五六三頁

（34）福田令寿「新春を迎えて」『教育委員会報』第四一号、一九五四年一月一五日

(35) 社説「高校学区制について」『熊本日日新聞』一九五三年一〇月八日
(36)「公立高校　学区制に全国初の修正」『熊本日日新聞』一九五三年一〇月一四日
(37) 福田令寿「新春を迎えて」『教育委員会報』第四一号、一九五四年一月一五日
(38)「学区制撤廃を再確認」『熊本日日新聞』一九五四年一月二七日
(39) 社説「高校進学期に当って」『熊本日日新聞』一九五四年二月七日
(40) 第一高校卒業の男性による投書「学園逆コース」『熊本日日新聞』一九五三年一二月二九日。ほかにも同様の趣旨の投書として、第一高校の男子生徒による「共学反対に反対」『熊本日日新聞』一九五四年二月四日、投書「男女共学に就て」『熊本日日新聞』一九五四年三月二七日、がある。
(41)「学区制撤廃問題に終止符　男女共学は強制しない」『熊本日日新聞』一九五四年二月一〇日
(42)「学区制の撤廃　誤りではなかった」『熊本日日新聞』一九五四年三月一〇日
(43) 熊本県教育庁庶務課調査係編『教育要覧　昭和二十八年度』一九五三年、一二四頁、参照。ちなみに、一九五四年の入学者は済々黌高校で女子二九名、熊本高校で女子二二名（新聞記事では熊本高校の女子受験生が二〇名となっているが、受験生数と入学者数のズレの理由はわからない）、第一高校で男子四〇名であったから（熊本県教育庁庶務課調査係編『教育調査資料集』第一九号、一九五四年、九六頁）、一九五三年に比べると半分以下となったことがわかる。
(44)「学区制の撤廃　誤りではなかった」『熊本日日新聞』一九五四年三月一〇日

史資料

熊本県議会事務局編、一九七九、『熊本県議会史　第5巻』熊本県議会事務局
熊本県教育委員会編、一九九三、『熊本県教育行政史　第1巻―1』熊本県教育委員会
熊本県中学校長会編、一九五八、『熊本県中学校十年の歩み』熊本県教育委員会
熊本県立済々黌高等学校編、一九六二、『多士　創立八十周年記念号』
熊本県立第一高等学校編、一九五五、『創立五十年』熊本県立第一高等学校
熊本市議会事務局編、一九八九、『熊本市議会史　戦後編　第一巻』熊本市議会事務局
熊本市教育委員会編、一九九四、『熊本市戦後教育史　通史編Ⅰ』熊本市教育委員会

済々黌百年史編集委員会編、一九八二、『済々黌百年史』済々黌百周年記念事業会
八十年史編纂委員会編、一九八六、『熊中熊高八十年史』熊本県立熊本高等学校
熊本県教育委員会編『教育要覧』
熊本県教育庁施設調査課編『教育資料集』
熊本県教育庁庶務課調査係編『教育要覧』
熊本県教育庁庶務課調査係編『教育調査資料集』
熊本県教育庁総務課編『教育資料集』
熊本県教育庁調査課編『教育要覧』
熊本県教育庁秘書課編『教育資料集』

『朝日新聞』熊本版
『教育委員会報』熊本県教育委員会
『熊本県議会会議録』
『熊本県議会速記録』
『熊本第一高校新聞』
『熊本日日新聞』
『済々黌新聞』
『毎日新聞』

第III部

男女別定員を設けた共学化

昭和28年3月14日(土曜日)　(2)

第五回卒業式

レディも仲間入り

去り難げな〝新先輩〟

日比谷高校第五回卒業式は、多数の父兄・来賓の出席を仰いで、去る三月七日(土)ようやく改修をはじめた講堂で執り行われた。

当日 開会の辞につづいて、卒業生三九〇名の氏名を呼ばれる原先生の声も、思いなしか途絶え勝ちであった。その閑寂として声なくただ名前を呼ばれた生徒の返事のみが、静まりかえった講堂にひびき渡る。六・三制施行後、はじめて本校に入学して以来三年の卒業生の胸にはいかなる思いが去来していたのであろうか。

「以上三九〇名総代古寺博」形通りの証書授与に続いて、校長先生は「諸君の進むべき道は、決して坦々たる道ではないが、それを乗り越えて進まなければならない。また諸君は、将来国家の中堅となるはずであるし、社会もそう注目しているから、それに反しないように努力しなければならない」等話され、さらに女子のことにも触れられて「女生徒の諸君は、この学校の女子卒業生の先祖となるのであるからしかるべく努力するように」と述べられ、それに関連して、如蘭会の ことにも 触れ られた。

都教育委員会のメッセージ朗読がこれにつづき、来賓祝辞、祝電披露につづいて、中村行政委員長が送辞を朗読し、最後に武部君が、卒業生を代表して「私たちは、学校のため、一生懸命努力して、今日までやってきました。これからもみさんのご期待にそむかないように努力してゆきます。在校生のみなさんも、どうかしっかりやって下さい」と答辞を述べるころには、曇っていた空も次第に晴れ間をみせ、ときどき太陽が顔をだすようになった。

蛍の光の斉唱で卒業式は一応終了し、記念品贈呈式に移った。父兄代表が目録を読みあげ、校長先生が感謝の言葉を述べられた後、記念品の一つであるテープレコーダーのテストでは、中村君の送辞が再生されて、一同の笑いと拍手の中に記念品贈呈式の幕が下され、公式の日程が終了した。それから後は、クラス会に入るルームなどがあって、卒業生は日の暮れるまで去り兼ねる様子だった。

男女共学になってから初めての卒業式を報じる『日比谷高新聞』1953年3月14日

第6章 男女比に大きな偏りのある男女別定員
——東京都の男女共学

今田絵里香

はじめに

本章は、戦後の東京都公立高校における男女別定員による男女共学制導入とその背後にあった東京都特有の理由を明らかにする。

男女別定員はジェンダーを理由にした不当な差別であると捉えることも可能である。二〇一八年八月二日、東京医科大学がひそかに男女別定員を設定し、女子の数が入学者の三割を超えないように入学試験の点数を操作していたことが問題視された（「東京医大、女子を一律減点　受験者に説明なし　二〇一〇年ごろから」『朝日新聞』二〇一八年八月二日）。その後、東京都立高校が男女別定員を設定し、入学試験を実施していることも疑問視されるようになった（「都立高入試の男女別定員、今も　合格ラインに差　全国的には異例」『朝日新聞』二〇一九年二月九日）。このように問題を孕んだものとして捉える視点があるにもかかわらず、なぜ東京都公立高校は男女別定員による男女共学制導入をしたのかを解き明かしたい。

東京都立高校については、小野寺みさき(二〇一三、二〇一四)が男女別定員による男女共学制の導入過程を明らかにしている。小野寺は男女共学制について、①一九四九年度から一部の高校で、一九五〇年度からはすべての高校で実施されたこと、②前身校が都心などに偏在していることで学区制と組み合わされたこと、東京都軍政部による総合制導入を回避するために実施されたこと、③男女間の学力差、男女別学であった前身校の施設・設備の不足があったため、男女別定員を定めたこと、④私学の多数存在する東京では、別学を希望する者が私学の別学教育を選択できたこと、⑤男女別定員は、その後是正されたことを確認した(小野寺 二〇一三:二二一―二三頁、二〇一四:五三頁)。さらに男女別定員について、一九五〇年から一九九〇年までを検討しているが、一九五〇年代に関しては男子が女子よりも入学志願率が高かったこと、男子定員比を高くした旧制中学校を前身とする高校は、その理由として男女間の学力差、施設・設備の不足、それに加え伝統・進学実績を維持する意向が存在したことを解き明かした(小野寺 二〇一四、六六頁)。

本章では、一九四八年度の別学、一九四九年度の部分的共学、一九五〇年度の全面的共学のそれぞれの相違とそれぞれの導入の背後にある東京都特有の理由に着目する。先行研究では、それらは十分に明らかにされているとはいえない。小野寺(二〇一三)では、一九四九年度と一九五〇年度の男女共学はひとまとめにして分析されているため、それらにどのような相違があったのか、たとえば男女共学制度は一九四九年度にはいくつかの高校が導入、一九五〇年度にはすべての高校が導入したが、このようなことが可能となった制度とはいったいどのようなものだったのかが十分に明らかになっていない。また小野寺(二〇一三)では、一九五〇年度の男女別定員による男女共学が導入された理由として、男女の学力差、施設・設備の不足があったことを指摘している。本章もそれを支持する。しかし他の道府県にも、男女別学であった旧制中等学校を前身とする高校が存在し、そのような高校も男女の学力差、施設・設備の不足の問題を抱えていたと思われるが、他の道府県のすべてが男女別定員による男女共学制を実施したわけではない。にもかかわらず、東京都がそれを実施したということは、それらの理由に加えて東京都特有の理由が存在したことが示唆されるが、それが十分に解き明かされているとはいえない。

本章は、このようなことを明らかにするため、東京都議会議員、東京都教育庁関係者、学校関係者、マスコミ関係者が、男女別学・共学制度に対してどのような議論をしていたのかを丁寧にみていくこととする。そのため、当時の東京都議会、東京都教育庁、東京都総務局、新聞の議論を分析する。分析史料は、東京都議会の『東京都議会会議録』、東京都教育庁の『教育じほう』『東京都の教育』、東京都総務局の『学校基本調査報告』、大手新聞の『読売新聞』『朝日新聞』である。分析期間は、終戦直後から（あるいは創刊号から）一九五五年度末までである。東京都においては、小野寺（二〇一三）が指摘するように、男女共学制は学区制とともに導入された。そしてその学区制は、一九四九年三月五日に「東京都公立高等学校通学区域に関する規則」が制定されることによって導入され、一九五六年二月四日にそれが改正されることによって変更された。これを踏まえると、男女共学制は学区制とともに一九四九年度のはじめから導入され、一九五五年度のおわりまでにいったん整えられたと捉えることができる。そのため、一九五五年度末を区切りとし、終戦直後から一九五五年度末まで、男女別学、あるいは男女共学制の導入前にどのような議論が、また導入後にどのような議論が行われたかを分析することとする。

一　男女別学制の新制高校の発足

戦後、東京都は東京都新制高等学校準備委員会を設け、新制高校について検討させることにした。一九四七年一一月一日、東京都は「東京都新制高等学校準備委員会規程」を告示した。この規程によると、委員会の委員は二七名、そのうち学校関係者は過半数に当たる一四名で、そのなかには東京都立第一中学校（現在の東京都立日比谷高校）校長の菊地龍道、東京都立第一高等女学校（現在の東京都立白鷗高校）校長の大館龍祥が含まれていた。[1] また「都として審議を要する主なる事項」として、「男女共学については如何なる方針をとつたらよいか」が盛り込まれていた（『教育時報』一九四八年二月号、八―九頁）。したがって東京都は、この委員会に新制高校についてもそれを男女共学にするかどうかについても検討させることにしたのである。

東京都新制高等学校準備委員会は、男女共学制に関して二つの方向を定めることになった。一九四七年一二月一七日、文部省が全国の都道府県に「新制高等学校実施準備に関する件」と「新制高等学校実施の手引」を通達すると、二七日、東京都新制高等学校準備委員会は第一回の委員会を開催し、議論を開始した。[2] そして一九四八年二月二日、東京都知事に「新制高等学校準備に関する答申」を示した。[3] これをとおし、第一の方向として「現在の中等学校は、原則として、これを高等学校にすること」（『教育時報』一九四八年三月号、二頁）とし、旧制中等学校の枠組みを引き継ぐこととした。東京都教育庁が毎年発行している『東京都教育概要』でも、「東京都としては、その特殊な実情により、他府県に見るような意味での統廃合は行わない」（『東京都教育概要』一九四九年度、九頁）としている。このように、旧制中等学校の統廃合を進める府県もあるなか、東京都は旧制中等学校の統廃合をほとんど行わず、旧制中等学校の枠組みを新制高校に引き継ぐことにしたのである。

旧制中等学校の統廃合をほとんど行わなかった理由は、東京都の学校関係者の意向があったためだと思われる。先にみたように、東京都新制高等学校準備委員会の委員は二七名中一四名が学校関係者であったため、この答申にはその意向を反映させることができたと推測できる。『戦後東京都教育史上巻　教育行政編』は、一九四七年九月一六日、この委員の一人である東京都立第五商業学校校長の石田壮吉が、東京都中等学校教員組合の代表として、「現中等学校の新制高等学校への編成替えを行なうこと」として東京都教育庁に具申書を提出したこと、また同年一〇月一五日、この委員の一人である大館龍祥が、東京都公立高等女学校長会の代表として、「女学校の昇格を認めること」として東京都教育庁に要望したことを明らかにしている（東京都立教育研究所 一九六四、五三―

五四頁)。このような意向が旧制中等学校関係者のなかに存在したため、旧制中等学校の統廃合を行わなかったと思われる。東京都教育庁の『東京都教育概要』はその理由として、東京都の「特殊な実情」(『東京都教育概要』一九四九年度、九頁)を挙げている。これがどのようなものなのかは明確にされていないため不明であるが、東京都においてこのような旧制中等学校関係者の意向があったことがその一つであると捉えることができる。

そしてこのような判断ができたのは、先にみた文部省の「新制高等学校実施の手引」を根拠としていたためである。この手引では、「旧制中等学校は「高等学校設置基準」に適合し、かつ、教育行政当局がその地方の新制中学校の実情に照らし、適当と認めた場合には、新制高等学校となることができる」(「新制高等学校実施の手引」、二頁)とされ、地方ごとに旧制中等学校を新制高校とするかどうかを決めることができると定められていたのである。

第二の方向として、「新制高等学校は、男女共学を可とするが、現状としては学校の種別、課程、地域、施設等を勘案し、その自主性を重んじて実施すること」(『教育時報』一九四八年三月号、四頁)とし、男女共学を行うかどうかを旧制中等学校の枠組みを引き継いだそれぞれの新制高等学校に任せることにした。これに基づき、「東京都新制高等学校実施要項(昭和二十三年度)」においても、「男女共学については、地元の要望、その学校の意見等に基いて定める」としている(『教育時報』一九四八年三月号、七頁)。このように、東京都は新制高校の男女共学制導入をそれぞれの高校に一任することとしたのである。

男女共学制を導入するかどうかをそれぞれの旧制中等学校に任せた理由は、一つにはこれについても東京都の学校関係者の意向があったためだと思われる。『戦後東京都教育史上巻　教育行政編』は、先にみたように一九四七年一〇月一五日、大館龍祥が東京都公立高等女学校長会の代表として東京都教育庁に要望を示したことを指摘し、この要望のなかに「男女共学は任意とすること」があったとしている(東京都立教育研究所　一九六四、五四頁)。

そしてこのようなことを定めることができたのも、文部省の「新制高等学校実施の手引」を根拠としたためだと思われる。この手引には、「もしその地方の人々が希望するならば、これまで通り男女を別々の学校に収容して教育することは差し支えない」（「新制高等学校実施の手引」、七頁）とされ、地方ごとに男女共学制を導入するかどうかを決めることができるとされていたのである。

もう一つには、新制高校が発足するまでは、男女共学制導入について他府県のように軍政部に圧力をかけられることがなかったためだと思われる。東京都軍政部の動向を把握するための史料が乏しいため正確なことはわからないものの、『教育じほう』は東京都軍政部には東京都の教育関係者と意思疎通をはかるための雑誌として捉えられていたため、[4] これをみると新制高校発足前に東京都軍政部が男女共学について意見を表明することはなかったことがわかる。この雑誌に最初に男女共学にかかわる意見が載せられたのは一九四九年二月号で、P・T・デュッペルが「私は男女共学の堅い信奉者である」（P・T・デュッペル「東京都私立中学校及び高等学校管理者に告ぐ」『教育じほう』一九四九年二月号、七頁）としている。

こうして、一九四八年四月一日、東京都の新制高校は旧制中等学校の枠組みを引き継ぐ形で発足した。同年五月一日現在、東京都の新制高校は官立二校、公立一〇八校、私立二五八校、合計三六八校で、生徒数は官立校六七七名、公立校七万九四五〇名、私立校七万七四一一名、合計一五万七五三八名であった（『教育時報』一九四八年八月号、見返し）。そして東京都の新制高校は、校名も校舎も教職員も生徒もそのまま旧制中等学校のものを使用することになった。たとえば、東京都立第一中学校は東京都立第一新制高校に、東京都立第一高等女学校は東京都立第一女子新制高校になった。

また、男女共学制を導入するかどうかをそれぞれの旧制中等学校に任せたところ、公立新制高校はすべて男女別学となった。**表6－1**は一九四八年度から一九五〇年度までの東京都公立高校全日制普通科の第一次募集定員をあらわしたものである。この一九四八年度の第一次募集定員をみると、旧制中学校を前身とする高校（以下、旧制中学系）は男子のみ、旧制高等女学校など、女子の旧制中等学校を前身とする高校（以下、旧制高女系）は女子

表6-1　東京都公立新制高校全日制普通科の第一次募集定員（1948年度～1950年度）

学区（1949年4月1日）	所在地（1948年5月1日→1950年4月1日）	前身（都制実施〔1943年7月1日～〕前）	1948年5月1日	1950年4月1日	第一次募集定員（1948年度）			第一次募集定員（1949年度）			第一次募集定員（1950年度）	
					男	女	男女	男	女	男女	男	女
第一学区	千代田区	府立第一中学校	都立第一新制高校	都立日比谷高校	30			40	10		300	100
第一学区	千代田区	第一東京市立中学校	都立九段新制高校	都立九段高校	30			30	30		250	100
第一学区	千代田区	東京市立神田実科女学校	都立今川新制高校	都立一橋高校（1950年統合）		50		30	50		50	100
第一学区	千代田区	府立蒲田工業学校	都立神田新制高校		40			20	10			
第一学区	港区	府立第二十二中学校	都立城南新制高校	都立城南高校	30			50	10		150	150
第一学区	港区	府立第六高等女学校	都立第六女子新制高校	都立三田高校		60		20	30		100	250
第一学区	港区	東京市立赤坂商業学校	都立赤坂女子新制高校	都立赤坂高校		50		10	100		30	70
第一学区	品川区	府立第八中学校	都立第八新制高校	都立小山台高校	25			35	25		300	100
第一学区	品川区	府立第八高等女学校	都立第八女子新制高校	都立八潮高校		50		25	25		100	300
第一学区	品川区	東京市立品川高等実践女学校	都立大崎新制高校	都立大崎高校		80		10	40		50	150
第一学区	大田区	府立二十三中学校	都立大森新制高校	都立大森高校	39			70	10		200	100
第一学区	大田区	東京市立大森高等家政女学校	都立雪谷新制高校	都立雪谷高校		60		50	50		150	200
第二学区	新宿区	府立第四中学校	都立第四新制高校	都立戸山高校	30			40	10		300	100
第二学区	新宿区	府立第六中学校	都立第六新制高校	都立新宿高校	5			40	10		300	100
第二学区	新宿区	府立第二十高等女学校	都立赤城台新制高校	都立赤城台高校		8		25	35		50	200
第二学区	新宿区	東京市牛込第一女子商業学校	都立市谷女子新制高校	都立市谷高校		80		40	10		25	25
第二学区	港→渋谷区	府立第十五中学校	都立青山新制高校	都立青山高校	7			60	10		200	100
第二学区	渋谷区			都立広尾高校（1950年新設）	–	–	–	–	–	–	150	100
第二学区	目黒区	府立高校	都立新制高校	都立大学附属高校	不明	不明	不明		21		100	50
第二学区	目黒区	府立第三高等女学校	都立第三女子新制高校	都立駒場高校		10		45	45		100	200
第二学区	目黒区	東京市立目黒高等女学校	都立目黒女子新制高校	都立目黒高校		50		25	25		150	200
第二学区	世田谷区	府立千歳中学校	都立千歳新制高校	都立千歳高校	30			60	25		250	50
第二学区	世田谷区	府立桜町高等女学校	都立桜町新制高校	都立桜町高校		40		40	40		150	250
第二学区	港→世田谷区	府立第十九高等女学校	都立千歳女子新制高校	都立千歳丘高校		10		25	25		125	125
第二学区	世田谷区	東京市立青年学校	都立明正新制高校	都立明正高校	不明	不明	不明	100	100		100	50
第三学区	中野区	府立第二十一中学校	都立武蔵丘新制高校	都立武蔵丘高校	30			30	15		200	100

第三学区	新宿→中野区	府立第五高等女学校	都立第五女子新制高校	都立富士高校		5		15	35		100	150
第三学区	中野区	府立高等家政女学校	都立鷺宮新制高校	都立鷺宮高校		40		65	105		100	250
第三学区	杉並区	府立第十中学校	都立第十新制高校	都立西高校	20			25	25		300	100
第三学区	杉並区	府立豊多摩中学校	都立第十三新制高校	都立豊多摩高校	40			30	20		200	100
第三学区	杉並区	東京市杉並高等家政女学校	都立荻窪新制高校	都立荻窪高校		40		20	20		100	150
第三学区	練馬区	府立石神井中学校	都立石神井新制高校	都立石神井高校	35			50	20		250	100
第三学区	練馬区	府立大泉中学校	都立大泉新制高校	都立大泉高校	20			50	50		250	100
第三学区	練馬区	府立井草高等女学校	都立井草新制高校	都立井草高校		50		20	30		100	150
第四学区	文京区	府立第五中学校	都立第五新制高校	都立小石川高校	40			30	20		300	100
第四学区	文京区	第三東京市立中学校	都立文京新制高校	都立文京高校	55			30	20		185	65
第四学区	文京区	府立第二高等女学校	都立第二女子新制高校	都立竹早高校		40		20	20		50	150
第四学区	文京区	東京市本郷区第一女子実業補修学校・東京市豊島区実科女学校	都立向丘本郷新制高校（1948年統合）	都立向丘高校		90		25	75		50	150
第四学区	豊島区	府立第十高等女学校	都立第十女子新制高校	都立豊島高校		10		50	50		100	300
第四学区	板橋区	府立第九中学校	都立第九新制高校	都立北園高校	15			20	50		300	100
第四学区	板橋区	東京市立高等家政女学校	都立板橋新制高校	都立板橋高校		80		60	40		75	75
第四学区	板橋区	府立北野高等女学校	都立北野新制高校	都立北野高校		50		25	100		150	250
第四学区	北区	府立城北高等女学校	都立城北女子新制高校	都立城北高校		30		35	40		100	150
第五学区	中央区	府立葛飾中学校	都立日本橋新制高校	都立日本橋高校	35				50		100	100
第五学区	中央区	東京市立日本橋高等家政女学校	都立紅葉川新制高校	都立紅葉川高校		65		70	70		100	100
第五学区	中央区	東京市立京橋高等家政女学校	都立京橋女子新制高校	都立京橋高校		50		100	32		50	100
第五学区	台東区	第二東京市立中学校	都立上野新制高校	都立上野高校	27			25	25		250	50
第五学区	台東区	府立第一高等女学校	都立第一女子新制高校	都立白鷗高校		70		100	30		150	250
第五学区	台東区	東京市立忍岡高等女学校	都立忍岡新制高校	都立忍岡高校	不明	不明	不明	50	25		100	150
第五学区	台東区	第四東京市立高等女学校	都立竹台新制高校	都立竹台高校		32		25	25		100	200
第五学区	台東区	東京市立浅草実科高等女学校・東京市立浅草高等実践女学校	都立台東新制高校（1948年統合）	都立台東高校		50		100	100		50	50
第五学区	台東区	東京市立上野忍岡女子商業学校	都立上野忍岡女子新制高校	都立上野忍岡高校		80		60	30		75	75
第五学区	足立区	府立江北中学校	都立第十一新制高校	都立江北高校	40			80	20		300	100
第五学区	足立区	東京市立足立高等家政女学校	都立足立女子新制高校	都立足立高校		30		50	50		50	50

第六学区	墨田区	府立第三中学校	都立第三新制高校	都立両国高校	35			50	20		300	100
第六学区	墨田区	府立第七中学校	都立第七新制高校	都立墨田川高校	20			65	25		230	70
第六学区	墨田区	東京市本所高等実践女学校	都立本所新制高校	都立本所高校		50		30	70		100	150
第六学区	墨田区	東京市立向島女子商業学校	都立向島女子商業新制高校	都立向島高校		80		30	70		25	25
第六学区	江東区	第一東京市立高等女学校	都立深川女子新制高校	都立深川高校		70		25	70		80	170
第六学区	葛飾区	府立葛飾中学校	都立葛飾新制高校	都立葛飾野高校	20			60	60		100	100
第六学区	葛飾区	府立葛飾高等女学校	都立葛飾女子新制高校	都立南葛飾高校		50		20	75		100	100
第六学区	江戸川区	府立江戸川中学校	都立江戸川新制高校	都立江戸川高校	40			100	20		200	50
第六学区	江戸川区	府立第七高等女学校	都立第七女子新制高校	都立小松川高校		30		50	50		125	325
第七～九学区	西多摩郡	府立第九高等女学校	都立多摩新制高校	都立多摩高校		30		不明	不明	不明	100	150
第七～九学区	西多摩郡		都立五日市新制高校（1948年新設）	都立五日市高校	不明	不明	不明	不明	不明	不明	50	50
第七～九学区	南多摩郡	財団法人町田高等女学校	都立町田新制高校	都立町田高校			35	不明	不明	不明	75	75
第七～九学区	北多摩郡	府立国立中学校	都立国立新制高校	都立国立高校	50			不明	不明	不明	200	100
第七～九学区	北多摩郡	府立神代高等女学校	都立神代新制高校	都立神代高校		50		不明	不明	不明	75	125
第七～九学区	北多摩郡	府立機械工業学校	都立小金井新制高校	都立小金井高校			若干	不明	不明	不明	50	50
第七～九学区	八王子市	府立第四高等女学校	都立第四女子新制高校	都立南多摩高校		58		不明	不明	不明	150	200
第七～九学区	八王子市	八王子市立高等女学校	八王子市立新制女子高校	八王子市立富士森高校	不明	不明	不明	不明	不明	不明	50	150
第七～九学区	立川市	府立第二中学校	都立第二新制高校	都立立川高校	40			不明	不明	不明	300	100
第七～九学区	武蔵野市	府立武蔵高等女学校	都立武蔵女子新制高校	都立武蔵高校		20		不明	不明	不明	100	200
第七～九学区	三鷹町	三鷹町立三鷹新制高校（1949年新設）		三鷹町立三鷹高校	–	–	–	不明	不明	不明	25	25
第十学区	大島	東京都大島六ヶ村学校組合立東京都大島農林学校（1944年新設）	都立大島新制高校	都立大島高校			若干	不明	不明	不明	25	25

出典：『教育時報』1948年8月号、『東京都教育概要』1948年度、『朝日新聞』1948年4月7日、1949年3月13日、1950年2月12日、『読売新聞』1948年4月7日、1949年3月13日、1950年2月12日夕刊、1950年2月25日夕刊より作成。

のみを募集していて、男女別学の募集定員になっていることがわかる。

二　一九四九年度の男女共学制

しかし新制高校発足後、東京都軍政部はそれが男女別学であることを問題視し、東京都教育庁に圧力をかけてきた。『戦後東京都教育史上巻　教育行政編』によると、一九四八年八月二一日、当時の東京都教育庁の教育長であった宇佐美毅が、東京都軍政部の「日本人は、男女共学を教育の基本形態とみているか、それとも大多数の人は、男女各別学級を望んでいるのか」という質問状に対して、[5]「原則的には認めるが、時機尚早で父兄の反対も多い。中・高等学校では、その方法・施設の改善がなされるまでは反対である。とくに女子の父兄に不安が多い。新制高校で実施する場合には、小学校・中学校で男女共学の経験を受けた生徒から実施すべきで、それまでは時機尚早である」と回答したとしている（東京都立教育研究所　一九六四、五九–六〇頁）。このように回答したため、東京都教育庁は、最初に男女共学の新制中学校を経験した生徒が入学する一九五〇年度において、男女共学制を導入せざるを得なくなったのであった。

さらに、学区制の導入も検討することになった。というのも、一九四八年七月一五日、教育委員会法が公布され、第五四条で「都道府県委員会は、高等学校の教育の普及及びその機会均等を図るため、その所轄の地域を数箇の通学区域に分ける」と定められたためである。したがって一九四八年一一月一日に発足した東京都教員委員会は、一九四九年度に男女共学制と学区制を同時に行うことを模索しはじめる。『戦後東京都教育史上巻　教育行政編』は、一九四九年三月三日、東京都教育委員会の会議で「東京都公立学校通学区域に関する規則」がとりあげられ、東京都教育庁の教育次長である川崎周一が、学区制と男女共学制について次のように発言したことを指摘している。

この四月に入学するものは現に併設中学校（附設中学校――引用者）第三学年に在学する生徒が大部分進学するから大がかりな共学は行われないものと思う。昭和二十四年度一ぱいに共学態勢を整えて二十五年度において遺漏のないように致したい。（中略）現在は高等学校が偏在していて、男子校女子校とはっきり区別されている関係上、共学を実施しなければ、ある区域には男子のみ偏重し、又は女子のみの通学区域ができるおそれがあって、通学区域はなりたたない（東京都立教育研究所 一九六四、九三–九四頁）。

このように、一九四九年度には附設中学校出身者以外の入学者に、一九五〇年度には全入学者に、新制高校は男女共学を実施するべきであるとしていた。ここで指摘しているように、一九四九年度の新制高校の入学者は、附設中学校の卒業者が多数を占めることが予想できる。たとえば東京都立第一新制高校の場合、一九四八年四月一日に附設中学校を設置し、旧制東京都立第一中学校の第三学年の生徒を在籍させ、一九四九年四月一日にはそれらの生徒をこの高校に入学させることを予定していたのである（日比谷高校百年史編集委員会 一九七九）。そうなると、一九四九年度の男女共学は、附設中学校卒業者以外の入学者にしか実施できない。しかし一九五〇年度の男女共学は、全入学者に実施できると見込んでいたのであった。さらに、学区制を導入するためには男女共学制を実施する必要があると訴えていた。たしかに、一学区に複数校を配置する中学区制であれば、男女共学制を実施することなしに導入できるが、一学区に一校を配置する小学区制であれば、男女共学制を実施しなければ導入できないといえる。

しかし一九四九年度、小学区制ではなく、一学区に複数校を配置する中学区制が導入された[6]。一九四九年三月五日、「東京都公立学校通学区域に関する規則」が公布され、東京都は一〇学区に分けられることになった。ただし当分の間、第七～九学区は一学区とみなすこととした。また学区制をとるのは全日制普通科の七四校のみで、定時制および職業科は学区制をとらないこととした。**表6–1**で、一九四九、一九五〇年度の学区を把握することができる。たとえば第一学区は一九四九年度には一二校、一九五〇年度には一一校であるように、東京都では島嶼（とうしょ）部を除くと一学区九〜一二校の高校を擁することになったことがわかる。さらに、それぞれの学区内に旧制中学系、旧制高女系の高校が揃っていることもうかがえる。

中学区制を導入した理由は、**表6-1**からも、また第七〜九学区を一学区にしたことからもわかるように、東京都公立高校が都心の第一〜六学区に偏って存在していたためである。小学区制を導入するためには、第一〜六学区においては新制高校を統廃合し、第七〜九学区においては新制高校を新たに設置しなければならない。しかし先にみたように、東京都の学校関係者は旧制中等学校の枠組みを維持しようする意向を持っていたため、それはできない。そのため、中学区制を導入せざるを得なくなったのである。

さらに一九四九年度、男女共学制が導入された。東京都教育庁の『東京都教育概要』では、「昭和二十四年度入学者より原則として男女共学とし、これが具体的受入は各校に一任して実施した。（中略）なお昭和二十五年度からは全面的に男女共学を実施する予定である」（『東京都教育概要』一九四九年度、一六二頁）としている。『読売新聞』では、一九四九年度の高校入学者の選抜が、一九四九年三月六日に実施された「学力検査の得点」と「出身学校長からの報告書に基いて入学者を決定する。（中略）公正を期するため学校長を委員長とする委員会によって入学者を決定する」（「今年は広き門　募集要領決る」『読売新聞』一九四九年三月一〇日）とされたと報道している。このように、一九四九年度、男女共学制は導入されたが、男女をそれぞれどのくらい募集するかも、どのくらい受け入れるかも、校長を委員長とする委員会に一任されることになったのである。

ただ、先にみたように、この一九四九年度は、多数の高校が附設中学校の第三学年をそのまま入学させる措置をとった。**表6-1**をみると、一九四九年度の東京都公立高校全日制普通科の第一次募集定員は、一九五〇年度のそれと比べて少数にとどまっていることに気づかされる。たとえば第五学区・台東区の第一女子新制高校の募集定員は、一九四九年度では男子一〇〇名、女子三〇名、合計一三〇名、一九五〇年度では男子一五〇名、女子二五〇名、合計四〇〇名となっている。実は第一女子新制高校は、一九四九年度には男女各一〇〇名、合計二〇〇名の募集定員を設定しようとしていた（東京都立白鷗高等学校 一九八九）。しかし附設中学校の第三学年の女子七〇名をそのまま入学させる措置をとったため、その七〇名を差し引き、男子一〇〇名、女子三〇名、合計一三〇名の募集定員を設定したのであった。したがって、**表6－1**の一九四九年度の募集定員は、附設中学校の第三学年を除いた数なのである。このように、一九四九年度は大多数の高校が附設中学校の第三学年を入学させる措置をとったため、それぞれの高校が一任された募集定員は数としてはごく少数にとどまったといえる。

とはいえ、それぞれの高校に男女の募集定員および入学定員を一任する形で男女共学制が導入されたため、男女共学になった高校とならなかった高校があらわれることになった。**表6－1**をみると、一九四九年度の東京都公立高校全日制普通科の第一次募集定員は、男女を募集しているか、男子しか存在しない高校で女子のみを募集しているかのどちらかになっていることがわかる。したがって、この募集定員のとおりに男女が入学すれば、東京都公立高校全日制普通科はもれなく男女共学となったはずである。にもかかわらず、男女共学になったのは、東京都公立高校全日制では五二校のみにとどまった。東京都教育庁の『東京都教育概要』一九四九年度では、東京都公立高校全日制一〇一校のうち男女共学になったのは五二校、この五二校のうち旧制中学系は一五校、旧制高女系は二五校、旧制実業学校を前身とする高校（以下、旧制実業系）は一二校としている（『東京都教育概要』一九四九年度、一六三－一六四頁）。ということは、男女共学にならなかった四九校は、募集定員のとおりに男女が入学しなかったということになる。

たとえば第一学区・千代田区の第一新制高校は、一九四九年度には男女共学にならなかった高校である。しかし**表6－1**をみると、一九四九年度のこの高校の募集定員は男子四〇名、女子一〇名となっていて、この募集定員のとおりに男女がこの高校に入学したなら、男女共学になったはずなのである。にもかかわらず、女子は一九四九年度には入学せず、一九五〇年度にはじめて入学することになった（日比谷高校百年史編集委員会 一九七九）。

このことは、募集定員と実際の入学定員が乖離していたということを意味している。女子の入学者が〇名だったのは、女子の応募者が〇名だったか、あるいは女子の応募者は存在したにもかかわらず、女子の入学定員を〇名にしたかのどちらかだと思われる。女子の入学定員を〇名にした理由は不明であるものの、小野寺（二〇一四）では旧制中学系の高校が男女間の学力差、施設・設備の不足、伝統・進学実績の維持という問題を抱え、男女共学制導入後も女子の数を少なくしたことが明らかにされているため、このときもそのような理由が存在したと推測できる。

さらに、男女共学になった高校でも、入学者の男女比がいちじるしく偏っていた。東京都教育庁の『東京都教育概要』一九四九年度は、男女共学を実施した高校でも、旧制中学系では男子四七六〇名、女子一五九名、旧制高女系では男子六七〇名、女子七三四六名、旧制実業系では男子一五三〇名、女子九二一名であったとしている（『東京都教育概要』一九四九年度、一六三―一六四頁）。また、『朝日新聞』は「今春から始まつた新制高校男女共学の生徒募集に当つて、当局（東京都教育庁――引用者）では学区制だから各校に男女生徒がまんべんなく入学してくれるものとばかり思いこんでいたところ、この期待は全くはずれ、出来上つたのは男女の比率が全くかたよつた学校ばかり、十一日朝入学式を行つた千代田区今川高校は新人の女学生二百余名のところへ男の生徒はたつた六名、二次募集で入るのを加えても男はやつと二十名で、全生徒の比率では女五百名対男二十名になる」（「男女数の不均衡で面食う」『朝日新聞』一九四九年四月一二日）と報道している。たとえば第一女子新制高校は、一九四九年度には男女共学になった高校である。この高校は先にみたように、男女各一〇〇名になるように募集定員を設定したが、女子一〇〇名、男子八八名が入学することになった（東京都立白鷗高等学校 一九八九）。このような男女比の偏りが生まれたのも、男子の応募者が少なかったためか、男子の応募者が多かったにもかかわらず、男子の入学定員を少なくしたためかのどちらかの理由、またはその両方の理由があったためだと思われる。

とはいえ、東京都公立高校にはじめて男女共学制が導入されたため、東京都議会ではこれを疑問視する声も出ている。たとえば、一九四九年七月二九日の第四回定例会では、都政民主自由倶楽部（後の都議会自由党、都議会自由民主党）所属の議員である小山省二が次のように疑問を呈している。

私どもは年齢的にみて、あるいは今日の敗戦下の混沌たる思想状況下において、男女の共学がはたしていき過ぎであるかどうか（中略）十分検討いたさなければならぬと思うのであります（『昭和二十四年東京都議会議事速記録』、一三六一頁）。

このように、戦後の「混沌たる思想状況下」において、なおかつ思春期の男女において、男女共学制を導入することを疑問視しているのである。

これに対して、東京都教育庁の教育長である宇佐美毅は次のように答えている。

この社会生活は男性、女性で構成せられております以上、学校におきましてもその面を自然に取入れるということは自然ではないかと考えております。（中略）現在といたしましては学校からこの問題について特別な変つた報告がございません。自然に今のところは大体参つておると考えております（『昭和二十四年東京都議会議事速記録』、一三六五頁）。

このように、社会が男女で構成されているため、男女共学制は「自然」だとする。そして男女共学制は「自然」に行われ、大きな弊害は報告されていないとするのである。

東京都教育委員会の『東京都の教育』一九五一年度も、一九四九年度から一九五一年度までを振り返って、男女共学制導入による甚だしい弊害は報告されていないとしている。

高等学校では男女数が平等でない学校の方が多い。（中略）女子の場合は、男女共学をさけて、女子だけ入学させている私立中学校へ入れようとする親たちが、現在でもあるが、（中略）男子の場合は、男子だけの中学校へ通わせようとする親はあまりないようである。高校でも同じ傾向が認められるが、反面、優秀な女生徒には周囲の反対をおさえてまで、旧男子系の所謂優秀校へ入りたがるものもある。（中略）男女共学そのものについての甚しい弊害は報告されていない（『東京都の教育』一九五一年度、一一八頁）。

男女共学による大きな弊害が報告されなかった理由は、一つにはここでも指摘しているように、また小野寺（二〇一三）も明らかにしているように、東京都には男女別学の私立高校が多数存在し、しかも私立高校はどの学区に居住していても入学できるため、男女別学を希望する者はそこに入学したことが挙げられる。東京都内に私立高校は一九四八年度では私立高校二五六校中男女共学校四一校（そのうち男子／女子クラスの高校六校）、男子校九七校、女子校一一八校、一九五〇年度では私立高校二五三校中男女共学校五八校（そのうち男子／女子クラスの高校四校）、男子校八四校、女子校一一一校（『学校基本調査報告』一九四九年度：三七頁、一九五〇年度：三五頁）で、男女別学の高校が多数を占める。

二つにはここでも指摘しているように、男女共学制が導入されたといっても、旧制中学系の高校には男子が、旧制高女系の高校には女子が多数を占めることになった。そのため、男子校および女子校としての伝統を大きく破壊することにはならなかったということが指摘できる。

三つにはここでも旧制中学系の高校に入学したがる女子が存在すると指摘しているように、女子に支持されたことが挙げられる。この『東京都の教育』一九五一年度では、中央厚生保健委員会が一九五一年に実施した、東京都立高校生徒の男女共学に関する意識調査を掲載している。この調査では、たとえば一年生は女子が「賛成」四五・七％、「条件つき賛成」一七・〇％、男子が「賛成」二二・二％、「条件つき賛成」九・五％であるように、女子は男子に比べて男女共学を支持する者の割合が高いとしている（『東京都の教育』一九五一年度、一一九頁）。

このように、東京都議会には男女共学制を批判する議員が存在したものの、あくまでも東京都教育庁は男女共学制を支持している。しかし東京都教育庁が男女共学制を実施する理由は、男女共学制が「自然」であるためという、非常に曖昧なものだったこともみえてくる。これは、男女共学制の実施があくまでも東京都軍政部の圧力で行われたため、東京都教育庁が男女共学制を実施する利益を見出せていないことをあらわしていると思われる。

三　一九五〇年度の男女共学制

一九五〇年度は、一九四九年度に引き続き、男女共学制と学区制が実施されることになった。一九四九年一二月一七日、東京都教育委員会は第一二回定例会を開き、「昭和二十五年度東京都内公立新制高等学校入学志望者募集および選抜実施要綱」について、「別に異議がないので、（中略）出席全委員の賛成を得て可決した」（『教育じほう』一九五〇年三月号、五八頁）。そして一九四九年一二月二四日、これを発した。この実施要綱では、東京都公立高校は男女共学制と学区制を実施することとされていた(7)。

しかし、この実施要綱をみると、一九五〇年度は東京都公立高校の募集定員、入学定員の決め方に大きな変更が加えられていることがわかる。募集定員については、一九四九年度はそれぞれの高校に男女の募集定員をどのようにするかがすべて任されていたが、一九五〇年度は全日制普通科では男女別の募集定員を設定することが定められ、それぞれの高校にその男女比をどのようにするかが任されている。全日制職業科、定時制では、男女別の募集定員を設定するかどうかもそれぞれの高校に任せることとしている。男女別定員を設定するときには、さらに男女比をどのようにするかをそれぞれの高校に任せることになっている。したがって全日制普通科では、それぞれの高校が男女別の募集定員の男女比を一任されることになったのである。

ただし、この実施要綱によると、この募集定員を最終的に決定するのは東京都教育庁の教育長であるとされている。最初に、それぞれの高校の校長が、全日制普通科では男女別の募集定員の男女比を決定する。次に、それぞれの高校の校長が、その決定を東京都教育庁の教育長に申告する。そのとき、それぞれの高校の校長は、学区内の他の高校・中学校の校長と協議して男女比を決定することが望ましいとされている。全日制職業科、定時制でも、男女別の募集定員を設定するかどうか、設定するときには男女比をどうするかを東京都教育庁の教育長に申告することとなっている。最後に、教育長がそれらの申告を調整し、最終決定をすることとされている[8]。

また入学定員については、一九四九年度はそれぞれの高校に男女の入学定員をどのようにするかがすべて任されていたが、一九五〇年度はすべての高校が募集定員に基づいて男女を受け入れなければならないとされた。この実施要綱によると、男女別定員を設けた全日制普通科、職業科、定時制は応募者数が募集定員に満たなかった場合、無選抜入学許可を原則とし、第二次募集を行うこと、男子あるいは女子の応募者数が募集定員を超過した場合、男子のみあるいは女子のみで選抜を行うことと定められている。一方、男女別定員を設けなかった職業科、定時制は応募者数が募集定員に満たなかった場合、無選抜入学許可を原則とし、第二次募集を行うこと、募集定員を超過した場合、男女混合で選抜を行うこととされている[9]。

こうして、一九五〇年四月一日、東京都公立高校はすべて男女共学となった。しかし多数の高校では、男女の数にいちじるしい差をつけて男女別定員を設けたため、男女の入学者数に偏りが生まれることになった。**表6－1**の東京都公立高校全日制普通科の一九五〇年度の第一次募集定員をみると、たとえば東京府立第一中学校を前身とする第一学区・千代田区の日比谷高校は男子三〇〇名、女子一〇〇名、東京府立第一高等女学校を前身とする第五学区・台東区の白鷗高校は男子一五〇名、女子二五〇名としているように、全体として旧制中学系の高校は男子の定員を、旧制高女系を前身とする高校は女子の定員を多めに設定し、募集している傾向がみてとれる。また、**表6－1**をみると、たとえば一九四八年新設の第七～九学区・西多摩郡の五日市高校、一九四九年新設の第七～九学区・三鷹町の三鷹高校は男女同数、東京市立上野忍岡女子商業学校を前身とする第五学区・台東区の上野忍岡高校、東京府立機械工業学校を前身とする第七～九学区・北多摩郡の小金井高校も男女同数としているように、新設高校および旧制実業系の高校は男女同数としている傾向がうかがえる。

東京都は、一九四八年度は男女共学も可としつつ、男女共学にするかどうかをそれぞれの旧制中等学校に任せた。その結果、新制高校は男女別学で発足した。しかし、東京都軍政部の圧力を受け、一九四九年度は男女共学を原則としつつ、それぞれの高校に男女の募集定員・入学定員を任せた。その結果、全日制では五二校しか男女共学にならなかった。一九五〇年度は全日制普通科には男女別の募集定員を設けさせ、その男女比をそれぞれの高校に一任した。また、募集定員に基づき男女の入学定員を定めさせた。その結果、全公立高校が男女共学になったが、男女比にいちじるしい偏りが生まれることになった。東京都教育庁は男女共学制導入に関しては、それぞれの旧制中等学校・高校の意向を尊重するという態度をとっていることがわかる。しかし東京都軍政部は、男女共学を実施させるために東京都教育庁に圧力をかけてくる。そのため、東京都軍政部の意向を受け入れ、かつ、それぞれの旧制中等学校・高校の意向を尊重しようとし、男女共学を実施しつつ、男女別定員の男女比をそれぞれの高校に任せる形が生み出されたのだと思われる。

一九五〇年度、男女別定員による男女共学制が導入された後、東京都議会でも新聞でもそれに対する批判が行われている。その批判は、男女の合格点に差がある点、とくに旧制中学系の高校において男子の合格点が女子のそれを上回っている点を問題視するものであった。たとえば東京都議会では、一九五一年三月六日の第二回定例会において、革新倶楽部所属の議員である橋本健太郎が一九五一年二月五、六日に行われたアチーブメントテスト（学力検査）を批判している。

かつての有名学校と申しますは男を主とした学校におきましては、依然として男にいい成績を求めております。女を中心とした学校におきましては、今もなお女学校のような扱いと申しますか、期待をもつて進めているのでありますが、これは固より男女共学の精神に悖つていることであり、学校差を除かないことにはこれらはとうてい避け得られない（『昭和二十六年東京都議会会議録』、一〇四頁）。

また新聞は、旧制中学系の高校関係者が、男女別定員による男女共学制を批判していることを報道している。たとえば『読売新聞』の一九五二年三月二五日の記事では、男女別定員による男女共学制について、東京市立忍岡高等女学校を前身とする忍岡高校の校長である小松直行は「本校の入学者をみても一昨年は十五点、昨年は十点、今年は二点とアチーブ成績での女生徒の優位は次第に減少してきており、（中略）卒業する時はかえって男の方が成績はよくなる」として支持しているが、東京都立第五中学校を前身とする小石川高校の校長である澤登哲一は「今年の本校入学者を男女別にみると女子は二百三十四点で入学しているが、男子は三百七点以上でなければ入学できなかった（中略）。東京都が現在やっているように高校ごとに男女採用人員のワクをきめているのはやめた方がよいと思う」として批判していると伝えている（「男女共学の是非」『読売新聞』一九五二年三月二五日）。このように旧制高女系の高校の校長は支持、旧制中学系の高校の校長は不支持であるため、高等学校長協会男子部会は東京都教育庁に対し、男女別定員を廃止するように申し入れをしていると報道している。

また『朝日新聞』の一九五三年一〇月一七日の教育関係者による座談会の記事でも、記者の伊藤昇が入学者の選抜について、校長の「自由意思」に委ねるとしたらどのようになると思うかと尋ね、日比谷高校の校長である菊地龍道が「（旧制中学系の高校は――引用者）いまの東京大学の男女共学のような状況になるでしょうね」と答えている（「来年の中学、高校選抜をめぐる座談会（4）」『朝日新聞』一九五三年一〇月一七日）。校長に募集定員・入学定員が一任されると、旧制中学系の高校は男女別定員を廃止し、男女が入学をめぐって自由に競争することになるため、東京大学のように女子が少なくなるとしているのである。

たしかに、高校の選抜に用いられたアチーブメントテストの結果をみると、男女差が存在しているといえる。一九五四年度、東京都教育庁はアチーブメントテストの調査をしている。それによると、一九五四年度、東京都公立高校全日制普通科志願者のアチーブメントテストは、総合得点八〇〇点、平均点は男子が五四九・六点、女子が五〇三点、そのうち日比谷高校のある第一学区の平均点は男子が五八七点、女子が五二三・七点である（東京都教育庁総務部調査課　一九五四、二二頁）。したがって、平均点は男子のほうが四六・六点高くなっている。第一学区の平均点にいたっては男子のほうが六三・三点高くなっているのである。

しかし、東京都教育庁は男女別定員による男女共学制を支持している。先にみた『朝日新聞』の一九五三年一〇月一七日の記事では、東京都教育庁の教育長である加藤清一が「男女共学の完全な形態にはいろいろ意見があるかもしれないが、私どもの教育委員会としては、男女同数を建前に考えている」（「来年の中学、高校選抜をめぐる座談会（4）」『朝日新聞』一九五三年一〇月一七日）とし、男女同数の男女共学制をめざすとしている。それに対し、東京教育大学附属中学校の校長である安藤義雄は「男子に比して女子が少ない方がいい」と反論しているが、加藤は「いまのところは今いったようなことを一応の目標にしてやっている」と繰り返している（同）。これをみると、東京都教育庁が男女同数の男女共学制を理想としていることはわかるものの、なぜ男女同数をめざすのか、そもそもなぜ男女共学制を維持するのかについてはわからないままだといえる。

四　男女別定員の導入の背景

なぜ男女別定員を導入しなければならなかったのだろうか。東京都教育庁は、男女別定員を設けなければ男女共学にならないとしている。東京都教育庁の『東京都教育概要』は、「東京都では、二十四年度から新制高等学校の男女共学を実施したのであるが、募集定員を男女合計できめたために、従来男子校であつたところは女子が極めて少く、反対に、従来女子校であつたところは男子が極めて少く、中には結局共学の実を挙げ得ない学校が出来たのにかんがみ、二十五年度に対する募集に当つては、昼間全日制普通科については、定員を男女別にして、共学の実の挙げられるようはかつた」（『東京都教育概要』一九四九年度、七頁）としている。このように、一九四九年度は男女共学にならなかったため、一九五〇年度は全日制普通科に男女別定員を設定させ、男女共学になるようにしたとしているのである。

なぜ男女別定員を設けなければ男女共学にならないのだろうか。その理由は、第一に学区内に複数の高校を配置する中学区制をとっていたため、第二に学区制が形骸化していたためである。第一について東京都は、島嶼部を除くと学区内に九〜一二校の高校が存在し、旧制中学系、旧制高女系の高校が複数揃っている。そのため、東京都の生徒は島嶼部を除くと、多数の高校のなかから入学先の高校を選ぶことができ、さらに公共交通機関が整備されているため、どの高校でも通うことができたのである。都内の移動がいかに容易であったかは、すぐ後にみるように学区外の越境入学者が後を絶たなかったことによって裏付けられる。

第二について東京都は、島嶼部を除くと越境通学が常態化していた。『東京都の教育』一九五一年度の「学校所在地別居住地別生徒数（1）全日制普通課程（一九五一年五月三〇日現在）」をみると、どの学区でも学区外に居住する生徒が一七・一〜二〇・六％の範囲で存在し、たとえば学区外に居住する生徒の割合がもっとも高い第三学区で総数八九七三名のうち学区内七一二三名、都内学区外一七三六名、都外一一四名（学区外の割合二〇・六％）、もっとも低い第四学区で総数八九三八名のうち学区内七四一三名、都内学区外一二二五名、都外三〇〇名（学区外の割合一七・一％）だということがわかる（『東京都の教育』一九五一年度、二六八頁、表）。このように東京都では越境通学が頻繁に行われ、学区制を形骸化させていたのである。

越境通学が頻繁に行われていた理由は一つに、日比谷高校を頂点とするヒエラルキーが存在したためである。たとえば新聞は「番町小学校」「麹町中学校」「日比谷高校」「東京大学」という「秀才コース」があること、そのためにそれらの小・中・高に越境通学する児童・生徒が存在することを報道している。[10]

二つに学区制のとおりに入学すると通学が困難になる者が存在したためである。たとえば東京都教育委員会の『東京都の教育』は、学区制の問題として、①東京都の公立高校が都心の第一〜六学区に集中していること、②東京都の公共交通機関が郊外と都心を結びつける形で整備されているため、郊外から都心への移動は容易であるが、郊外から郊外への移動は困難であることを指摘している。[11] このため、郊外の第七〜九学区に居住する者にとっては、都心の第一～六学区にある高校に通学するほうが、高校の選択肢が豊富、なおかつ交通費、時間がかからないことになる。たとえば第七～九学区の武蔵野市に居住する者が、同学区の調布市にある神代高校に通学しようとすると、郊外から郊外への移動になるため、距離は近くても時間、交通費がかかる。ところが第三学区の杉並区にある西高校など、都心の高校に通学しようとすると、郊外から都心への移動になるため、距離は遠くても時間、交通費がかからないのである。

さらに③学区の境界近辺の居住者に不利益があることを指摘している。[12] たとえば『戦後東京都教育史中巻　学校教育編』は、第一学区の小山台高校が第一学区と第二学区の境界に存在するため、第二学区に居住する生徒はたとえ目の前にあってもこの高校に通えなかったことを明らかにしている（東京都立教育研究所　一九六六、一九一頁）。

その上で、小野寺（二〇一三）の指摘するように、男女間の学力差があること、旧制中学系、旧制高女系の高校では男女共学のための施設・設備が不足していることによって、男子は旧制中学系、女子は旧制高女系の高校を希望することになったと思われる。

『戦後東京都教育史』上・中巻も、小野寺（二〇一三）も、学区制と男女共学制は不可分のものとして導入されたことを明らかにしているが、導入したのが中学区制であったため、また学区制が形骸化していたため、学区制を導入しても男女共学制にならないという事態が生まれたといえる。そのため、男女別定員を設けることになったのである。

おわりに

一九四八年度、東京都教育庁は男女共学を可としつつ、男女共学とするかどうかをそれぞれの高校に任せることにした。その結果、男女別学の新制高校が誕生することになった。しかし、東京都軍政部が圧力をかけてきたため、一九四九年度、東京都は男女共学を原則としつつ、男女の募集定員、入学定員をそれぞれの高校に一任することにした。そして学区制のためには男女共学制を、男女共学制のためには学区制を導入しなければならないとして、男女共学制と学区制を組み合わせて導入することにした。しかしその結果、東京都公立高校の全日制は一〇一校中、五二校しか男女共学にならなかった。そのため一九五〇年度、東京都は東京都公立高校の全日制普通科について、募集定員に関しては男女別定員とし、それぞれの高校にその男女比を任せることとした。入学定員に関しては男女が定員を超過した場合に男女それぞれで選抜を行うこととし、男女が定員に満たなかった場合には男女それぞれで無選抜入学許可を原則とし、第二次募集を行うこととした。その結果、東京都公立高校は男女共学となった。ただし旧制中学系の高校は男子の、旧制高女系の高校は女子の割合をそれぞれ四分の三になるように設定して募集したため、入学者の男女比がいちじるしく偏ることになった。

このような男女別学・男女共学制の変遷をみると、東京都教育庁は男女共学制については、それぞれの東京都公立高校の意向が反映されるように配慮していたことが浮かびあがってくる。東京都教育庁がその判断の根拠としていたのは、文部省の「新制高等学校実施の手引」であったと思われる。そもそも最初に新制高校を誕生させるとき、東京都教育庁はこれを根拠として、大多数の旧制中等学校を新制高校に昇格させ、それぞれの新制高校に男女共学か男女別学かを任せたのである。それゆえ、以後、それを踏襲したのだと推測できる。その意味では、東京都教育庁は一貫して文部省の意向に沿う形をとろうとしていたといえる。

そして東京都教育庁が尊重しようとしていた東京都公立高校の意向とは、男女別学であった戦前の旧制中等学校の枠組みを維持するというものであったこともみえてくる。東京都公立高校は統廃合を避け、男女共学制の導入を拒み、それが導入された後も男女比の偏った募集定員・入学定員を設け、戦前の男子校・女子校の枠組みを維持しようとしたのである。

男女別定員による男女共学制を導入したのは、東京都の特有の理由が存在した。第一に、東京都教育庁が東京都の旧制中等学校の意向を汲んで統廃合を避けたため、中学区制を導入せざるを得なかった。第二に、学区制が形骸化していた。その理由は一つに日比谷高校を頂点とする高校間格差が存在していたことである。二つに都心に高校が偏在していること、都心から郊外への移動は容易であるが郊外から郊外への移動が困難であること、学区の境界に居住する者が不自然な高校選択を強いられていることで、学区のとおりに通学することが困難な者が存在したことである。このことで男子が旧制中学系、女子が旧制高女系の高校に偏って進学することが可能になって、男女共学の実施が困難になった。そのため、男女別定員を設定し、男女共学の実施に踏み切ることにしたのであった。

一方で、東京都教育庁は、東京都軍政部の意向にも沿う形をとろうとしていた。だからこそ、男女共学制を導入したのである。逆にいうと、東京都教育庁は男女共学制の導入の利益を見出していなかったともいえる。たしかに、東京都議会が男女共学制に対する批判をしても、旧制中学系の高校が男女別定員による男女共学制に対する批判をしても、東京都教育庁は頑なに男女共学制を維持しようとしていた。しかし、男女共学制を維持する理由も男女別定員を維持する理由も、明確なものではなかったのである。

このように、東京都軍政部の圧力で男女共学制にしつつ、そのなかでそれぞれの高校の意向が反映されるようにし、できあがったのが男女比のいちじるしく偏った男女別定員の男女共学制だったのである。

注

（1）委員の内訳は校長六名（第一中学校・第一高等女学校・第五商業学校・北豊島工業学校・森ケ崎実業専修学校・中野区立第一中学校）、教員八名（第五中学校・第七高等女学校・牛込商工実業学校・京北実業学校・小石川工業学校・工業専門学校・私立独逸協会中学校・東京都武蔵野第四小学校）、都議会議員九名、日本橋中学校後援会長、本郷工業専修学校後援

会長、港区立愛宕中学校父兄会理事長、東京商工会議所専務理事

（2）三つの専門部会（「設置と学科等」「夜間並びに定時制」「生徒と教職員」）が設けられた（『教育時報』一九四八年三月号、一頁）。第一回の委員会の後、一九四八年一月八日に第二回の委員会が、また毎週月、木曜日の午後一時三〇分にそれぞれの部会の会議が開催された（『教育時報』一九四八年二月号、九―一〇頁）。

（3）「学校教育法に基く高等学校を、都の実情に沿うように設置し且これを運営することについて諮問」されたことに回答するものであった（『教育時報』一九四八年三月号、二頁）。この答申と同時に「東京都新制高等学校実施要項（昭和二十三年度）」も定めた。

（4）「校長並びに教員諸君から種々の情報を得、また一方こちら（東京都軍政部――引用者）から適当な情報を与えるという問題に当面していた」が、『教育じほう』によって「解消するに至つた」（F・A・ホリングスヘッド「教育時報――教育的重要事項に関する雑誌――について」『教育時報』一九四八年一一月号、一頁）としていた。

（5）いつ届いたかは不明である。

（6）東京都教育委員会の『東京都の教育』では、一九五四年の時点で「中学区制を全日制通常課程普通科について採用した」（『東京都の教育』一九五三年度、一一六頁）としている。

（7）この実施要綱では「全日制通常課程については通学区域制による」「全日制、定時制（夜間課程を含む以下同じ）通常課程および実業課程を通じ第一学年生は男女共学とする」（『東京都広報』五六二号〔一九四九年一二月二四日号〕、一一四七頁）と定められた。

（8）この実施要綱では「昼間全日制の普通課程にあつては「男〇〇名」「女〇〇名」（男女異数）または「男女各〇〇名」（男女同数）のいずれかによるものとし、高等学校長の希望申出に基き教育長が調整決定する。なお高等学校長は事前に通学区域内において他の高等学校長および中学校長と協議することが望ましい」「昼間全日制の実業課程および定時制課程にあつては「男〇〇名、女〇〇名」（男女異数）「男女各〇〇名」（男女同数）または「男女併せて（男女を問わず）〇〇名」のいずれをとるかは高等学校長の希望申出を主として教育長が決定する」（『東京都広報』五六二号〔一九四九年一二月二四日号〕、一一四七頁）とされた。

（9）この実施要綱では、選抜は学力検査の得点と出身中学校長からの報告書によって行い、「「男〇〇名、女〇〇名」（男女異数）として募集した場合」も「「男女各〇〇名」（男女同数）として募集した場合」も、「応募者数が男女ともに募集人員に

満たないときは無選抜入学許可を原則とし、第二次募集を行う」「応募のうち男女いずれかが募集人員を超過し、他が不足するときは、超過部面につき選抜を行い、不足部面は無選抜入学許可を原則とし第二次募集を行う」「応募者数が男女共に募集人数を超過するときは、男女別に選抜を行い入学許可を決定する」とされ、「「男女併せて〇〇名」として募集した場合」は、「応募者数が募集人員に満たないときは無選抜入学許可を原則とし第二次募集を行う」「応募者数が募集人員を超過するときは男女の性別を考慮しないで選抜を行い入学許可を決定する」（『東京都広報』五六二号〔一九四九年一二月二四日号〕、一一四七頁）とされた。

(10)「小学校では番町、永田町小、中学校では麴町、九段中など全国でも有名な学校があり、それに高校へ進学する場合、この地区（千代田区――引用者）の学区（第一学区――引用者）には日比谷高校があって日比谷高校―東大という秀才コースが〝父兄の夢〟をそそるからだ」（「モグリ転入学ばやり　千代田区の幼稚園、小、中学校〝秀才コースの夢〟」『読売新聞』一九五五年一月二七日）

(11)「高等学校の現状は（中略）都心部に偏在しているために機会均等上の考慮が同時に通学距離上の必要な考慮を圧迫した形となつてあらわれていること」「直線的距離においては近い場合であつても実際には通学にいちじるしく不便であり或はその逆の場合があること」（『東京都の教育』一九五三年度、一二六―一二七頁）

(12)「学区周辺部に所在する学校又は居住する生徒が他学区との関連上やや不自然な形で制約を受けていること」（『東京都の教育』一九五三年度、一二七頁）

参考文献

小野寺みさき、二〇一三、「戦後都立高等学校における男女共学制の導入過程」『早稲田大学大学院教育学研究科紀要』別冊二〇―二、一三―二四
――――、二〇一四、「都立高等学校における男女別入学定員の変遷」『学術研究（人文科学・社会科学編）』六二、五三―六八
東京都教育庁総務部調査課、一九五四、『昭和二九年東京都学力検査に関する調査』
東京都立教育研究所、一九六四、『戦後東京都教育史上巻　教育行政編』
――――、一九六六、『戦後東京都教育史中巻　学校教育編』
東京都立白鷗高等学校、一九八九、『百年史』

日比谷高校百年史編集委員会、一九七九、『日比谷高校百年史』上、中、下

資料

『朝日新聞』朝日新聞社、一九四五年八月一五日～一九五六年三月三一日
『学校基本調査報告』東京都総務局統計部、一九四八年度～一九五五年度
『教育じほう』東京都教育庁調査課、一号（一九四八年二月号）～九九号（一九五六年三月号）（ただし『教育時報』一号（一九四八年二月号）～一一号（一九四八年一二月号））
「新制高等学校実施の手引」『教育基本法問題文献資料集成Ⅱ』日本図書センター、二〇〇七年
『東京都の教育』東京都教育委員会、一九四七年度～一九五五年度（ただし『東京都教育概要』東京都教育庁、一九四七年度～一九四九年度）
『東京都議会会議録』東京都議会、一九四五年一一月二六日～一九五六年三月二九日（ただし『東京都議会議事速記録』一九四五年一一月二六日～一九五〇年一二月二一日。一九四六年は欠号）
『読売新聞』読売新聞社、一九四五年八月一五日～一九五六年三月三一日

第7章

男女生徒同数を目指した大阪府の男女共学制

土屋尚子

はじめに

大阪府の公立高等学校では、一九四八（昭和二三）年の新制高等学校発足時から現在に至るまで男女共学制が実施されている。いわゆる「高校三原則」のうち、他の二つである「小学区制」と「総合制」がほとんど実施されないまま姿を消してしまったことを考えると、「男女共学制」は大阪府で受け入れられ、定着していったといえるだろう。

この大阪府の男女共学制実施をめぐっては、後の一九七八年に開催された大阪府立高等学校長協会の座談会で、実施当時の府立高校校長が「しかしいちばん心配されていた男女共学が、いちばん早く定着しましたね(1)」と発言している。この言葉からは、大阪府における男女共学制が比較的スムーズに定着していったことがうかがえるのであるが、その実施経緯はどのようなものであったのだろうか。序章で指摘されているように、文部省自身は共学化に積極的ではなかったにもかかわらず、大阪府が実施に踏み切った背景には、大阪府の特有の事情があるはずであり、本章ではその点を明らかにしていきたい。

その際、手掛かりとして注目したいのが橋本紀子による次の指摘である。橋本は、戦後教育改革期における、様々な自治体の男女共学制の実施状況を分析していくなかで大阪府についても取りあげ、「さらに、注目すべきことは、この男女共学高校に大阪府の場合は男女別定員を設け、男女共学の実質を保障しようとしたことである[2]」と述べている。この「男女別定員」とは、後述するが、大阪府が公立高校の募集人員に男女比率を設定し、男女の入学者数を規制していたことを指していると考えられる。他の論稿でも明らかにされているが、新制高校の男女共学制を実施する過程において、旧制の中学校を前身とする新制高校に男子の入学志望者が、旧制の高等女学校を前身とする高校には女子の志望者が集中した結果、実質的には男子高校、女子高校の別学体制となってしまっているケースが存在していた。橋本が指摘するように、当局が公立高校の募集人員に男女比率を設ければ、こうした別学状態は防げるわけで、このことが大阪府の男女共学が定着していった要因の一つといえる。この男女比率はどのような経緯で設定されたのだろうか、そして、こうした政策を実施し、「男女共学の実質を保障しようとした」大阪府当局は男女共学制にどのような期待を抱いていたのだろうか。

本章では、大阪府の男女共学制の実施経緯を明らかにしたうえで、大阪府会議事録[3]や大阪府教育委員会の月報を中心にみていきながら、制度決定にかかわる関係者が男女共学をどのように意義づけてきたのかを検討していきたい。

一　新制高等学校の成立

（一）男女共学制の実施

新制高校発足の一カ月前の一九四八年三月一日、「新制高等学校設置について各般の問題を審議するため」に学識経験者、教育従事者、府市教育関係部課長の四三名から構成される、大阪府新制高等学校設置準備委員会が設置された[4]。一九四八年三月一〇日付の『朝日新聞（大阪版）』によれば、同委員会は、府立高校に関して「新制高校切り替えと同時に四月からまず一年生の男女共学を全面的に実施するのが良いと意見がまとまり実施の具体化についいては学区制をとらず学校差、位置を考慮して適当な二校以上を組合せ教員生徒を交流すること、また市立など公立校でもこの線にそい実施するようにすゝめること」[5]に決めたことが報じられている。距離的に近く、旧制の中学校と高等女学校を二校、ないし複数校組み合わせ、それぞれの生徒を交換する形での男女共学の実施であった。

そして、四月八日付の同紙において、大阪府は、府立高校の交流の組み合わせ校と、新制高校開校日を四月一九日に決定したことを発表した[6]。各校は一〇日間で交流校へ移動する生徒と自校に残留する生徒を地域制や抽選制などによって決定し[7]、相手校から移動してくる生徒を受け入れるための準備を進めることを余儀なくされたことになる。その現場の混乱ぶりは各学校史からもうかがえるが[8]、結局は、予定より一週間ほど遅れただけで、四月二六日には多くの高校が開校したという。翌日の『朝日新聞（大阪版）』は、そのなかの一校である府立大手前高校が、交流相手の北野高校から男子生徒の一年生一三〇名、併設中学三年生一一五名を受け入れ、二六日より早速授業を開始した様子を紹介している[9]（このとき、大手前高校の女子生徒の一年生一一四名、併設中学三年生一一九名が、北野高校へ転出している)[10]。

なお、市立高校も府立と同時期に共学が実施された。男子校と女子校の交流によるもの、男子校と女子校の併置や合併によるもの、または新入生からの共学制実施などの方法が採られた[11]。

こうして共学化した公立高校は、一九四八年一一月発行の『大阪府学校一覧』によれば、四四校の府立高校のうち三三校、大阪市立高校三〇校のうち一七校、池田市立高校のような大阪市以外の市立の高校七校のうち二校[12]となっており、六四・二%の実施率であった。

このように大阪府の公立高校の半数以上が、日本の社会的慣習とは相容れない、男女共学化という困難な改革を一カ月足らずという短期間のうちにやり遂げたことになるのであるが、それは、大阪軍政部による強力な指導によるものであった。当時の教育関係者の回顧録などによれば[13]、大阪軍政部民間情報教育課長のジョンソン(E. R. Johnson)は、一九四八年四月からの男女共学制実施を強硬に主張しており、それに反対していた府の学務課長西由巳を罷免してしまった。西の後任として浜田成政が学務課長に就任した同年二月二〇日の時点では「共学の実施はもう動かせない方針になっていた。私に与えられた課題は、共学をどのように実行するかであった[14]」という。この事件が象徴しているように、当時の軍政部の権勢は非常に強く、軍政部が男女共学制の実施を主張すれば、大阪府当局はそれに従うしかなかったのである。

こうして男女共学の賛否や意義など論じる機会もないまま、断行された大阪府における新制高校の共学制であるが、実施直後の一九四八年五月一日と二日にわたって『朝日新聞(大阪版)』に掲載された記事を読むと、比較的スムーズに教育現場に受け入れられていったことがわかる。

同記事では、府立高校の男女教員五名、府立高校男女生徒五名、保護者男女三名、大阪府職員二名が、座談会の形式で各々の立場から共学制について語っている[15]。ここで注目したいことは、男女共学に抵抗感をさほど感じているようには思われない発言が座談会に多くみられることである。たとえば、男子生徒の「きょうも女友達と歩いていたら同級の生徒からひやかされた」[16]、教師の「女子教員として最初は随分心配しましたがフタをあけてみたら生徒達はごく当たり前のような顔をしているし、私達もちつとも変な感じがしないので驚いているほどです、父兄も安心していたゞきたいと思います」[17]などの発言からは、生徒たちが共学になじんでいる様子がうかがえる。

また、当時は男子の学力よりも女子が劣っていると社会的に認識されていたために、男女の共学が可能かどうか問題視されていた。座談会の席上でも、この学力差の問題が指摘されたが、教員側からは「私の方では共学当初に国、数、英の学力テストをやつたが学力程度は同じでした」[18]など、男女の学力差をそこまで心配する必要はないとの声が相次いだ。こうした発言は、懸念されていた男女の学力差の問題が共学の実施に支障をきたしていないことを示している。じつは、これ以降の大阪府の男女共学論議においても、男女間の学力格差を理由とした共学反対論はあまり出てこない。現場の教員たちによる共学経験に基づく発言が、時間の経過とともに社会的に説得力を増していったと考えられる。

もちろん、これらは一部の学校関係者の発言であり、大阪府のすべての公立高校で男女共学が肯定的に捉えられていたわけではない。なかには生徒大会で共学反対を決議していた学校もあった[19]。しかし、座談会で述べられていた、男女生徒が並んで帰宅すること、「当たり前のような顔」をして男女が同室にいること、男女の学力程度が同じであることなど、戦前の男女別学体制では考えられなかったことであり、こうした学校風景は、共学が生徒や教員などの高校関係者に受け入れられつつある様子を社会に印象づけたのではないかと思われる。それは、座談会の主催者である朝日新聞社が大阪府の共学制について「全国的に見てすばらしい普及状態を示している」[20]と表現していることや、共学制実施の一年後に、大阪府教育委員会が「高等学校の男女共学も実施一年、憂えていたようなことも起らず円滑に進んでいる」[21]と評価していることから推測することができる。軍政部の圧力によって断行された大阪府の男女共学制ではあったが、教育現場に受け入れられていったといえるだろう。

こうして、「円滑に進んでい」た大阪府の男女共学制であるが、その背景には、次の二つの要因があったと考えられる。

一つは、大阪府当局の共学制普及に向けての積極的姿勢である。当局は、共学実施後、男女生徒の交際を健全なものにすることを目的とし、各校の教師や生徒の代表を集め、討論会、正しいエチケットについての寸劇、映画、フォークダンスなどを実施する講習会を複数の会場で開催している。(22) また、男女交際に関する一八項目からなるエチケット集を刊行している。(23) これらは、共学実施にともなって不安視されていた男女の風紀問題への対応と考えられるが、府当局の動きからは、たとえ軍政部の圧力もあったにせよ、当局が学校間の男女生徒を交流しておしまいと考えていたわけではなく、共学制普及のための対策を講じていたことがわかる。

こうした当局の積極的姿勢は、軍政部ばかりでなく、当局の側にも共学の意義を認め、その普及に前向きな視点が存在していたためと考えられる。たとえば、一九五二年三月一三日の二月定例大阪府会において教育長（浜田成政）は、共学の必要性について説明した答弁の中で、教育基本法第五条を共学の根拠として提示したうえで、目指すべき社会のあり方について次のように説明している。

もちろん男性と女性とはそれぞれ特色を持ち、それぞれ機能を異にするのでありまして、これが適当に協力をしてゆくところにりつぱな社会生活ができるわけであります、しかし人間として本質的平等というものはこれは当然また認められなければならないのでありまして、この人間としての本質的な平等というものは民主社会において絶対に欠くべからざるものである（『大阪府会議録』四五二頁。なお、議事録（一九四九年まで『大阪府会速記録』、一九五〇年から改称）からの引用にあたっては、以下、頁数のみを記す）。

男女の特性の違いを重視しつつも、男女の人間として共通する面に着目し、根本的に平等である社会が目指されるべきであると論じている。そして、その「人間としての本質的な平等」は民主社会に不可欠なものであると位置づけられていた。そのうえで、教育長は、こうした社会の実現のためには「男女相互の正しい理解というこ

表7-1　大阪府内の高校（通常課程）の生徒数

	男			女		
年	公立（人）	私立（人）	私学率（%）	公立（人）	私立（人）	私学率（%）
1948	20,377	9,703	32.3	12,811	10,557	45.2
1949	27,830	9,179	24.8	14,915	10,273	40.8
1950	33,138	9,375	22.1	19,371	13,364	40.8
1951	35,933	10,446	22.5	21,518	15,602	42.0
1952	38,466	12,217	24.1	23,216	18,287	44.1
1953	40,604	15,069	27.1	25,067	20,933	45.5
1954	41,219	15,377	27.2	25,762	21,049	45.0
1955	41,880	17,782	29.8	26,975	22,728	45.7
1956	42,850	21,675	33.6	27,799	26,303	48.6
1957	44,389	29,805	40.2	28,951	33,630	53.7
1958	45,182	35,236	43.8	29,539	38,949	56.9

注：1951年までは4月30日現在、それ以降は5月1日現在の数字となる（各年度の『大阪府統計年鑑』より作成。なお、1948年、1949年の数字に関しては、1950年度の統計年鑑に掲載されていたもの）。

とが何よりも大切でございまして、そうした教育をやることが最も望ましいのではないか」（同上）と、男女共学の必要性を述べていた。つまり、当局は、男女が同じ学校で共に学び、日常を過ごしていくなかで、教育基本法第五条にあるような「互に敬重し、協力し合」う態度を身につけていくことを期待していたと考えられる。

そして、もう一つの要因は、府下の私立高校の存在をあげることができる。戦後の京都における男女共学制に関する研究において小山静子が、共学を嫌って別学を志向する生徒や保護者にとって、京都の伝統ある別学制の私立高校が受け皿となっていたことを明らかにしている[24]。大阪府にも同様のことがあてはまると考えられるのである。

各年度の『大阪府学校一覧』で確認すると、一九四八年には私立高校のうち共学校は七校で別学校は七〇校、一九五八年は私立の共学校は九校で別学校は六三校となっている。私立高校に在籍している、かなり多くの生徒たちは別学教育を受けることになる。そして、『大阪府統計年鑑』によれば、大阪府における高校の通常課程に在籍する生徒のうち私立高校の生徒の割合は、一九四八年で男子三二・三％、女子四五・二％を占めている。これ以降男子はいったん二〇％台にまで下がるものの、女子は四〇％台を推移し、一〇年後の一九五八年には男子四三・八％、女子にいたっては五六・九％にまで達している（表7－1）。大阪府内にかなりの高い割合の私立高校生徒が在籍していたことがわかる。

これらの生徒のすべてが男女別学制であることを第一の要件にして私立高校を選択していたわけではないだろうが、前述した大阪府立高等学校長協会の座談会における、元今宮高等学校長の浅田光男の「男女共学を嫌って私学へ行った生徒もありました[25]」という発言から、京都と同様に大阪の場合も、私立高校が共学制を嫌う生徒や保護者の受け皿となっていたとみることができるのである。

(二) 中学区制の実施

大阪府では、戦前期の中等学校の受験競争において小学校児童の健康悪化、受験準備教育が社会問題化していた[26]。戦後、大阪府当局は、この問題の解決策として、高校入試に関して「なるべく多くの志願者を入学させることと、適正な学区制を実施して、志願者を各高等学校に均分させること[27]」を目指していくことになる。

当局は、新制中学校のはじめての卒業生が高校を受験する、一九五〇年二月三日に「昭和二五年度　大阪府公立高等学校通学区制要項[28]」（以下、要項と略す）を制定した。

要項では、大阪府内の通常課程の公立高等学校のうち「普通科・家庭科・商業科」の学科を設置する高校に関しては大阪市内を六学区、大阪市外を七学区に、「農業科」を設置する高校に関しては大阪府全域を六学区に、「工業科」を設置する学校に関しては大阪府全域を一二学区に、それぞれ分ける中学区制が採用された。この学区制が定められた「趣旨」は次のように説明されている。

通学区は教育の機会を均等にえさせ、共学を完全に行うとともに、できる限り競争入学の弊を避け、地域社会と学校との密接な連絡を図り通学のため甚だしい時間と経費の無駄を省くことを期して定めた[29]学区の制定によって、戦前からの懸案事項である「できる限り競争入学の弊を避け」ることを含め、「共学を完全に行う」ことや「地域社会と学校との密接な連絡を図」ることなどが目指されていた。ただ、こうした高校のあり方を実現するためには、中学区制よりも、一校一学区の小学区制のほうが適切なことは明らかである。それにもかかわらず、大阪府で中学区制が採用されたのはなぜなのだろうか。

要項の制定に際して発表された、大阪府教育委員会と大阪市教育委員会の共同声明書によれば、学区の決定について「高等学校の配置状況は必ずしも理想どおりではなく、かつ各地域の中学校生徒数、人口密度も、まだ安定の域に達しておらないので、現実に即して漸を逐うて理想の実現を期することとした[30]」と述べられている。おそらく、学区制の本来の「趣旨」からは小学区制が「理想」と考えられてはいたものの、「高等学校の配置状況」や「各地域の中学校生徒数、人口密度」の関係から実施が困難であると判断され、中学区制が「現実」的な方法として選ばれたのであろう。

さらに、この一九五〇年以降も、大阪府において学区制に関する検討が継続していくが、そのなかでは「総じて高等学校側は本年度より以上の広い地域の学区制を主張し中学校側は小学区を主張する[31]」状態であったという。学区制をめぐり、より優秀な入学生を獲得したい高校側と生徒の安定した高校入学を望む中学校側の対立が存在していたことも、その落としどころとして中学区制が選択された要因の一つになっていたのではないだろうか。

この後、要項の学区の区分は、一九五一年に一部変更され[32]、一九六三年まで継続されていく。

こうして大阪府の学区制が決定されたのであるが、一つの学区に複数の高校が設置されている中学区制の場合、その学区内の学校間で進学志望者数に偏りが生じ、受験競争の激化や学校差の拡大を招く不安がある[33]。そして、なにより、同じ学区内の旧男子校には男子の進学希望者が、旧女子校には女子の進学希望者が集中し、共学制を存続できない恐れが生じてしまう。その対策として大阪府が実施したのが、進学指導の徹底と高等学校の募集人員に男女比率を設けることであった。

この進学指導は、大阪府中学校長会が進学対策委員会を組織し、通学区と学校種別による高校進学希望者数を各中学校から報告させ、そのうえで全府下にわたる集計をして、この結果をさらに各中学校に周知させるという手続きで行うものである。[34] 中学校は、この事前調査の結果によって、自校の学区内の公立高校の志願者推定数を把握し、それに基づいて進路指導を実施することになっていた。なお、各校の進路指導の状況については、各学区内の関係中学校長から組織される「進学指導協議会」[35]で共有されていた。つまり、事前の進学希望調査において、ある特定の高校に志願希望者が集中するという結果になったとしても、進路指導によって受験校を変更させることで、その偏りを解消し、そのことを通して受験競争を未然に防ぐことを目指したのである。

こうした大阪の進学指導体制の一環に組み込まれていたのが募集人員における男女比率の設定であった。各高校は、前述の中学校長会による高校進学希望者調査結果における当該区域内の志願者推定数の男女比率に基づいて、自校の募集人員の男女比率を決定していた。[36] 通学区域全体の志望者の男女比が各校の男女比となるわけで、中学区制の採用によって不安視される、学校ごとの男女比の偏りはある程度は防げることになる。

とはいうものの、志願書の提出を締め切った後、実際の志願者数に応じて男女比率を修正せざるを得ず（関係教育委員会に連絡のうえ、各高校が修正を決定する）[37]、かなり偏った男女比率の高校も存在していた。大阪府中学校長会によると、進学指導をめぐっては、「高校の男女共学の比は最低の七対三を破らないよう、中学側の指導を要望されていたが、最低さえ困難な高校も出てきた」[38]という。中学校側の男女の志願者数の調整が困難な場合もあり、男女数が七対三の比率にまで偏った高校も存在していたのである。

このような男女比率の実態に対して、大阪府当局は「昭和二九年度大阪府公立高等学校入学者選抜方針」を発表したとき、「教育長談」として次のように述べている。「各方面の方々の協力により、男女共学の実も着々上りつつあるのであるが、いまだ一部には志願者の男女差のいちじるしく不均衡な高校もあるので、各位は大局に立つて、正しい男女共学が行われる高等学校の育成に協力するため、進学指導に際し、一段と慎重な考慮を払われることを希望する」[39]。男女の志願者数の不均衡を問題視し、その是正を教育関係者たちに求める言葉から、大阪府当局が、あくまでも男女同数の共学を「正しい男女共学」と認識しており、その実現を目指していたことがわかる。次節で詳しく検討するが、大阪府会における男女共学制をめぐる議論のなかでも、こうした当局の姿勢は一貫していたのである。

二　大阪府会における男女共学論

(一) 共学制反対論の登場

男女共学制実施前後の時期、大阪府会において、軍政部の強力な意向の下、推進された改革に対して否定的な意見を持つ議員がいたとしても、当時の社会状況では公然と主張することはできなかったと考えられる。実際、府会の議事録を確認しても、この期間、共学制反対論は主張されていない。

しかし、実施後数年が経過すると、「アメリカさんのおつしやつたことだからといつて、そうなにもいつまでも守る必要はない」とした上で、「この害毒を流すところの男女共学は甚だおもしろくない[40]」と主張する議員の発言が象徴するように、府会において軍政部を慮る空気がうすれていっている様子がうかがえる。そのような雰囲気のなかで、本来、実施前に議論されるべきであった、男女観や性別役割分業観など日本社会の実情と共学制のギャップにあらためて注目が集まるようになったのではないだろうか。府会において共学制に対する疑問や批判が徐々に活発化していくのである。その際、共学制実施の課題とされていた、風紀問題と男女の特性への配慮が議論の俎上に載せられることになった。

一九五〇年一二月一四日の一二月定例大阪府会において、館種子（民主党）[41]が「男女共学によつていろいろな弊害が起つておるのではないか、そういう現象がないかということを心配しております、いろいろな性道徳の問題、また男女学生の交際によります、おかすべからざる一線をおかして平気でいるような人人が多くなつているのではないか」（一三五頁）と述べている。高校生の性行動上の問題を男女共学の「弊害」とみなす、典型的な内容であり、同種の意見は、これ以降も府会であいついで主張されていく[42]。こうした主張に対し、大阪府当局は、生活指導の教員の特設[43]や純潔教育の充実[44]などを挙げ、風紀問題に対応していく方針を示していたが、この風紀問題と共学制を関連づけることに関しては、慎重な姿勢をみせていた[45]。

一九五〇年代の男女共学制見直し論議を分析した小山静子の研究によれば[46]、一九五二年には、国会や様々な雑誌で青少年の非行問題が共学制と結びつけて論じられており、そうした状況を受けて、文部省は全国の教育委員会に向けて共学制と風紀問題の関連性について調査を行っていた。そのなかでは、教育委員会は風紀問題があることを把握してはいるが、その問題と共学制とを結びつけて捉えてはいなかったことが明らかにされている。大阪府当局の認識も、この文部省の調査結果と一致していたと考えられる。

繰り返し答弁のなかで示される当局の認識や文部省調査結果が社会的に広まっていくなかで、男女の風紀問題を根拠にした共学反対論は、府会のなかでしだいに説得力を失っていったのだろうか、一九五四年以降、見られなくなっていく。前述した小山の研究によれば、二年後の一九五六年七月に清瀬一郎文相の共学再検討発言をきっかけとして、風紀問題を理由とした共学反対論が一挙に噴出し、全国的な議論に発展していったのであるが、そのときも大阪府会においては、風紀問題の視点から共学に反対した意見が出されることはなかったのである。

次に男女の特性への配慮に関しては、一九五三年九月二八日の九月定例大阪府会において奥中宇一郎（自由党）

が、「絶対男女共学はよろしくないという結論を持つておるのであります。およそ先天的において男女の別がある。また体質的においても男女の別がある。それを男女つきまぜて教育するがために、男らしい女子ができ、女子らしい男ができうるというような教育のありかたは、断じてごめんをこうむりたいと思うのであります」（六四頁）と、共学が男女の特性喪失を招いていると主張している。奥中は共学制廃止論者の急先鋒であり、これ以外にも、一九五四年の臨時大阪府会、一九五六年二月定例大阪府会でも同様の発言をしている。また、奥中と同じく特性教育に関連づけて共学制に反対する議員は他にも存在していた[47]。

さらに、これらの反対論とは別に、一九五〇年六月六日の五月定例大阪府会において、笹川俊治（無所属）が男女共学に伴う施設設備の整備状況について質問を行っているように、男子、女子、それぞれの特性に配慮した教育を充実させるために、学校施設設備や教職員の整備を求める意見も主張されていた[48]。そのなかには、女子の特性に配慮した教育の充実を求め、女性教員の配置や家庭科室の充実を訴える意見も存在していた[49]。

こうした特性教育を求める主張に対し、大阪府当局は一貫してその充実に努力する旨を伝える答弁を行っている。たとえば、一九五二年三月一三日の二月定例大阪府会において、教育長（浜田成政）は特性教育に関して次のように述べている。

今日男女共学と申しましても決して朝から晩まで男女が同じ教室で同じ事をやつておるわけではないのでありまして、それぞれ科目に応じ教室を違えあるいは組の編成を違えてやつておるのでございまして、男女の特色を発揮するという点についてはできるだけの努力を現在もやつておるのであります（四五二―四五三頁）。

共学制において男女の特性に配慮した教育を実施していることを説明しているが、大阪府当局の考える「共学」とは、同じ学校内で学びつつも、教育内容は異なっている状態であり、科目選択によってはクラス編成も男女で異なることもあり得る教育のことを想定していることがわかる。「男女の特色を発揮する」ことに「努力」すべきと考えている点で、大阪府当局も共学制廃止論者の奥中も一致していたのである。

そして、大阪府はこうした議会における答弁に沿って、特性教育を充実させるという方向性で共学制の整備を図っていくのである。まず、共学制の実施に伴う施設設備の整備に関しては、一九四八年七月の定例府会で「千三百五万余円」を計上したのを始まりとして、[50]徐々にではあるが、家庭科関連施設や運動場などの整備を進めていく。そして、新制高校発足一〇年目には「戦後一〇数億円の費用を投じて共学に必要な施設、設備を思いきって整備したことも、共学を推進する上にあずかって力があった[51]」と自画自賛を行うぐらいにまで充実させていった。

次に、教育内容に関しては、大阪府教育委員会は毎年四月に新年度における府立高校への指示事項を発表するのであるが、一九五三年度には、全六項目中の一項目として「女子生徒への配慮について」をあげている。そこでは、「教育の全般を通じ女子の特質と将来の使命を考え、特に教科選択の指導、体育及び教科外活動における指導等については一層周到な計画を樹立して実施するよう努力せられたい[52]」と女子の教育に関して指示が行われていた。同趣旨の府立高校への指示事項は、一九五五年度にも出されており、当局の特性教育を重視する教育方針は一貫していた。

このように、一九五〇年頃から、大阪府会では共学制をめぐる議論が活発化し、共学反対論も毎議会出てくるようになっていた。こうした状況下、大阪府当局は共学実施の府立高校四〇校、教職員、保護者、生徒、卒業生の五〇〇〇人に対し共学の是非を問うアンケート調査を実施し、一九五四年一〇月四日の九月定例大阪府会でその結果を報告している[53]。

アンケート実施時、教育長であった浜田成政は回顧録のなかで、「この問題（共学制のこと――引用者）では施行後も消極的意見が根強く残った。府議会が開かれる度毎に再考を求める意見が出された。そこで、きまりをつける意味でかなり大規模のアンケート調査を行った。生徒、教員、父兄を対象としたが、女性の九〇％、男性の七〇％は賛成との結果が出た。これで以後、共学反対論は影をひそめた[54]」と述べている。実際に府会議事録を確認すれば、これ以降の共学制反対論がゼロになったわけではないのであるが、「府議会が開かれる度毎」のような頻度ではなくなっている。おそらく、教育現場が共学制を支持しているという事実は共学制反対論者も無視できなかったのだろう。アンケート実施以降、大阪府会において公然と共学制に反対する意見は勢いを失っていったのである。

(二) 男女比率の設定をめぐる議論

一九五四年の共学制に関するアンケート実施以降、反対論は減少していくのであるが、共学制の実態に疑義を呈する意見は継続していく。そのなかでも、やり玉にあがったのが、高校の募集人員における男女比率の設定であった。その撤廃を主張する議員のなかでも中心人物であった斎川梧堂[55](自由党)は、一九五五年三月一一日の二月定例大阪府会文教常任委員会で、中学校の進学指導に関して次のように主張していた。

本人の意思はもちろんのこと、父兄の希望をもほとんど無視して、無理にも府の指令による男女共学の数字の上の形を整えたいというので、女の場合は成績の悪い者の入りやすい従来の男子を主とする学校の方へ行け、反対に男の子ならば成績の悪い者の入りやすい従来の女学校へ無理にもやる(三四二頁)

前述したように、大阪府は中学区制採用に伴い、学校間の受験者数の偏りを防ぐために進学指導を徹底していた。この時、高校進学希望の事前調査では、旧男子校では比率に応じた女子生徒数を確保するため、女子が入学しやすくなっており、逆に、旧女子校では男子が入学しやすくなるという現象が生じていた。このため、本人や保護者の希望を「無視し」て、「成績の悪い」女子が旧男子校の受験を、「成績の悪い」男子が旧女子校の受験を、各々「無理に」指導されることがあったのである。斎川はこうした進学指導の実態を批判し、男女比率の撤廃を訴える。

私は、この男女の比率というものは少くとも撤廃すべきである、その結果、あるいはある学校に男が多く集まつて女がごく少ない、あるいは極端に言えば昔の中学校、女学校というように、ある学校は男ばかり、ある学校は女ばかりというようなことができるかもしれませんが、時代も違いますから、私はそういう比率を撤廃してもそう極端な例はおそらく起こらないと思う。そうして結局府の示した比率と相当違つた、しかもそれは健全なる父兄の希望を入れた自然な姿でそういう形になつても、それはそれこそほんとうの男女共学の姿じやないかと思います（三四六頁）

男女比率を撤廃した結果として、受験校の調整の必要がなくなり、男女生徒数の偏った高校が誕生したとしても、「健全なる父兄の希望」が尊重されていたならば「自然な姿」であり、「ほんとうの男女共学の姿」であると斎川は論じている。こうした「自然」な共学論は、前述したような、できるだけ男女の生徒数の偏りがない状態での「正しい男女共学[56]」を目指す大阪府当局の方針と「共学」の解釈をめぐって対立するものであった。

斎川は、一九五二年から一九五六年までの大阪府会で五回、同趣旨の発言を繰り返していた。これらの主張に対する大阪府当局の答弁で説明されていた、男女比率の設定が必要な理由は、次の三つにまとめられる。

一つめの理由は、学校差をつくらないためである。当局は、「府立高等学校の差をなくするようにせよ、学校差をつくるなという相当強いまた一般の要望もあると思います。したがつてなるべく同じようにしていくということは、これまた当然のわれわれの努力であります[57]」と答弁している。

中学区制を採用していた大阪府では、斎川が主張するような、男女比率のない、本人や保護者の意思を最優先させるような進学指導が実現すると、男子ばかりの学校と女子ばかりの学校が誕生する場合もありえた。しかも、両者の間で戦前の中学校と高等女学校のように序列化が進行し[58]、教育内容と教育水準ともに格差が生じる可能性もあった。それは大阪府当局にとって避けるべき事態であった。

二つめの理由は、女子の学力が男子よりも劣っているため、女子生徒のための高校入学枠を確保しておくことが必要というものであった。この点に関して教育長（浜田成政）は、次のように述べている。

これは長い間の日本の国情の結果でありますが、やはり男子の方が、ことに数学とか理科とかいうような科目は男子の方がやはり多く勉強もし、またできるのじやないか、女の子の方が少し劣るのじやないか、（中略）従つてある程度女子の教育に対してやはりこれを考えてやる、女子にも十分やれるような道を考えてやるということが必要じやないか……比率でも女子の生徒が入る数をある程度見通しを付けてやるということに意味があると思う[59]

教育長は、男女がこれまで受けてきた教育の歴史的経緯を踏まえ、男子のほうが勉強を多くし、学力も高いことから、受験競争では男子より学力の劣っている女子が不利になると認識していた。それゆえに、受験の際、比率を設定し、女子の入学者数の見通しをつけることが必要と主張したのである。

前節でみたように、こうした男女の学力格差は、共学制実施後、早い段階で注目されなくなっており、府会でもこの一九五五年以前に議論されたことはなかった。しかし、日常生活で共に学ぶには支障をきたすほどの差ではなくても、男女を高校受験の競争相手と想定したとき、その学力差があらためて問題視されるようになったのである。一九五五年度の公立高校入学志願者に対する学力検査の結果によれば、府立高校通常課程の普通科では、受験者数が男子九六〇五名、女子八一八五名で、一九六点満点中受験者平均点が男子一一一・一点、女子九八・九点となっている[60]。男子の得点が女子よりも高くなっているデータに直面した大阪府当局は男女比率を設定し、女子の高校入学枠を確保する必要を感じたのだろう。

三つめは、施設設備、教員の整備のために事前に入学者の男女比の見当がついている必要があると説明されている。「年々この男女の数が多く変つてくることは、これは学校教育の施設の上からいつて非常に問題であります。今年は女子が非常に少い、従つて家庭科の教室は非常に小部分でよい、来年はうんと入るから急にふやせといつても、これはそう増減はできません[61]」とあるように、男女比を決めないまま入試を行ってしまうと、年によって男女の入学者数にばらつきが出てしまい、施設設備の準備や教員の配置が適切に実施できない恐れがある。

そうなると、「家庭科の教室」に代表されるような特性教育に支障が出てしまうことを大阪府当局は不安視していた。

これらの三つの理由のうち、学校差をつくらないことと、女子のための高校入学枠の確保は、二つとも教育機会の均等の観点から正当化されるものである。もう一つの特性教育の施設整備のためという理由についても、これまでみてきたように、特性教育の充実は、府会で多くの議員から要望されていた意見である。ゆえに、当局が主張する、男女の比率設定が必要な三つの理由には相応の説得力があったと考える。実際に、当局の必要論に真っ向から反対する議員はいなかった。

こうした、男女生徒同数の共学への大阪府当局のこだわりは、数字をみると、実現したと言うことができる。一九五八年九月二九日の九月定例大阪府会における竹下五郎（無所属）は「どういう理由で天王寺とか、住吉とか、高津とか、北野とかいうような学校に限つて（女子と男子の比率が――引用者）三対七や四対六というような格好にするのか、他の高等学校は全部男女が半々でございます」（一一九頁）という質問を行っている。この発言から、この四校（いずれも旧制中学校を前身とする）を除く高校では男女生徒同数の共学がある程度実現していることが推測できる。

さらに、この四校のうち、大阪府会において「最も極端な事例[62]」などと、男女比率の偏りがしばしば問題視されていた府立北野高校の合格者数についてみていくと、一九五七年度は男子二九八、女子一五二、一九五八年度は男子三一五、女子一三五、一九五九年度は男子三一〇、女子一四〇となっている[63]。いずれの年も定員は四五〇名、男女比率はほぼ七対三になっており、前述の大阪府中学校長会が進学指導に関して証言していた比率の限度設定と一致している。最低限の男女比率を維持したことにより、男子校化は防ぐことができたといえるだろう。

大阪府会における男女の比率に関する批判的意見は、斎川以外の議員からも出されていた[64]。しかし、当局の男女比率必要論は一貫しており、一九六三年四月一日から「大阪府公立高等学校通学区域に関する規則」が施行され[65]、学区の改正が行われても、変更されないまま、継続していくのである。[66]

おわりに

大阪府における男女共学制は、一カ月足らずという短期間のうちに比較的スムーズに定着していった。その背景には、軍政部の圧力ばかりではなく、男女共学制を戦後の憲法や教育基本法の理念に基づく男女観と結びつけて肯定的に捉えていた、大阪府当局の教育方針も存在していた。その男女観は、男女の共通点に注目し、「人間としての本質的な平等[67]」を目指すものであり、民主社会に不可欠なものと位置づけられていた。こうした観点から、大阪府は男女共学制を正当化し、その普及を目指していたのである。

共学制の実施に際して、大阪府は高校の募集定員に男女比率を設定し、できる限り男女生徒数の偏りがない形で共学を実施しようとしていた。大阪府では、戦前期の反省に基づいて、受験競争の激化を防ぐことや学校差をつくらないことを目指していたが、高校の配置状況および各地域の中学校の生徒数などの教育実態や高校と中学校間の意見対立によって中学区制を採用せざるを得なくなってしまった。そのため、男女生徒数を規制し、男子校と女子校の別学化や序列化を防ぐ必要があったのである。

憲法や教育基本法の理念に基づいて男女共学を意義づけ、男女生徒同数の共学という形にこだわった大阪府当局であるが、その充実策として特性教育の重要性を強調してきたことも忘れてはならないだろう。共学であっても、男女の特性に配慮した教育ができることを府会においても繰り返し訴えていた。それは、各校の家庭科室などの施設設備の整備充実があってこそ可能であったが、当局は、そのための予算措置を講じ、それを実行している。特性教育の充実が別学化の論拠ともなるべきところ、大阪府の場合はあくまでも共学推進のために訴えられ、実施されたのである。これが顕著な形で現れたのが、一九五五年一二月の高等学校学習指導要領改訂であった。進路に応じた類型的な学習のコース制が採用されたことによって、一九五八年一〇月の時点で府立高校のうち「二年から類型に分かれる四二校中、二年より女子組のあるものが一五校、三年のみ女子組のあるのが四校となっている」状態であったという[68]。こうした大阪府の高校の「共学」実態に関し、大阪府教育委員会の第一指導係長吉田定は、「現在の教育課程は類型制で、生徒の興味、関心を考えて、本人の個性に合ったものをとらせるようになっている。したがって、類型に分けてみると、自然に男女の片寄りが生ずるわけで、これはやむを得ないことだと考えている[69]」と述べている。大阪府では、共学校に「女子組」が存在していても、「やむを得ないこと」と捉えられるようになっていたのである。

「人間としての本質的な平等」を目指しつつ、男女の性質や役割の違いに配慮した教育の徹底を図ること、それらは何の矛盾もなく、大阪府当局や府会、学校現場に受け入れられていた。次の発言は、こうした状況を端的に表現しているように思われる。

一九五八年一〇月の『大阪府教育委員会月報』上の懇談会において、吹田市教育委員の池田半兵衛は、「大阪の共学は非常によくいっており、その効果も著しい。共学の意味を狭く解せず、広い意味で考えたい。学習の時は別でも、クラブやホームルームなどは男女いっしょにやっているのだ[70]」と述べている。この発言から、授業は男女の特性に応じて別々に受けていても、それ以外の男女交流機会があれば「共学」は実現していると、行政の側が認識していることがわかる。大阪府では男女生徒が同じ教室で、同じ教員から、同じ授業を受けるという共学像とは異なる「共学」であっても、特性に配慮した授業が行われていれば、その共学は「非常によくいっており、その効果も著しい」などと肯定的に評価されたのである。「共学の意味を狭く解せず、広い意味で考えたい」という方針は緩やかであるが、それゆえ教育現場は受け入れやすかったと思われる。大阪府の共学制において、この教育内容に関する緩やかさと、男女生徒同数という形へのこだわり、これらが戦後一貫して継続していくのである。

注

（1）三〇周年記念誌編集委員会、一九七八、『校長協会三〇周年記念誌』大阪府立高等学校長協会、四三頁
（2）橋本紀子、一九九二、『男女共学制の史的研究』大月書店、三三三頁
（3）一九四七年四月、日本国憲法下の初めての大阪府の議会選挙が実施された時に議会の名称も「大阪府会」から「大阪府議会」に改称された。ただし、長年の慣行から一九六〇年頃まで「大阪府会」の名称が使用されていた、「大阪府議会のホームページ」の「府議会のあゆみ」、http://www.pref.osaka.lg.jp/gikai_giji/aramashi/ayumi.html（二〇二〇年八月二五日、最終確認）。本章の分析対象となる時期区分が一九六〇年頃までであり、議会の議事録も一九六二年まで『大阪府会会議録』となっていることから、今回、文中では「大阪府会」の名称で統一することとする。
（4）大阪府教育委員会、一九七四、「新制高等学校設置準備委員会規程」『大阪府教育百年史　史料編三』第四巻、五三九―五四〇頁
（5）「全面的に男女共学――大阪新制高校一年生から」『朝日新聞（大阪版）』一九四八年三月一〇日
（6）「新制高校十九日から（予定）――北中と大手前女、男女共学の組合せきまる」『朝日新聞（大阪版）』一九四八年四月八日
（7）大阪府教育委員会、一九七二、『大阪府教育百年史　概説編』第一巻、四九八―四九九頁
（8）たとえば、三国丘高校の場合、府立堺中学校と府立堺高等女学校と市立堺高等女学校の三校交流であったが、府立と市立の学校間格差が問題となり、交流が紛糾し、夏休み明けの九月まで共学制実施がずれこんだという。大阪府立三国丘高等学校記念誌委員会、一九九五、『三丘百年』三九〇―三九三頁
（9）「どっちも無言で掃除――新高校の男女共学、昨日から」『朝日新聞（大阪版）』一九四八年四月二七日
（10）大阪府立北野高等学校創立一二〇周年記念誌編集係編、一九九三、『北野百二十年』一五六頁
（11）大阪市教育センター、一九八五、「戦後大阪市教育史（一）」『研究紀要』第一号、二九一頁
（12）『大阪府学校一覧表』タイムス社、一九四八年一一月、七―一一頁
（13）前掲、『校長協会三〇周年記念誌』、四一頁、中畔肇 他編『追憶　浜田成政先生』タイムス社、一五、六七―六八頁

(14)前掲『追憶　浜田成政先生』、六八頁
(15)「男女共学を語る（上）新制高校座談会」『朝日新聞（大阪版）』一九四八年五月一日
(16)同上
(17)「男女共学を語る（下）新制高校座談会」『朝日新聞（大阪版）』一九四八年五月二日
(18)同上
(19)前掲「男女共学を語る（上）新制高校座談会」
(20)同上
(21)大阪府教育委員会報告書『大阪府における教育の実状』一九四九年九月、六頁
(22)「男女共学講習会」『朝日新聞（大阪版）』一九四八年五月九日
(23)「「共学エチケット」是非」『朝日新聞（大阪版）』一九四八年六月一二日
(24)小山静子「男女共学制」小山静子・菅井凰展・山口和宏編、二〇〇五、『戦後公教育の成立――京都における中等教育』世織書房、一三三―一三六頁
(25)前掲『校長協会三〇周年記念誌』、四三頁
(26)「昭和二七年度公立高等学校入学者選抜方針決定」中「入学者選抜の根本問題」『大阪府教育委員会月報』第四巻一号、一九五二年一月、九―一〇、二九頁
(27)前掲「入学者選抜の根本問題」、二九頁
(28)『大阪府公報』三二八四号、一九五〇年二月三日
(29)同上
(30)「大阪府教育委員会・大阪市教育委員会　共同声明書」『大阪府教育委員会月報』第二巻二号、一九五〇年二月、一九頁
(31)大阪府では、一九五一年度の公立高等学校入学試験に向けて、「進学対策委員会」が設置される。一九五〇年八月三日に第一回目の委員会が開催され、学区制に関して討議された、『大阪府教育委員会月報』第二巻一〇号、一九五〇年一〇月、三二頁
(32)一九五一年二月二一日に制定された「大阪府公立高等学校通学区域に関する規則」では、「機械科」が「工業科」の表記に代わり、通学区分が一二学区から六学区に変更された、『大阪府公報』三四四五号、一九五一年二月二一日。この規則は、

一九六三年の改正まで存続する。

(33) 戦後の教育改革期、大阪府当局は新制高校の受験競争を避けるための方法を模索していた。詳しくは、山田朋子「戦後教育改革における新制高等学校の成立過程──大阪府の入学者選抜状況を中心に」『奈良女子大学教育学科年報』一一号、一九九三年所収を参照。

(34) 大阪府公立中学校長会、一九五七、『中学校創設十周年記念誌』、一〇頁

(35) 「昭和二六年度公立高等学校進学者選抜方針」『大阪府教育委員会月報』第二巻一二号、三頁。大阪府の公立高等学校進学者選抜方針は毎年、定められている。なお、前年度の「昭和二五年度大阪府公立高等学校入学調整要項」では、同組織の名称は「進学指導委員会」となっている。『大阪府教育委員会月報』第二巻二号、二四頁。

(36) 前掲「昭和二五年度大阪府公立高等学校入学調整要項」、二四―二五頁

(37) 「昭和二八年度大阪府公立高等学校入学者選抜要項」『大阪府教育委員会月報』第五巻一号、一九五三年一月、四頁

(38) 大阪府公立中学校長会、一九六七、『大阪府公立中学校創設二十周年記念誌』、一六頁

(39) 「昭和二九年度大阪府公立高等学校入学者選抜方針」『大阪府教育委員会月報』第五巻一〇号、一九五三年一二月、一七頁

(40) 一九五二年八月一二日の七月定例大阪府会の植村松太郎（無所属）の発言、二六九頁

(41) 大阪府会議員の所属政党は、一九五五年四月二三日現在のもの、大阪府議会史編さん委員会、一九八〇、『大阪府議会史第五編』一五七―一七四頁

(42) 風紀問題の観点から共学制を論じた議員は以下のとおり。一九五二年三月一三日　二月定例大阪府会の北野光太郎、一九五二年一二月六日　一一月臨時大阪府会の竹下五郎、一九五三年六月八日　五月定例大阪府会の中井信夫、一九五四年三月一一日　二月定例大阪府会の高橋義久

(43) 一九五〇年一二月一四日　一二月定例府会、一九五二年三月二五日　二月定例大阪府会、いずれも教育長（浜田成政）の答弁。

(44) 一九五四年三月一一日　二月定例大阪府会、教育長（浜田成政）の答弁。

(45) 一九五三年六月八日五月定例大阪府会、一九五四年三月一一日二月定例大阪府会の教育長（浜田成政）の答弁。

(46) 小山静子「男女共学の見直し論議」『戦後教育のジェンダー秩序』勁草書房、二〇〇九年、四九―九〇頁

(47) 一九五五年三月九日　二月定例府会の竹下五郎、一九五八年三月一一日　二月定例府会の橋上義雄
(48) 一九五五年三月九日　二月定例府会の安田利一、一九五六年一二月一七日　一二月定例大阪府会の山本敬一
(49) 一九五〇年一二月一四日　一二月定例府会、一九五三年三月二五日　二月定例大阪府会文教治安常任委員会、いずれも館種子
(50) 一九四八年七月二八日　昭和二三年七月定例大阪府会　赤間文三知事による「昭和二三年度大阪府歳入歳出追加予算」の説明、一七九頁
(51) 『大阪府教育委員会月報』第一〇巻一二号、一九五八年一二月、「教育委員会制度発足一〇周年記念特集」、「学校教育の一〇年」の記事中「男女共学」に関する記述、二二頁
(52) 『大阪府教育委員会月報』第五巻四号、一九五三年五月、五頁
(53) 一九五四年一〇月四日の九月定例大阪府会における教育長（浜田成政）によるアンケート結果報告、一一九―一二〇頁
(54) 前掲『追憶　浜田成政先生』、一四六頁
(55) 斎川梧堂が高校の募集定員における男女比率を批判した大阪府会は以下のとおり。一九五二年一二月一五日　一一月臨時府会文教治安常任委員会、一九五四年六月二九日　六月臨時府会文教常任委員会、一九五五年三月一一日　二月定例府会文教常任委員会、一九五五年九月二九日　九月定例府会文教常任委員会、一九五六年三月一六日　二月定例府会文教常任委員会
(56) 前掲「昭和二九年度大阪府公立高等学校入学者選抜方針」、一七頁
(57) 一九五四年六月二九日の六月臨時大阪府会文教常任委員会、教育長（浜田成政）答弁、四九〇頁
(58) 戦前の中学校と高等女学校の教育水準や教育内容の相違や、そのことが社会的にどのように認識されていたのかの詳細は、小山（二〇一五）を参照。
(59) 一九五五年三月一一日　二月定例大阪府会文教常任委員会、教育長（浜田成政）答弁、三四六―三四七頁
(60) 「昭和三〇年度公立高校入学志願者に対する学力検査の実施結果について」『大阪府教育委員会月報』第七巻四号、一九五五年四月、四八―四九頁
(61) 一九五五年三月一一日の二月定例大阪府会文教常任委員会、教育長（浜田成政）答弁、三四七頁
(62) 一九五五年三月一一日　二月定例大阪府会文教常任委員会、斎川梧堂の発言、三四一頁

(63) 大阪府立北野高等学校校史編纂委員会編著、一九七三、『北野百年史』一五六九頁
(64) 高校の募集定員における男女比率の疑義を呈した意見を述べた議員は以下のとおり。一九五八年九月二九日　九月定例大阪府会の竹下五郎、一九五五年九月二九日　九月定例大阪府会文教常任委員会の牛込つね、一九五六年三月一六日　二月定例大阪府会文教常任委員会の館種子。
(65) 一九五一年の「大阪府公立高等学校通学区域に関する規則」の全改正。全日制普通科に関して大阪府下を五学区に分ける。『大阪府教育委員会月報』第一四巻一一号、一九六二年一一月、五一頁
(66) 「昭和三八年度　大阪府公立高等学校入学者選抜方針」『大阪府教育委員会月報』第一四巻一二号、一九六二年一二月、四五頁
(67) 一九五二年三月一三日　二月定例大阪府会における教育長（浜田成政）の答弁、四五二頁
(68) 「共学下における女子教育のあり方　懇談会」『大阪府教育委員会月報』第一〇巻一〇号、一九五八年一〇月、一二頁
(69) 同上
(70) 同上

参考文献

小山静子、「男女共学制」小山静子・菅井凰展・山口和宏編、二〇〇五、『戦後公教育の成立——京都における中等教育』世織書房

———、二〇〇九、「男女共学の見直し論議」『戦後教育のジェンダー秩序』勁草書房

———編、二〇一五、『男女別学の時代——戦前期中等教育のジェンダー比較』柏書房

橋本紀子、一九九二、『男女共学制の史的研究』大月書店

山田朋子、一九九三、「戦後教育改革における新制高等学校の成立過程——大阪府の入学者選抜状況を中心に」『奈良女子大学教育学科年報』一一号

史資料

大阪府公立中学校長会、一九五七、『中学校創設十周年記念誌』

――――、一九六七、『大阪府公立中学校創設二十周年記念誌』
三〇周年記念誌編集委員会、一九七八、『校長協会三〇周年記念誌』大阪府立高等学校長協会
大阪府教育委員会、一九七二、『大阪府教育百年史　概説編』第一巻
――――、一九七四、『大阪府教育百年史　史料編三』第四巻
大阪府立北野高等学校校史編纂委員会編著、一九七三、『北野百年史』
大阪府立北野高等学校創立一二〇周年記念誌編集係編、一九九三、『北野百二十年』
大阪府立三国丘高等学校記念誌委員会、一九九五、『三丘百年』
大阪府議会史編さん委員会、一九八〇、『大阪府議会史　第五編』
大阪市教育センター、一九八五、『研究紀要』第一号
中畔肇　他編、一九八二、『追憶　浜田成政先生』タイムス社
『大阪府会会議録』（一九四九年まで『大阪府会速記録』）
『大阪府統計年鑑』
『大阪府公報』
大阪府教育委員会報告書『大阪府における教育の実状』一九四九年九月
大阪府教育委員会『大阪府教育委員会月報』
『大阪府学校一覧』タイムス社、一九四八年
『朝日新聞（大阪版）』

第Ⅳ部

複数の学校の統合あるいは再編による共学化

プールサイドの県立青森高校の生徒たち　1959年

第8章

青森県津軽地方における男女共学

――県立青森高等学校を中心に

石岡　学

はじめに

本章の目的は、新制高校の発足から一九六〇年代半ばにかけての時期を対象として、青森県津軽地方における男女共学の展開を総体的に把握したうえで、県立青森高等学校（以下、青森高校）に照準し同校における男女共学のありようを明らかにすることである(1)。

青森県津軽地方の新制高校における男女共学は、高校ごとにかなり多様な展開をみせた。具体的には、少なからぬ高校が男女別学を維持し続けたり、「共学」の学校でも男女比が不均衡な状態が長らく維持され続けたりした。また、戦後に別学校として新設された高校すらも存在している。したがって、青森県においては、男女共学を積極的に支持・推進しようとする向きは総じて弱かったといってよい。

そうしたなか、青森高校では、その発足当初から一九六〇年代半ばまでにかけて、在校生における男女比の大きな偏りがなく、少なくとも量的な意味では「まともな共学」の学校として展開していった。次節で詳述するように、同校は戦前の旧制県立青森中学校と旧制県立青森高等女学校がともに空襲により校舎を失い、新しく二校舎を建てることが予算的に不可能だったため、二校を統合する形で設立された学校である。「男女共学の推進」が主眼だったわけではなく、いわば特殊かつ消極的な理由により男女共学の高校として発足した（せざるを得なかった）わけである。つまり、青森高校は津軽地方における男女共学の先進的事例ではあったが、一方でそれは当時の津軽地方において決して標準的なあり方ではなかったといえる。

では、そのような状況下において、青森高校の在校生たちは自校での男女共学をどのように受け止め、意味づけていたのだろうか。また、教員や卒業生、市民・県民は青森高校の男女共学をどのように捉えていたのだろうか。そしてそれは時期によってどのように変化したのか、あるいはしなかったのか。これらを明らかにすることで、男女共学という形式の導入が既存のジェンダー秩序をどの程度揺さぶり得たのかについて考えてみたい。

以下、本章では、青森高校の学校新聞『青高新聞』第一〜一〇〇号（一九四九〜六八年）を史料として[2]、上記課題を明らかにしていく。学校新聞を史料として用いるのは、在学生をはじめとした学校関係者たちの当時における認識を知るうえでこれ以上に格好のものはなく、共学の実態を知るうえでも史料的な価値は高いと判断できるからである。

対象とする時期は、一九六〇年代半ばまでとしたい。これは、進学希望者急増を背景として一九六三年に青森市内に県立青森西高校（女子校）が創設されて以降、青森高校は男女別定員を設定するようになり、それまでの「共学」のあり方とは様相が異なってくるためである[3]。

一　津軽地方の高校における青森高校の位置づけ

本節では、青森県における新制高校の原則男女共学化への動きをあとづけ、各高校における共学の展開のありようを概観する。それらをふまえ、旧制中学と旧制高女の「統合」という形での青森高校発足の経緯を明らかにし、津軽地方における青森高校の位置づけを明確にしていくこととしたい[4]。

(一) 青森県における新制高校の原則男女共学化への経緯

青森県の新制高校において、男女共学化はどのように進められたのか。ここでは、『青森県教育史第二巻』(青森県教育史編集委員会編　一九七四。以下、『県教育史二』と略記)によりつつ、概観していきたい(同　七〇九―七一〇頁)。

他の都道府県におけるケースと同様であるが、県に対し新制高校の男女共学化を強く迫ったのは、軍政部のエドモンド・クロスであった[5]。当初、高校側は「風紀上の問題が懸念されたことから、男女共学の促進についてはあまり積極的でなかった」というが、クロスの「矢のような催促」もあり(泉　一九九三：二二五頁)、一九四八年一二月二日の県高校長会議では「来年度の新一年生から年次別に共学を実施する」と県教育委員会に答申することとなった。

翌一九四九年二月二日の県教育委員会定例会では、①「普通学科配置校は学校統合を行なって新一年生から男女共学を実施し、二・三学年は実情に応じて学校長が決定」、②「学校統合は行なわず一部高校を除いて自由募集」の二案について検討を行い、「第二案に第一案を加味して、二十五年度には学校統合を行なうことを前提として、県下の一部校が男女共学を実施する」[6]との決定がなされた。

しかし、学校統合については反対の声も多く、同年六月に県教委が発表した「高等学校再組織並びに学区制の設定」では、統合問題には触れず「①男女共学は二五年度より全高校について学年別により逐次実施する。但し実業高校については別に定める②男女の員数は必ずしも同数としない」との方針が出された（記念誌作成委員会編一九八三：三三五頁）。こうした経緯から、一九四九年度は弘前女子高校、青森女子高校など公立一四校で第一学年のみ男女共学を実施することとなり、翌一九五〇年度からは弘前高校・青森高校など一三校で男女共学を実施することが決定する。

（二）津軽地方の新制高校における男女共学の展開

こうして導入された高校の男女共学について、『県教育史二』は「その後は、心配された風紀上の問題も起こらず男女に教育の機会が均等に与えられ、順調に発展していくことになる」（七一〇頁）と評価しているが、この記述の妥当性にはかなり大きな疑問符がつく。実際には、津軽地方の高校における男女共学の展開には、大別して次の五つのパターンがみられたからである。

①共学化し、そのまま共学を継続した高校（青森高校、弘前高校など）
②共学校として新設された高校（青森東高校、弘前南高校など）
③共学化したものの、数年で別学へ回帰した高校（青森中央高校、弘前中央高校）
④共学化せず、一〇年以上別学を維持した高校（青森北高校、弘前工業高校など）
⑤別学校として新設された高校（青森西高校など）

一九六五年時点で津軽地方に存在した高校がそれぞれどのパターンに位置づくかの詳細については、**表8－1**を参照されたい。単純に数でいえば、①一三校、②四校、③二校、④八校、⑤四校であり、大雑把ではあるが①

②を共学校、③④⑤を別学校として捉えると、前者が一七校、後者が一四校となる。ただし、②のうち三校は一九六〇年代に設立された学校であり、一九五〇年代までの津軽地方においては共学校と別学校はちょうど半々という状態であった。また、別学校は私立高校に多いが、③～⑤いずれのタイプにも県立高校が含まれている点は無視できない。とくに青森市内には男子校として市立第一高校が存在し（旧制青森市立第一中学校。一九六九年度より県立に移管し青森北高等学校と改称、一九八四年度から共学化）、一九六三年には女子校として県立青森西高校が新設されており、共学校である青森高校が同市内の高校におけるスタンダードだったというわけでは必ずしもない。

また、共学校といっても、男女比が不均衡な状態がしばらくの間続いた高校もある。その代表例は、当時県下でもっとも学校威信が高く随一の進学校でもあった県立弘前高校である。同校は、一八八四年に創立された青森県中学校を前身とする旧制県立弘前中学校が、一九四八年に県立弘前高校となり、一九五〇年度より共学化したものである。[7] しかし、弘前高校は共学化に対してきわめて消極的であった。一九四九年の暮れに、当時の須郷校長は「本校としては来年度からは無理だ、とくに大学進学の目的ですべての事情を考慮して入学を希望するものに対しては拒否しない」との方針を語り、学校側は女子志願者に対して「本校に入学希望の女子は男子同様の教科を履習（ママ）する者に限り、女子のため特に家庭科を設けない」との「警告」を発している（弘高80年史編集委員会編一九六三：一〇一―一〇二頁）。旧制中学のトップ校ゆえというべきか、「すべて男の都合に合わせろ」という高飛車な態度がここにははっきりと示されている。[8] こうした事情ゆえ、同校は「共学」化したといっても、しばらくは女子が一〇～二〇％という状況が続いていく。[9] 一九六三年に刊行された弘前高校『鏡ヶ丘80年史』では「ひと昔前とちがって、ごく自然な感じで、きょうも鏡ケ丘では4対1の共学が行われているのである」（一〇五頁）と記述されているが、ここからは、たとえ男女数が不均衡であっても、ともかく男女が同じ学校に通っているという事実があれば「ごく自然な感じ」の「共学」であると認識されていたことがうかがえる。

さらに、③のパターンについて、ここでは弘前中央高校のケースについて触れておきたい。[10] 同校は、一九〇一

表8-1　津軽地方の高校における男女共学（1965年時点。分校および定時制のみ設置の学校は除く）

	高校名	前身校	備考
①戦後共学化→継続	県立青森高校	旧制中学・旧制高女	
	県立青森工業高校	旧制工業学校	
	県立青森商業高校	旧制商業学校	
	県立鰺ヶ沢高校	旧制女学校	
	県立板柳高校	旧制高女	
	県立柏木農業高校	旧制農業学校	公式HPの沿革では1949年に「女子別科設置」、1961年に「通常の課程に置かれている別科を廃止」とある。
	県立木造高校	旧制中学	
	県立黒石高校	旧制高女	
	県立五所川原高校	旧制高女	
	県立五所川原農林高校	旧制農業学校	
	県立浪岡高校	旧制高女	
	県立弘前高校	旧制中学	
	私立青森山田高校	旧制実業学校（女子）	
②戦後共学校として新設	県立青森東高校		1964年設立。
	県立金木高校		1948年度に県立五所川原農林高校の分校として設置。1962年度より県立金木高校。
	県立五所川原工業高校		1963年に設立。女子の卒業生は1968年度が初。
	県立弘前南高校		1963年設立。
③戦後共学化→別学へ回帰	県立青森中央高校	旧制高女	1950年度より男女共学、1957年度より共学廃止（女子校）、1996年度より普通科共学化。
	県立弘前中央高校	旧制高女	1949年度より男女共学、1957年度より共学廃止（女子校）、1997年度より普通科共学化。
④戦後しばらく別学体制を維持	青森市立第一高校	旧制中学	1969年度に県立に移管し「青森北高等学校」に改称。1983年度まで男子校。
	県立弘前工業高校	旧制工業学校	1964年度まで男子校（1965年度より建築科・工芸科・電気科が共学化）。
	県立弘前実業高校	旧制商業補習学校 旧制女子実業補習学校	1960年度に弘前市立弘前商業高校（男子校）と弘前市立女子高校の統合により設立。
	私立青森明の星高校	旧制高女	2014年度まで女子校。

	私立柴田女子高校	旧制実業学校（女子）	2018年度まで女子校。
	私立東奥学園高校	旧制実業学校（女子）	1993年度まで女子校。
	私立東奥義塾高校	旧制中学	1996年度まで男子校。
	私立弘前学院聖愛高校	旧制高女	1999年度まで女子校。
⑤戦後別学校として新設	県立青森西高校		女子校として1963年度設立。1995年度より普通科共学化。
	私立五所川原第一高校		1948年、五所川原家庭寮として設立（女子校）。1973年に普通科が設置され共学化。
	私立五所川原商業高校		1954年、五所川原実業高等学院として設立(女子校)。1957年より共学化。
	私立弘前東高校		1957年に弘前高等電波学校として設立（男子校）。1988年共学化。

注１：公式HPの学校沿革より作成（2019年9月18日最終確認）。
２：共学・別学に関しHPに特段の記述ないものは、新制高校となった段階（もしくはその後数年以内）で共学化したものとみなした。
３：全日制・昼間が「共学」になった事実をもって、「共学化した」と判断している。

年に青森県第一高等女学校[11]として設立された旧制県立弘前高等女学校を前身とする。戦後、一九四八年に県立弘前女子高等学校となり、翌四九年度より男女共学となったが、一九五六年度卒業生をもって男女共学廃止となっている。この間、同校の募集定員の設定はめまぐるしく変転した。[12]その理由については『八十年史』（一九八〇年）に詳しいが、端的にいえば、共学推進のための男女別定員の設定が学力低下を引き起こす点が問題とされたのである。この共学と学力低下に関する問題は後にみる青森高校においてもしばしば問題視されていたが、この問題は必ずしも「女子が男子の学力を下げる」という図式にはならないという点には注意したい。

いずれにせよ、弘前高校や弘前中央高校の例に鑑みれば、一九四九年段階での教育委員会の決定は五〇年代を通じて貫徹されたわけではなく、実際はかなり「弾力的」に運用されたといってよいだろう。

(三) 青森高校男女共学化への経緯

では、青森高校の共学化への経緯はどのようなものであったか[13]。

青森高校の男子側の前身校は、一九〇〇年に創立された青森県第三中学校、のちの県立青森中学校で、一九四八年に県立青森高等学校(男子校)となっている。女子側の前身校は、一九〇七年に創立された青森県立第三高等女学校、のちの県立青森高等女学校で、一九四八年に県立青森女子高等学校となっている。

これらの二校は、ともに終戦間際の青森大空襲(一九四五年七月二八・二九日)によって校舎を焼失するという、同様の経験をしている。その後青森中学は、市立第一中学の一部や大湊海軍施設部工員宿舎等を借りて分散授業を行い、一九四六年六月より旧歩兵第五聯隊兵舎を校舎として使用していた。一方の青森高女は、青森市立造(つくり)道(みち)小学校の一部を借りて授業を行い、一九四六年六月より旧歩兵第五聯隊兵舎を校舎として使用。その後同校舎の火災により、野脇中学校や浪打小学校等で分散授業を続けていたが、一九四八年四月旧県立商業学校跡に校舎を竣工しそこへ移転している。

この二校を統合するという案は、やはりエドモンド・クロスから発せられたものであった。『青森高校百年史』によれば、一九四八年一一月頃[14]、突如としてクロスから「県立青森高校と県立青森女子高校とはこれを統合して一校となし、男女共学を行うべきである」との電撃にも似た指示が県教委に下った(青森高校百年史編集委員会編 二〇〇三：三七四頁)。当時の津島知事並びに県議会は口を極めて統合反対を唱えたが、クロスの指示を受けた県教委にこれを拒否する力はなく、まもなく統合決定を発表したという(同 二五七頁)。県側としては、財政逼迫のため教育関係費削減の必要もあって男子校同士・女子校同士の統合案も検討したが、クロスからの指示と経費削減を両立させる案として、一九四九年二月に青森高校と青森女子高校の統合を決定する。ただしこの後、同年八月まで半年に及んで統合問題は紛糾し続けたことが記録されており(同 二五七・二五八頁)、男子校と女子校の統合には各方面から相当の抵抗感があったことがうかがえる。

結局、一九五〇年に両校の統合により県立青森高校が誕生する。この年はそれぞれ統合前に使用していた校舎にて分散授業という形であったが、翌一九五一年度より全生徒を男子側の校舎に収容して実質的な共学がスタートすることとなる。[15]

以上のように、青森高校の男女共学は軍政部からの指示と経費削減を両立させる目的のために行われたものであり、共学そのものに積極的な意義が見出されて実施されたものではなかった。一般からも、「男子の質実剛健、女子の温良貞淑の美風が踏み破られつつありとか、一流大学に進学しようとする男子生徒の意欲がふみにじられ、学力低下は現実となりつつありとか、男女生徒相伴っての登校下校は見るに堪えず」といった共学化への抗議の電話・投書が少なからず寄せられ、校長も「その応援に困却した」という（同 三八二頁）。

では、必ずしも歓迎されざるものとしてスタートした青森高校における「共学」を、生徒たちはどのように経験したのであろうか。次節以降、『青高新聞』の記事から探っていくこととしたい（以下、『青高新聞』からの引用については記事名・号数・発行年月日のみ略記）。

二　『青高新聞』における男女共学の語られ方

（一）「共学の利点」をめぐる語り

『青高新聞』第一～一〇〇号の記事をみると、一九五〇年代を通じてはほぼ毎号のように何らかの記事が男女共学について触れており、共学は比較的話題になりやすい問題だったといえる（ただし、一九六〇年代になると該当する記事のない号も増えてくる)。話題になりやすいということは、それだけ男女共学が何かと物議を醸すものとしてあったということを意味しているが、その一つは共学問題に対するアンビバレントな感情であったといってよい。そのことを象徴する表現の一つとして、「良い点も悪い点もある」という語り口が指摘できる。

また男女共学制度も生徒会活動(いいかえればホーム・ルーム活動)を停滞させる原因と考えられているが、決して男女共学が悪いのではなく、学校によっては良好なる成績をあげているところも少なくない。これらのことを考えてみれば、決して男女共学が悪いとはいえない。しかし、ある面では悪影響を及ぼしている。そこで第三者から見ると、悪い面ばかり気づきやすいので、共学は悪いのだと頭からきめつけているが、諸君(自分)が自重して行動するならば、そういうことがなくなり、男女共同してホームルームを運営することによりホーム・ルーム活動を活発にし、生徒会を次第に活発化させ得るのである。

(「論説 ホーム・ルームの活発化について」四二、一九五六年一二月二七日)

このように、共学は決して諸手をあげて歓迎されるのではなく、往々にして「悪影響もある」という評価を受けがちであった。

では、共学の良い点とは何か。一例として、一九五四年度の新入生たちによる座談会の一幕をみてみよう(「憧れの青高に入学して 刊行委員会主催第十一回座談会」三一、一九五四年七月二四日。なお発言者の性別は引用者による)。

奥山(男子)「男女共学の良い点は、なんといってもお互の偏見をなくすることだと思います」

(中略)

三浦(女子)「両性の欠点がわかるので良い」

奥山(男子)「男には男の見方があり、女には女の見方があると思います。お互の見地の相違から新しいものを見つけて行くべきです」

池田(女子)「賛成です。お互の誤解をなくしてゆくべきです」

「両性の欠点がわかる」「偏見をなくする」「誤解をなくしてゆく」というように、ここでは男女が互いの違いをよく知ることができるという点に共学の良さが求められている。化学実験の授業で男女混合グループのほうが能率が上がったというエピソードについて、「女には女のよさがあり、男には男のよさがあると思いますが、まあそんな考えからそんな組み分けしたんですね」（「座談会　ここに暮らして1ヵ月」六六、一九六二年五月一九日。化学科担当教員による発言）という発言なども、同じ路線といえるだろう。

つまり、共学の利点をめぐる語りは、「男女は根本的に異なる」という認識を前提としたものであった。「お互の個性の発展のためには必要だと思うよ。もつとも男は男らしく女は女らしくてネ」（「教師訪問　国語担任　須藤先生」二四、一九五二年一二月一二日。ただし原本破損のため記事名は他の類似記事からの推測）という国語科教員の発言に象徴されるように、これは「男女にはそれぞれ異なる特性がある」という強固なジェンダー観念があってこそ、はじめて評価される「利点」なのである。

こうした「男女の特性」という認識の強さは、『青高新聞』の記事においてしばしばみられる。象徴的なものとして、前半期にほぼ毎号掲載されていた他校新聞の紹介記事をあげたい。このコーナーではかなりの頻度で他校における共学の話題が紹介されているが、その内容は男勝りの女や男女の逆転現象など、「男女の特性」にまつわるものが非常に多い。

一年生だけ男子一〇〇人を収容し、他は女生徒ばかりの福岡県中央高校では、女生徒の地位が男生徒より高く、男生徒が女生徒に暴力を加へた時、理由のいかんを問はず退学させるとの話。但し女生徒の場合にはこの規則は不適用。男生徒が言ふに「全く男女同権ではない」との事（「男女不同権」八、一九五〇年二月二〇日）。大阪某高校の未来のレデイ達が上級生に対して礼を失するとはけしからんというわけで、一年男子数名を呼び出してポカリ、ポカリ、とはなはだしく頭部に痛みを覚えるものをあたえた。これに対して男子側は「男女共学は今日限り嫌でございます」と涙ながらに抗議を申し込んだとか（「おそるべきかな」三二、一九五四年七月二四日)。

これらの記事は、ちょっとした笑いを含む小噺といった趣で紹介されている。当然ながら、こうしたエピソードが笑いに結びつくためには、その前提として「男・女とはこういうもの」というジェンダー観が必要である。だからこれらの記事からは、一見すると共学によって新たに生み出された状況を描きつつ、実は前提となるジェンダー観そのものは何ら揺らがないという構造がみてとれる。

こうした記事以外にもジェンダー観の強さをうかがえる記事は少なからずみられ、時期を下ってもあまり変化はみられない。たとえば、新聞部の新入部員が全員女だったことをうけて男子生徒に「この伝統ある『青高新聞』を女性に任せっきりでよいのだろうか」(「記者手帳　一年生ヤーイ」九八、一九六八年六月二一日)と訴える記事や、卒業生へのはなむけとして「(男は——引用者注)男の生活として女は女なりの生活を基盤とすることを忘れないで下さい」(「記事名なし」八〇、一九六五年三月八日)、「男は男らしく、女は女らしく各々のもち味を生かして」(「記事名なし」九五、一九六八年三月九日)と必ず釘を刺す女性教員の発言などがみられる。

以上のように、共学の利点は男女がお互いを理解しあうことができるという点に求められていたが、それは「男女の特性」というジェンダー観を前提としたものであった。そして、こうしたジェンダー観の強さは、容易に共学の欠点にも結びつきうるものでもあった。

(二)「共学の欠点」をめぐる語り

前項でみたジェンダー観の強さから想像できるように、共学によって男らしさ・女らしさが薄れるという指摘は、しばしば共学の欠点として語られている。『青高新聞』の場合、こうした内容は卒業生や教員から発せられることが多く、「男女共学の弊害かな、男の生徒が可憐になってきたな」(「座談会　母校の想い出を語る　伝統生かし校風の樹立を！」一五、一九五一年二月二六日）や、「男は覇気がない。昔のバンカラということは望まないが、本当の意味の男らしさというものがほしい」（「先輩訪問第十四回　山田治氏　絵にあそぶ」六〇、一九六一年二月一八日。記事によれば、山田は一九四四年青森中学の卒業生で、取材当時は私立甲田中学校の図工科教員）といった発言にあるように、とくに「男らしさの喪失」がより問題視されていた点が特徴的といえる。

このように「男らしさの喪失」が問題視されているということは、要するに共学の弊害とはもっぱら「男にとっての弊害」を意味していたということである。この点は、やはりしばしば登場する「学力低下」についての弊害論とも関連してくる。たとえば、「論説　今年の青高生のあるべき姿」（三九、一九五六年五月一五日）では、現役生の大学進学率は八戸高校に比べ低いのに（八高五二・〇%、青高二八・五%）浪人も含めるとその差がなくなるという現状に対し、その原因を「男子と女子の比に本校三対二に対し八高四対一と大きな開きがあるところ」に求め、「結局は、女子の多いことに多少学力低下の起因を認めざるを得ない」としている。同論説は、統合の経緯からして共学廃止は不可能としつつも、「人間である以上、異性を慕うことは必ずあることだが、少くとも学生である以上、勉強という根本の目的があるんだということを忘れずに張切つてもらいたい。学をする上には異性は必要のない存在である」と、女子生徒を性的な存在としてしか見ていないきわめて男性本位な結論が導かれている。

同様に共学と学力低下を結びつける認識は、他の記事にもみられる。もし学力低下の原因となるのであれば「全面的共学は是非なくしてもらいたい」（「論説　全面的共学」一四、一九五〇年一二月二五日）という初期の論説があるし、一般社会のなかにも共学は学力低下をもたらすとの認識が存在していたことを伝える記事もある。(16) また、女子生徒の立場として、女子のせいで学力が低下しているといわれることに「非常に納得のゆかぬ不満」「強い義憤を感じます」としつつも、見てくればかり気にする女子生徒もいることをふまえて「在学中は女性である前に学生でなければならず、高校生として立派にその務めをはたされなければならないのです」とする投書もみられた（「女生徒として女生徒に」三六、一九五五年一〇月五日）。さらに、一九六三年に青森西高校が設置される際にも、「最近青高の進学率は弘高、八高にくらべて悪い。それは男女共学が原因だ。新設される西高を女子高校に、青高を男子だけにして進学の向上をはかってはどうか」という意見がみられたという（「本校、男子校に近づく？ 来年度高校生募集定員決まる 男五、女一の割り合い」六九、一九六二年一二月二五日）。

とはいえ、「共学は学力低下をもたらす」という認識が全員に共有されていたわけではない。たとえば、ある学生記者は「やはり男子だけというのに比べれば、そこにただよう雰囲気というものはなごやかというか男子の場合のみのそれとは異なるだろう。だから勉強においても自然なにくそという気持をもつことが少なくなり学力の低下なんとかといわれる」とする一方で、「しかし反面において男女共学は多くよい点をもつている。学力の低下は男女共学に基因しているなどということは、簡単にいえうることではない。要は男だから女だからということなく勉強すればよいのである」として、共学と学力低下を結びつける考えに対する疑義を呈している（「一般人の観た青高生」三六、一九五五年一〇月五日）。

また、教員の間でも、この点についての評価は一枚岩ではなかった。たとえば、教員・生徒を交えた座談会（「最近の青高を打診する 刊行委員会主催第十二回座談会」三五、一九五五年六月二四日）では、「学力に影響している点は少しはあるかも知れませんが、共学が本質的に学力に影響を与えているというのではなく、共学なるが故に（学力が――引用者注）低下しているとは考えられない」という男性教員成田の発言に対し、新岡（男性教員）が「その関係は成り立たないと思う。諸君は青春期なので互に動揺を来たすようです。具体的にいえば男は女を考え、女は男を考えたりする。それがひどくなれば学力が低下するかもしれない」と反論する一幕がみられた。

本書の他の章をみても明らかなように、共学を学力低下の原因とみなす視線は何も青森高校のみに特異なものではなく、この時期の共学をめぐっては頻出する問題であった。青森高校もまた、その例外ではなかったということである。ただ、学力ないし進学実績はトップ校であれば常に意識されることであり、「低下」を示す兆候が表れた際にその原因探しがなされるのは不自然なことではない。そのとき、もっとも象徴的な変化要因として男女共学が槍玉にあげられやすかったというのが、実際のところだったのではないだろうか。さらに、青森高校においては男子はほとんど進学コースに入り、就職コースのほとんどは女子生徒であったという状況が、少なくとも一九五〇年代のうちは続いていたとみられ、このことが「共学は学力低下の原因」とする認識に一定の信憑性をもたらす背景となっていた可能性は指摘できよう（「解説　諮問される高校再編成　悩みは進学者激増　再考要する学区制」五五、一九五九年一二月二四日）。

三　『青高新聞』にみる男女共学の実態

（一）縮まらない男女の距離

前節でみたような男女共学をめぐる「語り」を導いた、青森高校での学校生活の実態とは、どのようなものであったのか。結論からいえば、男女生徒の間にそこはかとない距離感が存在し、それがなかなか縮まっていかない様子が記事から伝わってくる。この点は、先に指摘した「男女の特性」に対する意識ともちろん無関係ではなかろう。とくに、男子生徒は女子生徒との距離をうまくとりかねている様子がうかがえる。たとえば、次のようなクラスでの掃除の様子からも、それがみて取れる（「お部屋拝見　掃除は男女共同で　喜ぶ男生徒たち　二年四組の巻」五六、一九六〇年三月九日）。

クラスの仕事はなんでもみんないっしょに……と掃除は男女混合。男生徒にとつては夢のような話だ。「どうせ、オナゴだつきや掃除するの、楽しいんダネ、せつかくダネ、サボラ、何もケネ」他のクラスでは、この辺がせいぜい落ちつくところだが、四組は違う。「オレ、水くんで来てケラ」「ボ、ボク、机運びましょう」「オメダキヤ、休んでヘンガ、オラふいてケラジヤ」と、適当にほおなんかそめているのが、男生徒であり、この時が、何となく楽しい瞬間なのである。

また、一九五二年の卒業生（女性）は、「〃38度線〃といって、昼食時には男は校庭側、女子は廊下の方と互いに背を向けて、固まって食事をしたもんです」と後年に回顧している（青森高等学校昭和二十七年卒業生卒業三十周年記念誌編集委員会編　一九八二、一〇四頁）。

一九五〇年代においては、こうした男女間の微妙な距離感は半ば笑い話として表象されていた。しかし、「男女共学でありながら余りまとまらぬ男女間」（「確信…やればできる　文化祭を顧みる」七三、一九六三年一二月二七日）というように、この距離感は一九六〇年代前半になっても相変わらず継続しており、その時期になると笑い話では済まされず、男女生徒間の分断を真剣に問題視する記事が目立ってくる。

この学校は私達が知っているように男女共学です。しかし、共学ということはただ単に男性と女性が同じ教室に入って講義を受けるだけのことでしょうか？私は反対です。互いに挨拶を交えるクラスは数える程しかありません。（中略）男女共学とは、男女が共に協力してこそ構成されるものであります。

（「投書箱から　男女共学ということ」五九、一九六〇年九月二三日）[17]

ホーム・ルームがバラバラだということは、男女共学にも関連があります。本校は完全な男女共学でありながら、ホーム・ルームがバラバラであるがゆえに、共学の中にとけこんでいないのが実情です。これは男女一緒にしただけでは何にもならないことを意味します。有名無実の共学校なら、あのラッシュアワーの人混みと何らかわったところがありますまい。

（「広がるうた声運動　ホームルーム活発化のきざし」六七、一九六二年七月一七日）

これらの記事からは、共学化から一〇年以上が経過した段階でも「ただ単に男性と女性が同じ教室に入って講義を受けるだけ」と批判されるような状況がみられたことがわかる。その原因を直接的に特定することは難しいが、やはりそこには男女の共通性よりも差異を重く見るジェンダー観が底流にあったということになるだろう。前節でみたように、共学の利点として指摘される「お互いの理解促進」ですら、あくまで「男女の違い」を前提としたものであった。

なおかつ、生徒会の集会などで女子生徒がほとんど発言しないことを指摘した記事が複数あることからも（「第一回生徒大会雑観」四〇、一九五六年六月二〇日。「論説　生徒会に思う」八六、一九六六年六月二日など）、生徒間でのイニシアチブは男子生徒の側にあったものと考えられる。[18] そうした男子生徒優位の傾向は学校文化の中にもあらわれており、とくに応援団文化はそのもっとも象徴的なものであった。共学化の初期こそ「旧来の応援団のあり方に対する反省の声が高まり」、女子リーダーの設置など「完全統合、男女共学実施等、移り変る時代に明日の青高の伝統樹立に向つて」いこうとする記事もみられるが（「応援団着々整備進む　女子リーダーも出現か」一九、一九五一年一二月一三日）、少なくとも女子生徒にとって応援団文化はあまり代わり映えのしない旧態依然たるものと受け止められていた。実際、当初は「もう少しスマートな応援団をつくつて貰いたいわ」「応援歌なんかも一緒に改良してほしいわ。今の応援歌じや女の人が可哀そうよ」（「尽きぬ学窓での思い出　卒業生よもやま話」二六、一九五三年三月一二日）といった発言がみられる程度であったが、「女子は無視されています」（「〃女子は無視されています〃　応援歌練習を顧みる」三五、一九五五年六月二四日）とか、ガラの悪い歌を一緒に歌わせないでほしいなど（「観応援をしてみればに一言」五三、一九五九年七月一八日、「一年女子A」の投書）、女子生徒からの応援団に対する批判は一九五〇年代を通じてしばしば紙上に掲載されている。とくに「本校応援団のことについて」と題した「女生徒S」による投書には、応援を「男の文化」とみなし女子を排除しようとする応援団幹部のスタンスが明確に記されている（「本校応援団のことについて」三九、一九五六年五月一五日）。それによれば、女生徒Sが応援団のあり方について話し合ったところ、幹部たちは「女子がいると、男生徒たちのあのドラ声の効力が半減する」「あの黄色い声には閉口する」などと発言したといい、Sはそれに対し「女子にいて欲しくないという意味なのでしよう?」「じゃ、球場ではおとなしくただ観ているだけでよいのでしようね」とその胸中を皮肉まじりに吐露している。さらに、「女子が沢山応援に来ると、他の学校から「女学校」つて馬鹿にされる。頼むから俺達の面子を保つてくれ」という発言が出るにいたっては、「聞いて呆れた」とまで記している。

このように応援団文化を「男の文化」とする見方は、スポーツそのものが男性ジェンダーに結びつけられてきたという歴史的経緯と無関係ではないだろう(Messner 一九九二=二〇〇四、吉川 二〇〇四)。女子スポーツの歴史は女性規範との葛藤の歴史でもあった(河原 一九九九)と評されるように、スポーツは決してジェンダー中立的なものではない。男女共学という事実がありながらも、ここまで露骨に女子を排除しようとする応援団の様子には、スポーツにまつわる文化が男にとっての「聖域」であることが如実に示されている。一九六〇年代の後半になると、女子の運動部希望者減少を嘆く記事が『青高新聞』にしばしば掲載されるようになり(クラブ加入おおいに結構論者「女子の入部望む」八三、一九六五年一〇月一日。女子クラブ加入推進連盟「女生徒よ、運動部へ!」八六、一九六六年六月二日など)、実際に廃部となったものもあったが[19]、その背景には女子生徒数の減少という事実もさることながら、こうした青森高校の男性中心主義的な学校文化があったとも考えられよう。

以上のように、青森高校は共学校であったものの、一九五〇〜六〇年代前半の時期を通じて男女間に一定の「距離」が存在し続け、男子優位の学校文化が女生徒の反発を招くような事態が継続していた。そもそも、こうした状況がもたらされたことの根源には、青森高校における男女共学が「命令への対応」と「経費削減」という理由に端を発したものであったことが、やはり関係しているといわざるを得ない。「男女一緒にしただけでは何にもならない」という先の引用記事中の表現はまさにいい得て妙であり、男女共学という形式の採用が自動的にジェンダー観の払拭につながるわけではないということが、青森高校の事例からは確認できるのである。

(二) 男女交際問題・風紀問題の少なさ

最後に、新制高校の共学に関する論点といえば、男女交際やそれと結びつけられやすい風紀問題について触れないわけにはいかない。しかし、結論からいうと、青森高校においてはこれらの問題が大きく取り沙汰された形跡はみられない。

まず、風紀問題に関していえば、比較的話題にのぼることが多かったのは「長髪是か非か」であり(とくに一九六〇年代)、男女交際にまつわる風紀の乱れなどはほとんど問題にされていない。男女交際すなわち恋愛に関する記述も、それほど多くはみられないが、本章の対象時期の初期においては、文芸創作や随筆などの形態で大真面目に恋愛を語るものがいくつかみられる。象徴的なものを一つ引用してみたい(三年　田中昭六「創作　初恋」三、一九四九年六月二八日)。

然し私達の恋はその後、それ以上発展しなかつた。何故だらう。私も彼女も共に深く愛し合つてゐたのに。その頃私は総べてのものに漠然とした懐疑を抱いてゐた。真のプラトニック・ラヴは存在するだろうか？男女間の友情と恋愛の区別は？又恋愛の永続性は？私は何一つ断定し得なかつた。彼女との恋も私にとつては疑問の一つだつた。これが真の恋愛であらうか。中学生としての私、女学生としての彼女を互に求め合つてゐた、いはば単なる好奇心ではなかつたらうか。真の恋愛でなければ何時かは破綻が来る。例へ真に愛し合つてゐても、心弱き者は周囲の情勢に敗けて去つて行く事もある。人間に永遠なるものは望みない。然も私は永遠なる恋、ヴイーナスの再現を求めてゐたのだ。

このあとも同じような調子で延々と続くのだが、あまりに長いのでこれ以上の引用は差し控えたい。一読してわかるのは、高校生としてはおよそ現実感の薄い、自己陶酔のような恋愛論が語られているということである。これ以外にも、高橋義勝「創作　末路」(四、一九四九年七月二〇日)、富田倖逸「環境と恋愛」(一一、一九五〇年九月一五日）、宮川武弘「随想　雪の降る晩」（二九、一九五三年一二月二一日）など、初期にはこの種の妙に肩ひじ張った恋愛論が散見される。いずれも、現実の男女交際を論ずるというよりは、観念的な恋愛をペダンチックに語るような趣のものである。

こうした観念的恋愛論も一九五〇年代後半以降は投稿されなくなり、六〇年代前半にかけては恋愛や男女交際に関し特筆すべき記事はみられない。だが、六〇年代後半になると、突如として爽やかに「恋愛しよう！」と訴えかける記事が登場するようになる。女子生徒によるものとみられる記述を、長くなるが引用してみたい。

さてみなさん、というより男生徒諸君、私たちが当事者であるところの学園生活を、最も華やかにそして甘く色どるもの、それゆえに私たちが夢うつつに思いこがれているもの（ここまで読んで、みみなさん（ママ）はもうわかってくれましたね。）そう、男女交際にほかなりません。（中略）昼食時の三四郎池のほとり、授業交替時の休み時間の廊下で、ちらほら、男と女のシルエットが認められます。こうしたことが人目をはばかることなくごく自然に行われ、振り返り見る者もいません。（中略）「青高のおなご、勉強ばかりして、交際だなんて気が向かね。」なんていっているあなた、何をかいわんや。青高の女の子は、こういうことに関してはいたって消極的。思う人はいても意思表示せずに、じっと胸にしまっておくというタイプが多いのです。でも、その心の奥でひそかにあなたの来るのを待っているということは、いくら鈍感なあなたでも察しがつくでしょう。されば男性徒（ママ）諸君、気持を大きくもってあの子にぶつかってみて下さい。「押してもだめなら引いてみな。」たとえ返事がNOであってもドント・マインド。結果ばかりを気にしていては、青春なんてありはしないと思います。若者の特権を放棄しているようなものです。さあ、学園生活をバラエティーに富んだものにするために、大いにはばたこう（「むげん」一〇〇、一九六八年一一月八日）[20]

「こうしたことが人目をはばかることなくごく自然に行われ、振り返り見る者もいません」という記述が学校新聞紙上でなされていることから、六〇年代後半には同校において男女生徒間の恋愛を異端視・問題視する向きがなかったということだけはわかる。五〇年代後半以降に何があったのかフォローできないのがもどかしいが、比較的近い時期の回顧で（青森県立青森高等学校校史編集委員会編 一九七四：一三二―一三三頁）、一九五一年の卒業生（男性）が「私等の時、ただ二人で歩いただけで騒がれたものです。風紀上好ましくない（笑）ということでね」と、一九五三年の卒業生（男性）が「ボク等の時は、まあクラブでの交際です。それに、打ちとけてということはなかった」「ともかく、一緒に歩いてもコチコチだった。（笑）」と発言しているのに対し、一九六六年の卒業生（男性）が「私達は、全く自由交際でしたね」と語っていることからも、男女交際をめぐる状況は五〇年代後半～六〇年代前半の期間に変化したものと考えられる。

このように『青高新聞』においては、男女交際や風紀に関わる問題が大きく取り扱われることはなかった。このことは、青森高校が県下有数の進学校であり、逸脱的な生徒が相対的に少なかったことの反映ともみることができる。あるいは、前項で指摘した「男女間の距離」の存在が関係しているかもしれない。共学化最初期の一九五〇年、同校の生徒三百人あまりを対象に実施された調査によると、異性の友人がいると答えた者五二・一%、いないと答えた者四七・九%であったという（「進学・就職・異性について 社研の世論調査」一四、一九五〇年一二月二五日）。「異性の友人」の定義をどうみるかという問題はあるが、ここまでみてきた当時の状況を踏まえるといわゆる彼氏・彼女であるとは考えにくい。逆にいえば、「ただの友達」レベルですら半数近くの者にはいなかったということである。また、一九六七年のアンケート調査でも「異性の友を欲するか？」という質問に対し、欲するという回答が五七%にとどまったという結果が残されており、異性の友を持つことを「精神的苦痛が大きい、わずらわしい、と生活にマイナスとする人も多くいた」という（「アンケートの結果わかる 薄い教師と生徒との人間的つながり」九四、一九六七年一〇月八日）。こうした状況に鑑みれば、問題視されるほどに男女交際が活発化するという事態がそもそも発生しなかったことが、男女交際や風紀問題に関する記事の少なさの背景にあったということなのだろう。(21)

おわりに

発足から一九六〇年代前半までの青森高校においては、共学を肯定するにせよ否定するにせよ、「男女は根本的に異なる」というジェンダー観が強固に存在していた。それゆえ、男女の比率的に「まともな共学」の高校としてあったにもかかわらず、青森高校における男女生徒の間にはそこはかとない「溝」が存在し続け、良くも悪くも「男女交際」はさほど活発ではなかったとみられる。これが、『青高新聞』の記事から明らかになった同校の男女共学の実態である。

同紙における記事の全体的な傾向をみても、五〇年代には「共学の是非」に関する話題が一定数みられるものの、六〇年代以降になると共学が主題として取りあげられることは少なくなっていく。このことは、男女共学が既成事実化し、ことさらにあげつらう必要がなくなったことを意味しているといえる。しかし、これは単なる既成事実化であって、必ずしも同校において共学が定着したことを意味してはいない。それは、六〇年代後半以降になって男女比のアンバランスな「共学」に変化したにもかかわらず、それに対する目立った反対意見がみられなかったことに表れている。どこか、男女比が均等であることを「不自然」とみる向きがあったのではないか、とすら思えてくる。

こうした事態は、青森高校の共学化が消極的な経緯によって始められたものであるという事実と、やはり無関係ではないだろう。共学という形を継続することに主体的な意図がないために、男女共学の意味が積極的に問い直されることもなかった。したがって、「男女は根本的に異なる」という観念が覆されることなく、男女の「距離」も縮まらなかったと考えられるのである。

さらに、「利点」「欠点」という観点から論じられていること自体、高校教育の目的は共学とは別のところにあり（たとえば大学進学実績の向上など）、その目的にとって利するか害するかという審級から共学の是非が問われていたことを示している。つまり共学は、その目的にとって益するところなしと判断されれば、いつでも放棄されうる程度の位置づけしか与えられていなかったのである。この点に関連しては、そもそも青森県が高校進学率において全国最低水準であり続けた県であったことも指摘しておくべきだろう。[22] このことは、青森県においては「高校生＝エリート」のイメージが他県と比べ強く残存していた可能性を示唆している。そうであればこそ、共学よりも学校威信（とくに進学実績）の問題がより重要だったのではないか。

以上のように、青森高校における男女共学は、京都の新制高校における男女共学を論じた小山静子（二〇〇五）が、「共学によって男女平等な教育制度が保証されたということと、男女観や女子教育観に大きな変革がもたらされたということとは別のことである」と指摘していることと相同的であった。第一節でみた他の高校の動向に鑑みても、津軽地方においては既存のジェンダー観や女子教育観（もちろん「男子教育観」も）を問い直す社会的機運には乏しかったと言わざるを得ない。

注

（1）青森県は、東西に「南部」「津軽」の二つの地域があり、「南部」はさらに「下北」と「三八上北」に大きく分かれる。これらはおおむね廃藩置県前の旧藩の領地の区分に準じており、それぞれに独自の気候風土や文化、歴史的背景を有し、人的交流の面でも必ずしも相互に活発であるとはいえない（たとえば、八戸市周辺は岩手県北部とのつながりが強い）。このことを踏まえ、本章では、県庁所在地である青森市および旧弘前藩の城下町であり現在でも文教面の中心地である弘前市を含む、津軽地方を対象としたい。

（2）史料は青森県立図書館所蔵の『青高新聞縮刷版：一〜一〇〇号（昭和二四年二月二〇日〜昭和四三年一一月八日）』（青森高校刊行委員会、一九六九年）を用いたが、同書にも『青森新聞』第一〇・一六・二〇・二一・二三および四五〜四九号は収録されておらず、これらの号については本章での分析対象としていない。なお、引用に際して旧字は新字に改め、句読点を適宜補った。また、明らかな誤植については修正した箇所がある。

（3）青森高校生徒の男女比は一九五二～一九六四年度卒業生は三：二程度であったが（青森県立青森高等学校校史編集委員会編　一九七四、一六〇頁）、一九六五年度卒業生以降はおおむね四～五：一の割合に変更され、その後一九九五年度まで同校の男女枠は継続された（青森高校百年史編集委員会編　二〇〇三、五五九頁）。一九九六年の男女枠撤廃以降は、男女生徒数は漸次半々に近づいていき、二〇一八年度の入学生は男子一四八名・女子一三二名となっている（http://www.aomori-h.asn.ed.jp/jouhou/annai/annai.html）（二〇一九年八月八日最終確認）。

（4）なお、学区制については、一九四九年に県教育委員会で暫定的に六学区とされ、その後一九五一年に一三学区、町立学校の県立移管や高校の新設などで一九五七年には一七学区となり、一九六〇年に六学区制に戻った。ただ、青森県では他学区からの進学承認が多数あったといわれており、実態として学区制はあまり厳格に適用されなかったものとみられる（丹二〇〇〇、四一一一頁）。なお二〇一九年現在では学区は廃止されている。また、総合制については、いくつかの学校で試みられたものの、「結果としては総合制の理念がはっきり確立しなかったことなどから失敗に終わった」とされている（同）。

（5）史料によって「教育課長」「教育部長」「教育係」と肩書がバラバラであるが、いずれにせよ文教改革の中心人物であったことは確かである。

（6）教育委員会会議録によれば、この方針は「24年度実施は共学に対応する学校設備が間に合わぬこと及び教員配置の面で困難があり、職員、生徒、父兄の心がまえを充分にした上で円滑に漸進的に移行せしめたいという理由から」出されたものだという（青森県教育庁教育研究所　一九五八、七頁）。

（7）同年度は一学年四〇〇名中女子五〇名の募集（実際の入学者は一六名）、翌一九五一年度は女子の募集を一〇〇名とし、一九五二～六二年度は男女オープン、一九六三年度は男子三三〇名・女子一〇〇名と推移している（記念誌作成委員会編　一九八三、三五五―三五六頁）。

（8）ただし、この件で須郷校長はE・クロスに呼び出され、「なぜ県教委案を尊重しないのか」と叱責されたという（記念誌作成委員会編　一九八三、三五五頁）。

（9）『鏡ヶ丘80年史』（弘高80年史編集委員会編　一九六三）一〇一頁によれば、一九五〇～一九六三年度にかけて女子生徒の割合は増加傾向にあるも、最大でも一九六二年度の二一％にとどまっている。

（10）青森中央高校の学校史ではこの時期の「共学化」に関する記述が乏しいが、『県教育史二』（一〇一四―一〇一五頁）によれば、経緯の概略は次のとおりである。旧制市立青森高等女学校の流れをくむ同校は、一九五〇年度より男女共学を実施するも男子生徒の入学者はふるわず（一九五五年度で在籍生徒数五四六名のうち男子生徒二七名）、一九五五年一一月に市教育委員会は翌年度の入学募集を女子に限定すると決定。これに対し県教組はただちに声明書を発表、市教委および学校側に反省を促した結果、「共学の基本線を崩さない方針を再確認」するも、一九五六年度の入試では男子が一名も入学せず、翌一九五七年度からは正式に女子校となった。

(11) 一九〇一年四月一日にこの校名で開校し、同年五月一五日に青森県立第一高等女学校と改称。一九〇九年四月一日に青森県立弘前高等女学校と改称した。なお、一九〇一年一〇月二五日には当時の三戸郡八戸町（現在の八戸市）に青森県立第二高等女学校が設置（翌年四月一日開校）されており、当初から校名に「第一」を冠していたのはこれを見越してのことと推測される。両校の沿革については、県立弘前中央高校ＨＰ（http://www.hirosakichuo-h.asn.ed.jp/pdf/outline.pdf）、県立八戸東高校ＨＰ（http://www.hachinohehigashi-h.asn.ed.jp/intro_enkaku.html）を参照されたい（二〇二〇年二月一二日最終確認）。

(12) 全日制の募集定員についてみると、男女各五〇名（一九四九年度）→男女約二〇〇名（五〇年度）→女子一二〇名・男子八〇名（五一年度）→男女二五〇名（五二年度）→女子二二〇名・男子五〇名（五三年度）→男女二七〇名（五四年度）と、一年ごとに男女別枠を採用したりしなかったりが繰り返されている（校史編纂委員会編 一九八〇、四二三頁）。

(13) 以下、校舎の焼失・移転等の経緯については、青森県立青森高等学校校史編集委員会編（一九七四）一二一頁の記述および青森高校ＨＰの記述に依拠している（http://www.aomori-h.asn.ed.jp/syoukai/enkaku/enkaku.html）（二〇一九年七月二五日最終確認）。

(14) この指示が出された時期を特定するのは難しい。『青森高校百年史』では、傍証の積み重ねによって、一九四八年一一月一日から翌年一月末までの間であろうと推測している（青森高校百年史編集委員会編 二〇〇三、三七四頁）。

(15) この「男子側の校舎」とは、一九五〇年に旧兵舎のすぐ隣に竣工した新校舎のことを指す（青森県立青森高等学校八十年誌編集委員会編 一九八〇、四二・六一頁）。

(16) 「高校生　大人はこう見る　あまりにも大胆な　もっと責任感を」五三（一九五九年七月一八日）。同記事では、「某映画館主」の発言として、「高校が大学への掛橋としてのみ考えられているのなら、むしろ共学はさけるべきだ。科学的にいって女子の学力は高校位になると、男子についてゆけなくなるということであり〝気持の持ちようで、共学による学力の低下は打破出来る〃という考えは適当とはいえない」との記述がみられる。
(17) 投稿者名は「一年　加藤」とあるだけで、男子生徒か女子生徒かは不明である。
(18) ホームルームで女子の発言が多く「嬶天下の級」と評された一九五一年度の三年九組のような例もみられる。しかし、そのような評判自体が「通常は男が主導権を握る」と考えられていることの裏返しでもある（新岡精弥「嬶天下三年九組の憶い出」青森高等学校昭和二十七年卒業生三十周年記念誌編集委員会編　一九八二、三四―三七頁）。
(19) 女子バレー部が一九六四年三月、女子ソフトボール部が同年一一月、女子バスケット部が翌年七月に、それぞれ廃部となっている（青森高校百年史編集委員会編　二〇〇三、四五六頁）。
(20) タイトルはコーナー名で、おそらくは編集後記にあたるものと思われる。
(21) しかしこれも男子優位の文化における「硬派」のポーズであった可能性は否定できない。後年のものではあるが、「高校三年生ともなればセーラー服の胸のふくらみ、スカートからの脚線美を横目で見ながらニキビを気を(ママ)していた頃だったので、尚更女性の視線には弱かったのです。以来女性に対して意思表示をすることが非常に億劫になり、常に片想いの連続で、卒業するまで「好き」という言葉は口から出ることもなく、又言われることもなく終って了った」（須藤祐司「雑感」青森高等学校昭和二十七年卒業生三十周年記念誌編集委員会編　一九八二、一二三―一二四頁）という一九五一年度卒業生の回顧や、「男子生徒が毎日学校へ出て行くのは、心に秘めた淡い恋心をかいま見る乙女の横顔に満足させんが為である」という一九六五年度卒業生の回想があるように（青森県立青森高等学校校史編集委員会編　一九七四、一二五頁）、興味はありつつ関心のないふりをしていた者（とくに男子）は少なからずいたはずである。
(22) たとえば、一九六五年の青森県における高校進学率は、男子五七・〇%、女子五一・五%で、ともに全国最低である。なお、同じ年の全国平均は男子七一・七%、女子六九・六%である（文部省『我が国の教育水準』（昭和五〇年度）、二一頁、表1－3より）。

参考文献

Messner, Michael A.　一九九二 "Sport, Men, and Gender" *POWER AT PLAY Sports and the Problem of Masculinity*, Beacon Press, Boston, USA, pp.7-23＝二〇〇四　吉川康夫訳「スポーツ・男性・ジェンダー」『スポーツとジェンダー研究』二、六八―八四

青森県教育史編集委員会編、一九七四、『青森県教育史第二巻』青森県教育委員会

青森県教育庁教育研究所、一九五八、研究調査資料№26『戦後の教育　委員会十年の歩み』
青森県立青森高等学校校史編集委員会編、一九七四、『青森県立青森高等学校史』
青森県立青森高等学校八十年誌編集委員会編、一九八〇、『青森県立青森高等学校八十年誌』
青森高等学校昭和二十七年卒業生三十周年記念誌編集委員会編、一九八二、『無限の青春』青高二七会
青森高校百年史編集委員会編、二〇〇三、『青森高校百年史』青森県立青森高等学校創立百周年記念事業協賛会
泉嶺、一九九三、『母校讃歌　弘前高校物語』北方新社
河原和枝、一九九九、「スポーツ・ヒロイン」井上俊・亀山佳明編『スポーツ文化を学ぶ人のために』世界思想社、一三二―一四九
記念誌作成委員会編、一九八三、『鏡ヶ丘百年史』弘高創立百周年記念事業協賛会
校史編纂委員会編、一九八〇、『八十年史』青森県立弘前中央高等学校創立八十周年記念行事実行委員会
小山静子、二〇〇五、「男女共学制」小山静子・菅井凰展・山口和宏編『戦後公教育の成立――京都における中等教育』世織書房、一二三―一五六
丹新也、二〇〇〇、「青森県戦後高校教育の変遷」『れぢおん青森』二六五（二〇〇〇年一二月）、四―一一
弘高80年史編集委員会編、一九六三、『鏡ヶ丘80年史』今泉本店
吉川康夫、二〇〇四「スポーツと男らしさ」飯田貴子・井谷惠子編『スポーツ・ジェンダー学への招待』明石書店、九一―九九
『青高新聞縮刷版：第一～一〇〇号（昭和二四年二月二〇日～昭和四三年一一月八日）』（青森高校刊行委員会、一九六九年）

第9章

高等女学校の後継校が存在しない地域の男女共学
――和歌山市の事例から

土田陽子

はじめに

本章の目的は、和歌山市における新制高校の成立プロセスとその後の推移を整理・検討し、当地の男女共学制が内包していたジェンダーの問題について考察することである。

和歌山県は一九四八年の新制高校発足時から小学区制・総合制・男女共学制（いわゆる高校三原則）が一斉適用された地域という特徴をもつ。もちろん、多くの都道府県においてもそうであったように、この三原則は軍政部から突きつけられた要求によるものだった。各地域で疑問や反対の声があがるなか、組合立も含めそれまで五七校あった県内の各種旧制中等学校は、和歌山市外のほとんどの各市部・郡部では各一校に、本章で取りあげる和歌山市では一〇校から四校に解体・再編され、県内全二一校の新制高校に生まれ変わった。

さて、このとき誕生した和歌山市内の全日制新制高校は、桐蔭高校（普通科・商業科）、星林高校（普通科・商業科）、向陽高校（普通科）、光風高校（工業科）の四校である。これらが一九五〇年代における総合制と小学区制崩壊後、普通科単独高校三校（桐蔭高校、星林高校、向陽高校）と和歌山商業高校、和歌山工業高校の計五校に再々編される[1]。三原則のうち今現在まで残っているのは、男女共学制のみということになるが、こうした経過を辿ること自体はさほど珍しいことではないだろう。本章が注目したいのは、一九五〇年代に再々編された五校中四校（桐蔭高校、向陽高校、和歌山商業高校、和歌山工業高校）が旧制男子中等学校の後継校、一校が戦後の新設校と各校自身が位置づけ[2]、地域住民もそう認識している点である。これは和歌山市に三校あった公立高等女学校（県立和歌山高等女学校、県立文教高等女学校、市立和歌山市高等女学校）を前身とする高校が一校も存在しないということを意味している。新制高校発足時から男女共学制が採られたこととあわせて考えると、和歌山市は他にあまり例をみない地域といえるのではないだろうか。いったい当地の新制高校はいかにして誕生し、どのような議論と経緯を経て再編成され、その後どう展開したのか。そしてそこにどのようなジェンダーの問題が内包されていたのか、本章ではこれらのことを学校関係史料や地方紙、議会議事録などの資料から明らかにしていきたい。

一　戦後の中等教育改革

(一) 軍政部にひっくり返された新制高校の発足準備

和歌山県が新制高校の発足に向けて本格的に動き出したのは、一九四七年一二月からである。「新制高等学校設置準備協議会」の規程[3]によると、県内八地区に設置された「地方協議会」でまとめられた内容を「中央協議会」で審議し、県の方針が決定されることになっていた。

男女共学制について小野真次知事は、裁縫室やトイレなどの整備にかかる財政負担から「無理に男女共学にもっていく必要はない」との立場をこの時点ではとっていた[4]。ただし教育行政当局は「男女共学は理想案として良い行き方であると考えている」「必要な施設、設備が整った良い学校から共学化していくだろうが、新制高校発足時に一斉に共学化することはない[5]」と述べており、共学化そのものに反対しているわけではなく、漸進的に進めるのが現実的であると考えていたと推察できる。

最初の「地方協議会」は一九四八年一月に開かれ、翌月三日に第一回「中央協議会」が開催された。議論の中心はどの学校を新制高校に移行させるかだった（和歌山県戦後教育史研究グループ 一九九六：一五二―一五三）。議論の末に第三回「中央協議会」（同年三月三日）が出した答申は、知事が想定していた三六校[6]よりもさらに多い四二校案だった。方針に教育の機会均等を掲げ、学区制と男女共学制を積極的に推進することが盛り込まれていた。このうち男女共学は、一九四八年度は可能な範囲で積極的に実施し、少なくとも一九四九年度、一九五〇年度より全面的に実施することとしていた[7]。

続いてこの答申案を具体化するため、県に「新制高等学校設置中央専門委員会」、県内五地区に「地区専門委員会」を設置し、三月二八日の中央専門委員会において四二校の実施案と人事の選考が行われた。和歌山市内に関していうと、この段階では県立だけでなく市立中等学校も新制高校に移行される予定だった。ところが同日、こうした準備をすべてひっくり返す事態が起こった。京都の第一軍団教育顧問マクレラン（G. H. McClellan）が来県し、新制高校数を大幅減少して新制中学を充実させるよう勧告を行ったのだ。

なぜここまで強権的な態度をとらねばならなかったのか。背景にあったのが、前年度に発足した新制中学校の問題である。一九四七年五月の定例県議会では、新制中学校の校舎も教員も不足していることや、さらに机も椅子も教科書もない悲惨な現状であることなどが懸案事項として取りあげられ[8]、翌月の県議会では和歌山県軍政部ライオンズ司令官もこうした状況を相当憂慮していることが報告されていた[9]。

この難題に取り組んだのが、「テキスター旋風」と恐れられたロバート・B・テキスター（Robert B. Textor）教育部長だった。県側とテキスターは折衝を重ね、一九四八年四月三日に四二校から二三校に減らす案でようやく話がまとまった。しかしこの案に対して県民の中に不満や不安を抱く者が多かったため、知事自らが、旧制中等学校が学校としての使命を終えたことと、財政面から学校統合が不可避である現況を説明せねばならなかった。そこで強調されたのは、「選ばれた旧制中等学校が新制高校に昇格するのではなく、旧制中等学校校舎のうち新制中学校に転用された残りの校舎が新しい高等学校として使われるにすぎない」「旧制中等学校の教員生徒は全く同じ立場で新制高校の教員生徒として新たに設定される学区制により、新しく編成され、男女共学の教育が実施される」という、旧制中等学校と新制高校に優劣関係がないことと、学区制と男女共学制の正当性だった。[10]

（二）難航した和歌山市内旧制中等学校の解体

こうした一連の教育改革プロセスにおいて、混乱を極めたのが和歌山市内の学校だった。というのは、一九四五年七月の和歌山大空襲により、初等学校では国民学校二九校中一四校、中等学校では県立和歌山高等女学校のほか私立学校を含む計四校の女子中等学校と市立商業学校が校舎を焼失しており、使用できる施設がほぼ残っていない状態で新制中学校を発足させていたからである。[11]

さて、いったんまとまった県内二三校案では、和歌山中学校、海草中学校、和歌山商業学校、和歌山工業学校（工業学校二校を一校に統合）に、校舎の焼失により旧二四部隊兵舎跡に移っていた和歌山高等女学校をあわせた県立五校が和歌山市内の新制高校に移行する予定だった。これら五校はいずれも和歌山県を代表する伝統校だった。ところが四月一二日に再度来県したマクレランが、旧制中等学校に併設されていた中学校（併設中学校）の解体と新制高校に総合制を取り入れることでさらなる学校数の減少が可能、と勧告したのである。議論の結果、和歌山市内では和歌山商業学校が総合制の新制高校に組み込まれ、和歌山中学校が新制中学校に校舎を譲ることになった。この決定は地方紙『和歌山新聞』の「和中和商は消滅/新制中学と普通高校に[12]」という記事の見出しが示しているように、地域が誇る伝統校の消滅と受け取られた。

一九四八年四月二〇日にライオンズ司令官から県知事宛に「覚書[13]」が手渡されたのは、「決定事項を確実に実行するため」だったと当時の県担当者は回顧している[14]。「覚書」には、①施設も教員も新制中学校に優先権がある、②教室不足と鉄道等運輸不足（通学の不便）解消のため男女共学制と学区制を導入するべき、③併設中学生を新制中学校に編入させるべき、という三点に加えて、④特別な学校に巣喰っている封建的な伝統は教育改革に干渉すべきでない、という旧制中等学校の抵抗を牽制するような文言も盛り込まれていた[15]。義務教育として優先されるべき新制中学校を軌道に乗せるためには、旧制中等学校の伝統を引き継ぐ施設、教員組織、生徒集団を解体させる必要があることを、軍政部の名と力を借りて県民に周知徹底させる必要があったのだろう。その際、「教育の民主化」は「因習の打破」に読み替えられ、とりわけ和歌山市内の学校に厳しく適用されたのである。

テキスターは校名決定時もこの方針を厳格に適用し、和歌山市内の新制高校名に学校間序列を生む「第一、第二」というナンバーや県代表をイメージさせる「和歌山」という文字を使わせないとした[16]（毎日新聞社和歌山支局編 一九七八）。

そうして最終的には、校舎を焼失した和歌山高等女学校が利用していた旧二四部隊兵舎跡が桐蔭高校、海草中学校校舎が向陽高校、和歌山商業学校校舎が星林高校、和歌山工業学校校舎が光風（工業）高校となった。これらの経緯をまとめたのが図9－1である。新入生はもちろん併設中学生もそれぞれ居住地近くの新制高校と新制中学校に振り分けられ、当初予定よりおよそ一カ月遅れの五月一〇日、小学区制・総合制・男女共学制の新制高校が県内一斉に開校したのである（和歌山県教育委員会 二〇一〇）。

以上の経緯をまとめると、次のようになる。和歌山県としては、新制高校準備当初から男女共学制そのものに

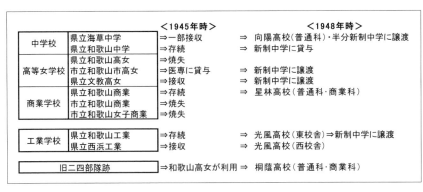

		＜1945年時＞	＜1948年時＞
中学校	県立海草中学	⇒一部接収	⇒ 向陽高校（普通科）・半分新制中学に譲渡
	県立和歌山中学	⇒存続	⇒ 新制中学に貸与
高等女学校	県立和歌山高女	⇒焼失	
	市立和歌山市高女	⇒医専に貸与	⇒ 新制中学に譲渡
	県立文教高女	⇒接収	⇒ 新制中学に譲渡
商業学校	県立和歌山商業	⇒存続	⇒ 星林高校（普通科・商業科）
	市立和歌山商業	⇒焼失	
	市立和歌山女子商業	⇒焼失	
工業学校	県立和歌山工業	⇒存続	⇒ 光風高校（東校舎）⇒新制中学に譲渡
	県立西浜工業	⇒接収	⇒ 光風高校（西校舎）
旧二四部隊跡		⇒和歌山高女が利用	⇒ 桐蔭高校（普通科・商業科）

図 9-1　和歌山市内旧制中等学校校舎の利用先一覧

否定的立場をとっていたわけではなかったが、それはあくまでも「可能な限り」であり、一斉に共学化する計画ではなかった。ところが、軍政部からの勧告によってすべての計画がひっくり返され、当初予定の半数まで学校数を減らすために全県一斉に三原則が適用されることになったのである。

ここで不利な立場だったのが、和歌山市内の高等女学校だった。なぜなら和歌山高等女学校は空襲で校舎を焼失し、そもそも新制高校に移行可能な施設を持っていなかったからだ。新聞では「旧和高女は桐蔭[17]」と報じられたが、桐蔭高校として使用される校舎は和歌山高等女学校が仮住まい的に利用していた旧二四部隊兵舎跡であり、和歌山高等女学校とは縁もゆかりもない場所だった。市立高等女学校は敗戦前から県立医学専門学校に校舎を貸与させられており、さらに市立学校ということもあって、そのまま校舎が返還されることなく新制中学校に転用となった。またたとえ校舎が残っていても一九四二年設立という歴史の新しい県立文教高等女学校の校舎もまた、新制中学校に転用になった。

とはいえ、和歌山中学校も新制中学校に校舎を譲ることになったので、表向きにはすべての旧制中等学校が公平に解体されたかのようにみえる。しかしどのような力が働いたのか、和歌山中学校校舎のみ新制中学校への「一時的な貸与」という扱いが許された。このことが、後述する一九五〇年代の高校再編に向けた動きへの重要な布石となるのである。

二　男女共学制をめぐる議論とその実態

(一) 男女の学力差と男女共学制の是非

突然導入されることになった小学区制と総合制に対し、男女共学制については比較的早い段階からその是非について議論されていた。地方紙の記事では男女の風紀問題と学力差の二つがおもに共学化の懸念材料として取りあげられていた。このうち風紀問題を心配するのはおおむね女子生徒の保護者であって、現場教員や生徒側からこの種の懸念の声はあがっていなかった。もう一方の男女の学力差については保護者、現場教員、生徒がそれぞれの立場や事情から異なる意見を主張していた。

ここで指摘したいのが、男女の学力差が共学化への賛成の論拠にも反対の論拠にもなっていたことである。共学反対派の男子は学力の低い女子が来ると学力が足踏み状態になり大学進学の足手まといになるとし、反対派の女子と教師は女子が勉強についていけなくなることを心配していた。対して、共学賛成派は大学進学を希望する女子とその保護者に多く、男女の学力差の早期解消のために共学化が必要であることを訴えていた。つまり、学力差があるから別学を維持すべきという意見と、学力差があるからこそ女子のレベルアップのため共学にすべきという意見に分かれていたのである。[18] このなかで共学反対派が多かったのは、それぞれ県内序列トップ校に位置していた和歌山中学校と和歌山高等女学校だったが、「大学進学を目指す女子だけは別扱い」というところは意見が一致していた。生徒たちの実態として、男女で異なる進路に進むことのほうが「普通」で「当たり前」の時代であったため、一律に共学化するほうがむしろ不自然に感じられたのかもしれない。しかし大学進学を望むごく一部の「特別な女子」に対してだけは別個の対応が必要と考えられていたようである。

他方で、新教育を推進する立場の教育行政担当者は、「教育の機会均等」の大切さを説きながら「学力差があるからこそ共学にする必要がある」「男女の学力差は先天的なものではなく、これまでの封建的な教育によって作られたもの」という論理を一貫して主張していくのである。そこでは「必修科目が少なく選択科目が多い」ことを不安材料の解消策に挙げて、共学化が可能であることを人々に向けて伝えていた。[19]

(二) 新制高校の開校とカリキュラム――共学校内における男女分離

新制高校発足直後の『和歌山新聞』では「花を飾る男生徒／男の先生がおどろく／高校の共学／中間報告記」(一九四八年五月二一日付)、「仲のよい男女共学」(一九四八年五月二八日付)、「朗らかな共学風景」(一九四八年六月七日付)、「高まる学習意欲に／男女共学は楽しい」(一九四八年六月一〇日付)等、男女共学が非常に上手くいっていることを報じていた。このように、地方紙では好意的な報道が目立っていたが、実際のところはどうだったのだろうか。ここからは開校後の実態を捉えるため、総合制高校としてスタートした二校のカリキュラムと学校文化、新制高校に対する生徒たちの評価についてみていきたい。

まずカリキュラムについてはどうか。**表9-1**は、「高等学校一覧」(一九四八年一〇月三一日付)[20]という資料をもとに桐蔭高校と星林高校(両校とも普通科と商業科)の教育課程をまとめたものである。桐蔭高校の普通科は、主要五科目を中心とした進学コース(一類)と被服系科目が多い女子用の職業準備コース(二類)の二つに分かれており、三類として商業科が設置されていた。星林高校はさらに細かくコース分けされており、普通科三コース(職業、普通、進学)、商業科も男女二コース(男子用、女子用)に分かれていた。具体的なカリキュラムとしては、どちらの学校も共通必修科目として国語、社会、体育が設定されている。この三科目以外は選択科目であり、選択科目の組み合わせ方によってコースが分かれているのである。進学コースにのみ選択科目に家庭科がないところは

表9-1　新制高校1年生の教育課程（1948年度）

学校名	学科	課程・コース	必修科目	選択科目（注：主要科目のみ抜粋）
桐蔭	普通科	一類［進学］	国語(3) 社会(5) 体育(3)	数学(5)・理科(5)・英語(5)・国語(2)
		二類［職業準備(被服)］		数学・理科(計5)・英語(2)・家庭(10)
	商業科	三類		数学・理科(計5)・英語(5)・国語(1)・商業(7)
星林	普通科	職業コース	国語(3) 社会(5) 体育(3)	数学・理科(7)・英語(3)・国語(1)・家庭(9)
		普通コース		数学・理科(10)・英語(4)・国語(2)・家庭(3)
		進学コース		数学・理科(11)・英語(5)・国語(3)
	商業科	男子コース		数学(5)・英語(5)・商業(11)
		女子コース		数学(3)・英語(3)・商業(11)・家庭(3)・音楽(1)

注：「高等学校一覧」の教育課程表より作成。（　）内の数字は週あたりの授業時間数

両校共通していた。この教育課程は一年生用のものであるが、上級生用になるとそれぞれのコースの特徴がよりはっきりしたものになっていた。

つまるところ、「総合制」「男女共学制」といってもその内実は、大学進学コース、男子用の実務コース、女子用の実務コースと被服コースという、幾種類もの希望進路に応えられるよう設計されていたのである。これが教育の機会均等をうたった男女共学制高校のカリキュラム内容だった。男女同じ校舎で学んではいるものの、その実態はそれまでの中等学校の教育目標と内容を引き継ぐようなコースや選択科目が設定されていたのである。こうした教育課程のあり方は、たとえば一九四九年度の桐蔭高校では、普通課程、商業課程、家庭課程の三課程となり、二年生、三年生は男女混合クラスと男子のみ（あるいは女子がわずか数名）のクラスと女子のみのクラスが設けられることで男女の分離がより鮮明になっていた。(21)

なぜこのようなカリキュラム構成になっていたのだろうか。理由の一つに、和歌山市内における極端な私立高校の少なさが挙げられる。そもそも和歌山市内の私立中等学校は、一九二三年設立の修徳高等女学校と一九三六年設立の高松女子商業学校、一九三七年設立の三尾商業学校、の計三校だけだった。これらのうち高

松女子商業学校は戦災で廃校となり、新制高校に移行した三尾高校（男子校）と修徳高校（女子校）も空襲による校舎の焼失等で教育環境が悪く、定員を大きく割り込むような状況だった。[22] また、一九四九年度には私立和歌山女子専門学校附属高校が新たに開校したが、一〇〇名の入学定員に対し入学者は七二名でやはり定員充足できていなかった。[23] つまり戦後改革期の和歌山市には経営不振の私立高校が三校（女子校二校、男子校一校）[24] あるのみであり、県庁所在地であるにもかかわらず公立高校依存度が極めて高かったのである。それゆえ、公立高校だけでほぼすべての生徒の希望進路に応えうるカリキュラムを用意する必要があったと考えられる。

(三) 旧制中学校生中心の学校文化

すでに述べたように、新制高校発足にあたり軍政部が重視したのは、新制中学校優先という方針だった。テキスターは「最も優れた教育者は新制高校長にではなく、むしろ新制中学校長になるべき。目下最大の喫緊事は新制中学にある」「新校長のうち少なくとも数名は婦人でなくてはならない」[25] との意見を述べており、大規模な人事異動に加え新制中学校に女性校長が誕生するという、新時代の象徴ともいえるような人員配置も行われた。

しかしながら校長人事全体をみてみると、新制中学校の校長には元実業学校や高等女学校の校長・教員が多く、新制高校の校長には旧制中学校の校長・教員が多いという傾向を見出すことができる。[26] それは一般教員の人事異動でも同様だった。このころ桐蔭高校で教員をしていた女性は次のように語っていた。[27]

「桐蔭高校の校長は元和中（和歌山中学校の略称――引用者）の先生。東大を出て和中の先生をなさっていたみたいですね。県から下りてこられた人（元県教学課長――引用者）だから割と勢力が強かったんですよ。[28]（中略）桐蔭では和中にいた先生がやはり幅を利かせていました（笑）。やっぱり桐蔭に来た元和中の生徒は、和中の先生の言うことしか聞かない……っていうわけじゃないけれど、やっぱりね。感じとして、やっぱり、その子たちは先生に和中時代のあだ名を使ったりね……。数学の先生は〇〇って呼ばれてて、生物の先生が〇〇、英語の先生……、何か和中の先生と生徒が幅を利かせていたように思うんですよね」

この語りの女性は女子専門学校卒業後に母校の和歌山高等女学校で数学教員として教鞭をとっていたが、新制高校発足後は桐蔭高校の家庭科教員に配置換えになったという。実際に和歌山高等女学校から桐蔭高校に異動した教員は、男女含めて四名しかおらず、そのうち二名は家庭科と書道という大学受験とは無関係な科目の教員だった。一方、和歌山中学校から桐蔭高校へは、上記の語りにあるような主要五科目の教員七名と美術一名、体育一名の男性教員計九名が異動していた[29]。

この旧制中学校優位な教員構成は、一九四八年度生徒の人数構成とも関係があっただろう。和歌山商業学校校舎を引き継いだ星林高校には商業科生徒が比較的多く在籍していたが、それでも普通科は全学年で一二学級あったのに対し商業科は七学級だった。桐蔭高校にいたっては、普通科一九学級に対し商業科は三学級しか設置されておらず、どちらの高校でも商業科生は少数派に属していた。少数派といえば、女子生徒もそうだった。小学区制でまんべんなく振り分けたはずであったが、とくに三年生はすでに旧制の課程で卒業した女子が多かったため、星林高校三年生は男子一三〇名に対し女子一四名、桐蔭高校は男子一五五名に対し女子は二〇名しか在籍していなかった。二年生以下の在籍者数の男女差は大きなものではなかったが、学校全体で見ると、星林高校の全校生徒数男子五三二名に対し女子三四一名、桐蔭高校は男子七二〇名に対し女子五八二名だった[30]。新制高校発足時の星林高校も桐蔭高校も「普通科・男子生徒」が中心的存在だったといえるだろう。

（四）新制高校への不満と教育行政側の姿勢

では、こうして始まった新制高校の教育を生徒側はどう受け止めていたのだろうか。たとえば、星林高校の学校新聞である『星林高校新聞』第二号（一九四八年七月発行）の「学生自治を確立せよ／星林高校現状批判の座談会」という記事には次のような意見が掲載されていた。

男子Ａ（二年生）

この学校へ来るようになって常に不満を感じさせられている。この学校はまったく旧制中学の延長であり、われわれが中学時代に抱いた希望は全然裏切られた状態だ。（中略）数学の先生が三人だけというのは旧制中学以下の現状だ。質問に答えられない先生もいるとはこちらが情けなくなってくる。もっと素晴らしい先生が欲しい。（中略）有能な教授陣を整備し、必要単位を自分の好きな学科でとる徹底した選択制度を取り入れねばならぬ。

男子Ｂ（二年生）

今まで商業科では数学があったのに、図画など強要されて数学がなおざりと云った矛盾がある。普通科では一部選択制があるようだが、商業科のように何回か繰り返された簿記をまた強要されているのでは全く学力の低下のみだ。

女子（二年生）

選択科目といった所で、女子には家事を強要されているのみです。一年生の方が家事ではなく文科や理科の授業を受けさせてくださいと学校に申し入れても少しも聞き入れてくれぬそうです。本当に、自由選択の時間など男の人たちがやまかしくて授業しにくい事もあります。

この座談会には司会者の男子生徒のほか、男子六名女子一名が参加しており、おもに男子の不満が多く語られていた。普通科男子も商業科男子も、新制高校になったからといってとくに新しい授業方法が取り入れられるでもないことや、むしろ旧制時代よりも教員や授業内容のレベルが下がったことに不満を募らせていた。そして女子は女子で自由に選択科目を履修できず家政系の科目を強要されていることや、男子の授業態度の悪さに不満を抱いていた。このような、男子が「共学化による授業レベルの低下」、女子が「男子の態度の悪さ（掃除を押しつける、騒ぐなど）」に対して不満を持つという構図は、学校新聞の他の記事（三号、四・五合併号、一九四八年一〇月）やアンケート調査の新聞報道[31]でもみられた。

ちなみに桐蔭高校でも一九四九年度に男女共学制に関するアンケートが行われていた（和歌山県立桐蔭高等学校一九四九）。この結果を見ると、共学に賛成する割合はどの学年も男女とも一割前後しかなく、男子の五割前後が否定、女子は五〜六割が無関心であり、共学に否定か無関心な生徒のほうが圧倒的に多いという結果だった。急ごしらえの新制高校発足から一〜二年間は、男女共学に対する生徒たちの不満が大きかったようである。

男子生徒がここまで共学制に否定的だったのは、授業内容のレベルダウンが直接自分たちの進路形成や職業生活にかかわる問題と捉えられていたことが理由として考えられる。旧制中学校出身者にとって高校教育は大学進学のための準備教育、旧制商業学校生にとっては実社会に出る前の完成教育と位置づけられるため、それがレベルダウンしたことで不利益を被っていると感じていたのではないか。一方の女子のほうは、進学希望者はレベルアップする側であるし、洋裁の道に進むにしても一般事務職として就職するにしても、高校教育の良し悪しに別段左右されるものではないため、さほど不利益を被っている実感がなかったと推測される。

こうした状況に対して教育行政側は、新制高校発足前の姿勢から変わらず、男女共学制への不満や不安の払拭に力を注いでいた。男女の学力差への批判については、『和歌山県教育委員会月報』第一号でアチーブメントテストの結果から「女子の学力が上がってきた」「男女の能力差はほぼ認められない」と主張している。さらに一九四九年六月には巻頭言に文部省事務官の文章を据えた『男女共学指導要領　試案』という冊子を和歌山県教育局学校教育課が発行しており、ここにも男女共学制への取り組みに積極的であった姿勢がみてとれる。この冊子では和歌山県が他県に先駆けて男女共学制を実施したことを積極的に評価し、「男女に差異はあっても優劣はない」というスタンスのもとで、男女共学の意義のほか、生活指導と性教育実践の具体的な方法を提示していたのである。これが和歌山県における新制高校発足時の教育行政側の立場と態度であり、この方針は基本的にこの後も続くことになる。

三　総合制・小学区制の崩壊／維持された男女共学制

(一)新制高校の再編と小学区制の崩壊――同窓会組織の運動と伝統の復活

様々な問題を含んだ形でスタートした新制高校であったが、ほどなく旧制時代の伝統復活を目指した運動が起こることになる。運動は大きく三つにまとめられる。

一つめが旧和歌山中学校校舎の奪還運動である。桐蔭高校は新制高校発足の翌年早々、新制中学校に貸与した校舎の一部を東校舎と称して使用し始めていた。この背後で動いていたのが、桐蔭高校校長をはじめとする旧和歌山中学校関係者とPTAメンバーだった。一九五一年には新制中学校が新たな校舎に移り、旧和歌山中学校校舎は桐蔭高校が全面利用することになった。[32]彼らにしてみると、「自分たちの校舎を取り戻し、元に戻っただけ」という認識だった(和歌山県立桐蔭高等学校　一九七八、毎日新聞社和歌山支局編　一九七八)。この後、桐蔭高校は和歌山中学校の後継校とみなされていくようになる。

二つめが総合制からの商業科独立運動である。総合制については実業教育(産業教育)が軽視されているという批判の声が県内各地で大きく、県議会で設備面や教員配置に対する地域住民の不満の声が届けられていた(一九四八年一一月議会、四九年三月議会)。和歌山市内では商業科教員が中心となり「県商業教育研究会」を立ちあげ、商業学校OBと商工会議所などをバックに県と市に商業学校復活の陳情を繰り返した。その結果、一九五一年に和歌山市内の桐蔭高校と星林高校、海南市の海南高校の商業科を分離統合し、旧二四部隊跡の桐蔭高校西校舎を新しくできた商業高校が利用することになった（和歌山県立和歌山商業高等学校 二〇〇五：九二）。総合制はわずか三年で崩壊したのである。

最後三つめが校名変更運動である。商業高校設置の際、「和歌山」という地名をつける運動が展開され、戦後初めて和歌山の地名を冠した県立和歌山商業高校が誕生した。校名変更をめぐっては、一九五二年に教育委員会で論議になったが、普通科高校については三校のうち一校が「和歌山」の名称を独占することはできないと結論づけられ、名称変更は行われなかった。ただし光風工業高校については、工業高校が一校であることから一九五三年四月に和歌山工業高校と改称された（和歌山県教育委員会 二〇一〇）。

こうした新制高校の再編は、旧制中等学校のＯＢだけでなく地域住民にも伝統校の復活と好意的に捉えられた。しかしそのなかに和歌山高等女学校の復活はなく、結果として高等女学校のみが旧制中学校に吸収された形でそのまま定着することになった。

さて、総合制があっけなく崩壊したのに対し、小学区制は一九五八年まで続いた。とはいうものの、まったく同じ学区が維持されたわけではなく、受験者数の変化で毎年のように単一区域と複合区域の線引きが変更され、この一貫性のなさがかえって地域住民に不満と不公平感を生み出していた。もうひとつの不公平感の原因が、「モグリ入学」と呼ばれる越境入学者の存在だった。とくに問題視されたのが和歌山市内である。旧制和歌山中学校の後継校とみなされるようになった桐蔭高校への「モグリ入学」が後を絶たなかったからだ(33)。

一九五一年七月に吉田茂首相の私的諮問機関である政令改正諮問委員会が小学区制に関して原則廃止を答申した後、全国的に中学区制に移行する動きがみられた。和歌山市内では徐々に複合学区の範囲が広げられていったが、一九五五年に桐蔭高校のみに一足早く単一学区がなくなったことがますます桐蔭高校の入学難易度を高めることにつながった。「学校差をなくす」という新制高校の建前と現実との間に大きな乖離がみられるようになったのである。それでとうとう「学校選択の自由」を理由に、一九五八年に中学区制への移行が決定した[34]。これにより、和歌山市内が一つの学区となり、桐蔭高校を頂点とする序列が明確なものとなった。

(二) 維持された男女共学制と男女の進路分化

長続きしなかった総合制と小学区制に対し、男女共学制についてはどうか。県議会では総合制が崩壊した一九五一年以降、男女共学制への批判や弊害を語る発言が目立つようになる。最初の批判は一九五一年九月の定例議会である。「和歌山県の大学進学率が低いのは男女共学制のせいではないか」ということと、大学進学率を上げるために「男子高校をつくる予定はないか」が質疑された[35]。この質問に対し、村上五郎教育長は次のように答弁している。

> 生徒の能力が男女共学にするとおちるような点がある、というお考えのようでありますが、そういう結論は現在までに出て来ておらないのであります。女子にも優れた点があり、また男子にも優れた点がございますので、男女共学によって生徒の能率がおちるということの結論はすぐさま出て来ないのであります。ただいまのところ、男女共学にしないで男子のみの高等学校をつくる考えはもつておりません。データーの上から、男子と女子を一緒にしたために能力が落ちるということを証明し得るところの、もしそういうデーターがあればこの際にお示しをいただきたいと存じます[36]。

これが教育委員会の立場であり、男子校をつくる計画がないことをはっきりと述べている。この答弁に対してさらに質問者は「東京や大阪には（私立の——引用者）男子校がたくさんあり進学率も高い」ということを述べ、男子高校の設立を重ねて要望していた[37]。

共学批判の論調がさらに強まる契機になったのが、一九五六年の清瀬文部大臣による「男女共学には弊害がある」という発言である。県議会では前述の議員とは別の議員が、「太陽族のような男女の性のトラブル」や「男らしさ・女らしさの喪失」といった弊害に加えて、またもや「学力の点で男子が女子の犠牲になっている。大学進学率が悪い」という趣旨の批判を行っていた。(38) さらにまた別の議員(39)が一九六二年二月の定例県議会で「男女共学にあつては男子はほとんど損で女子が多少得であるとのことであります。すなわち、男子の場合女がもの珍しくなくなることが多少プラスになる程度で、他はマイナスの連続であります。第一学習能率が低下します」「女子は男子の犠牲の下に学習能率は上がるけれども、女子が男性化し、女らしさがなくなる」等述べ、男女別学にすべきであると主張していた。(40) 寺中光義教育委員長は「そういう批判があることは承知している」と述べながらも、「教育委員会といたしましては、男子、女子の区別はもちろんございますが、男子であるから行けない学校、女子であるから行けない学校というような差別を付けるということは、民主主義的な考えに反する、こういう立場から男女共学をとっております」「男女共学がよいか、別学が良いかについては今後研究していく」と従来の原則論でかわし、その後も和歌山市内には県立の男女別学校が設立されることはなかった。(41)

このように、教育委員会は男女共学制に手を付けることはなかったが、総合制と小学区制を撤廃したことで、結果として新たな男女の進路分化がみられるようになった。教育課程審議会の答申に基づく一九五六年の学習指導要領の改訂により、桐蔭高校では一九五七年度から選択科目制から進学体制に重点を置いたコース制に教育課程が変更されたのである。この年の入学試験が近づくころの『和歌山新聞』(一九五七年二月八日)には「女人禁制の大学受験/予備校化の高校/桐蔭高校はその名門校/姿ひそめる女子/星林高にもこの傾向/向陽高に集まる女子志願者/女子専門高新設の声もある」という見出しのついた記事が載る。この記事では見出しの内容のほか、大学進学を目指す男子生徒のなかに「女子は邪魔」とはっきり言い切る生徒が多くなっていることや、和歌山商業高校の男女差がなくなりつつあることが報じられていた。

図9－2は和歌山県教育庁発行の『教育調査統計要覧』の数値をもとに和歌山市内各県立高校の女子比率を算

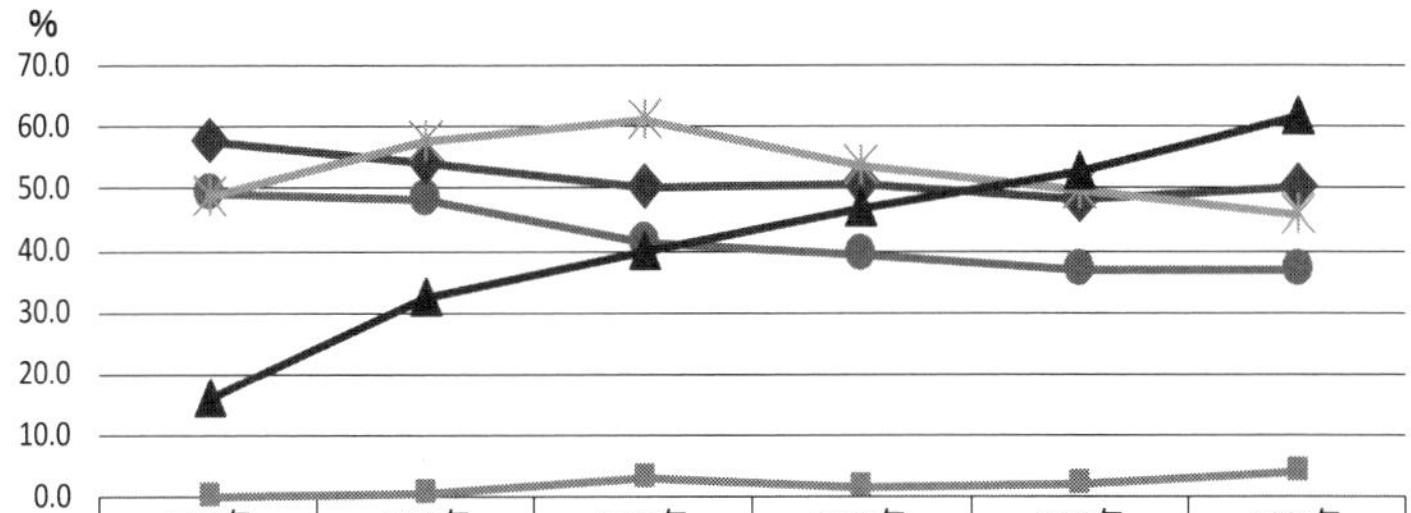

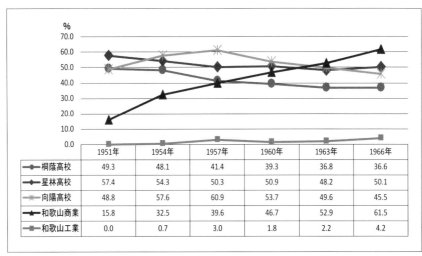

	1951年	1954年	1957年	1960年	1963年	1966年
桐蔭高校	49.3	48.1	41.4	39.3	36.8	36.6
星林高校	57.4	54.3	50.3	50.9	48.2	50.1
向陽高校	48.8	57.6	60.9	53.7	49.6	45.5
和歌山商業	15.8	32.5	39.6	46.7	52.9	61.5
和歌山工業	0.0	0.7	3.0	1.8	2.2	4.2

注：1951年度～66年度『教育調査統計要覧』より作成

図 9-2　和歌山市内各県立高校の女子比率の推移

出し、一九五一年度から三年間隔でグラフ化したものである。このグラフをみるとわかるように、桐蔭高校の女子比率が一九五一年には四九・三%であったのが一九五七年には四一・四%、一九六〇年代以降は四〇%を割り込むほど男女のジェンダー・バランスが不均衡なものになっている。一九五〇年代後半期以降、受験エリート校としての地位を確立した桐蔭高校に大学進学を目指す男子生徒が集まる一方で、大学進学をそれほど目指さない女子生徒は桐蔭高校以外の普通科高校か二校の私立女子高校[42]を選択する者が増えていったのである。職業高校に目を転じれば、和歌山工業高校は新制高校発足時から一貫して変わらず在籍者のほとんどを男子生徒が占めていたが、一九五〇年代末に男女比が逆転した和歌山商業高校のほか、一九五二年から定時制・全日制併置となった市立和歌山商業高等学校が一般事務職を目指す女子の進路先になっていった。このように高度経済成長期には、「受験エリート校は男子、女子はそれ以外の学校」「工業科は男子、商業科は女子」という、進路選択における新たな男女分化の傾向があらわれたのである。

おわりに

本章では、いわゆる高校三原則に基づく和歌山市の新制高校発足の経緯とその後の展開を検討し、男女共学制が内包するジェンダーの問題を明らかにしてきた。ここでは新制高校開校までの流れを簡単に振り返ってから、本章の課題について考察しよう。

和歌山県の教育行政当局は「教育の機会均等」実現のため、早い段階から軍政部の方針に従う姿勢をみせていた。ただ、男女とも複数の旧制中等学校があり、さらに学校間の序列もあった和歌山市内では、それらを解体して新制高校に再編するにはかなり強引に作業を進める必要があった。しかもその作業は非常に短期間に二転三転して進められたため、男女共学制だけでなく小学区制と総合制に対しても大きな不満と混乱を抱えた状態で新制高校が開校した。

本章の最初の問い、すなわちなぜ高等女学校のみが消滅したのかという点については、新制高校発足時もその後も高等女学校が不利な状況と立場にあったことが明らかになった。何が不利だったのか。和歌山高等女学校に関していえば、第一に戦時中の空襲被害で新制高校に移行可能な校舎を失っていたことがある。まず物理的な条件で不利だったといえるだろう。そして第二が、同窓会組織の圧倒的な力の差である。「特権的な伝統校」は、新制中学校優先という明確な目的を掲げた軍政部によって表向き一斉に解体された。しかしその作業過程のなかには、目にみえにくい力の差が入り込んでいた。そもそも戦後教育改革の中枢組織に元和歌山中学校教員が加わっており、まさにその人物が桐蔭高校の校長として伝統の復活を周到に成し遂げたのである。(43) 県の行政組織にも県議会にも、県内一のエリート校であった和歌山中学校ＯＢは大勢いただろう。また商工会議所という実業界の実力者たちも、和歌山中学校と和歌山商業学校の復活に力を貸していた。このような力は高等女学校卒業生たちにはなく、彼女たちは決定事項にただ従うほかなかった。

あのとき、同窓会はまったく何もできませんでした。私たちに何かできると思いますか？あの時代に。[44]

これは前出の和歌山高等女学校卒業生の言葉であり、偽らざる事実だったと思われる。彼女たちには自分たちの声を届けるルートも機会もなかったのだろう。権力のジェンダー・アンバランスがそこにあったのである。ジェンダー・アンバランスといえば、新制高校の学校文化にもいえる。総合制時代の桐蔭高校と星林高校は「普通科・男子」中心の学校文化であり、男子の男女共学制への不満は「授業レベルの低下」「大学進学の足手まとい」に集中していた。それは大学進学を前提とした旧制中学校的価値観からの不満だった。その価値観は、県議会議員たちの発言にも共通してにじみ出ていた。「大学進学に利する・利さない」が評価の判断基準になっていたのである。

ここで興味深いのは、母校を失ったことに対して、和歌山高等女学校卒業生たちの口から「残念」という言葉は聞けても、恨みや怒りの声が不思議なほど聞こえてこない点である。新制高校発足時の資料にも、家政系科目を強要されることへの不満の声はあっても、高等女学校教育の伝統・文化が引き継がれないことを非難する声はみあたらなかった。これらのことから、高等女学校が旧制中学校に吸収されたことは、「残念ではあるが、不名誉なことではない」と捉えられていたと解釈することができる。なぜなら、和歌山高等女学校の学校文化は、家事能力の技術取得よりも学業の優秀さに価値を置いており、業績主義的な男性ジェンダーに親和的だったからである（土田 二〇一四）。とくに、和歌山中学校の後継校とみなされる桐蔭高校に通うことは、大学進学を目指す女子もそれ以外の女子にとっても、ある種誇らしいことだったのではないかと推測される。

最後にもう一点指摘しておきたいこととして、教育行政側の姿勢と方針がある。和歌山市では「教育の民主化」「教育の機会均等」という理念に基づき、男女共学制が導入され維持されてきた。三原則が厳格に適用されていたころは男女比に大きな偏りはなかったが、とくに一九五〇年代後半の小学区制崩壊後は、「学校選択の自由」の名の下に、高校選択における新たなジェンダー秩序が形成された。男女共学という枠組みを壊さず、さらに男女別定員のような介入も行わず、自由意志に任せる形をとりながら、和歌山市では戦後社会の時代の流れに応じた新たな男女の進路分化が進んだのである。

注

（1）一九六〇年代以降県立高校はさらに四校増えたが、二〇一〇年代に一校統合されたため、現在和歌山市内には八校の県立高校がある。和歌山市内の公立高校にはほかに市立高校が一校ある。

（2）たとえば各校の学校ホームページの学校沿革欄などで確認できる。

（3）一九四七年一二月二〇日付の「新制高等学校設置準備協議会について」の通達によると、協議会は中央協議会（和歌山市）と地方協議会によって編成。地方協議会は県内八地区に設置。中央協議会は地方協議会の代表者（町村代表とＰＴＡ代表を必ず含むこと、女性代表も加えることが望ましい）からなる。

（4）『和歌山県第四回定例議会議事速記録　第一五号』一九四七年一二月一六日、八五頁

（5）共学化を漸進的に進める考えは、新制高校発足を目前に控えた一九四八年三月の県議会でも示されていた。『和歌山県第一回定例議会速記録　第一一号』一九四八年三月一九日、四五四頁

（6）知事は一九四八年二月の県議会で、公立校三六校を新制高校に移行するつもりであると発言していた。『和歌山県第一回定例議会議事速記録　第一号』一九四八年二月二八日、四三頁

（7）「共学は最大範囲で／高校問題で協議会が答申」『和歌山新聞』（一九四八年三月四日）

（8）『和歌山県臨時議会議事速記録　第一号』昭和二二年五月二三日、四五－四六頁

（9）『和歌山県議会速記録　昭和22年定例議会　第二号』一九四七年六月三〇日、七八頁

（10）「男女共学の実施／旧中学系の不安を除け／小野知事談」『和歌山新聞』（一九四八年四月一〇日）

（11）和歌山市内では各種の学校の他、市役所、警察署、消防局、地方裁判所などの官公署も焼失した（和歌山市役所編　一九五六）

（12）「和中和商は消滅／新制中学と普通高校に」『和歌山新聞』（一九四八年四月一八日）

(13) 教第七三〇号 一九四八年四月二五日 高等学校長・各地方事務所長・和歌山市長殿 「和歌山軍政府司令官より県知事に与える覚書」について。
(14) 中沢哲夫、一九五〇「古かばん」『和歌山県教育委員会月報』No.一五、和歌山県教育庁
(15) 『和歌山新聞』では四月二三日付の「学校再編成／共学と学区制は奨励／封建的伝統は排せ／和歌山軍政府・知事に覚書手交」、四月二四日付の「学校再編成／新教育理解させよ」という見出しの記事で報じていた。
(16) テキスターは最初県内全域の新制高校名に地名の使用禁止方針を出していたが、県側の説得の結果、和歌山市以外の学校には地名をつけることが認められた（和歌山県教育委員会 二〇一〇）。
(17) 「旧和高女は〝桐蔭〟、海草は〝向陽〟、和商は〝星林〟など／新制高校の名前決まる」『和歌山新聞』（一九四八年五月八日）
(18) 『和歌山新聞』では次の記事で生徒や保護者の意見が紹介されていた。「断行かお預けか／県下新制高校の男女共学制」（一九四八年一月一六日）、「高校の男女共学／断行かお預けか／女学校はお預け希望／県下中等校の回答」（一九四八年一月二九日）、「高校設置協議会／女学校側は殆ど共学を希望せず／市内各校の意見を聞く」（一九四八年二月二四日）、「強ち反対ではない／和高女で世論調査」（一九四八年二月二八日）
(19) 「男女共学中心に／新制高校を語る」『和歌山新聞』（一九四八年二月二三日）
(20) 和歌山県教育委員会『昭和廿三年 第三二号 副本（県教育委員会設置に伴う知事との）引継書 永六 保存』別冊三「高等学校一覧」
(21) 和歌山県立桐蔭高校一九五〇年「昭和二十四年度 総合制 男女共学 新制高等学校経営の実際」
(22) 一九五〇年版、昭和二六年版「和歌山県統計書」に記載されている一九四九年度、一九五〇年度「学校基本調査」によると、一九五一年の私立男子高校入学者は六一名、一九五〇年は一五名、女子高校入学者は一九四九年が八三名、一九五〇年は三一名だった。
(23) 「和歌山女子短期大学設置認可申請書」一九五〇年九月二五日
(24) 男子校の三尾高校は一九五二年に廃校している。
(25) 「県教育人事に爆弾的宣言／校長も平教員に――能力ある人を選べ／軍政府テ氏がメッセージ」『和歌山新聞』（一九四八年四月九日）

(26)「婦人校長が三名／校長も平教員へ／県教員の歴史的異動発令」『和歌山新聞』(一九四六年四月一一日)
(27) 二〇一六年七月一四日にインタビュー対象者の自宅で半構造化インタビューを実施した。
(28) 桐蔭高校の校長は、県教学課の『昭和十八年四月　中等学校教員進退稟議簿』から一九四三年五月三日付で教授嘱託として働いていた和歌山中学校を依願解嘱していることが確認できた。さらに教学課の『昭和二十年度　中等学校職員進退内申書綴　第二号』のなかの一九四五年九月の書類で地方視学官の職に就いていたことが確認できている。戦後は桐蔭高校の校長に就任するまで県学務課課長の職にあった。
(29)『公立学校職員履歴』「県立和歌山高等女学校　現任職員履歴書」「県立和歌山中学校　職員履歴書」一九四七年度。和歌山県立桐蔭高等学校　一九五〇、「昭和二十四年度　綜合制・男女共学　新制高等学校経営の実際」
(30) 和歌山県教育委員会　『昭和廿三年　第三二号　副本（県教育委員会設置に伴う知事との）引継書　永六　保存』　別冊三「高等学校一覧」
(31)「生徒側が見た男女共学／学力差に難点／困る男性化と女性化」『和歌山新聞』(一九四八年六月一八日)
(32) この際、和歌山中学校と和歌山高等女学校、市立高等女学校の学籍簿も桐蔭高校に移された。
(33) 和歌山県高等学校教職員組合『教育研究集会　高校白書　一九五八年度』桐蔭高校分会　野口正栄外「学区制の変遷と学校間の諸問題」一二一－一二七頁、『和歌山新聞』では「学区制破り／発見時は入学取消す」(一九五二年二月一九日)、「越境相つぐ学区制／特色追つて右往左往／県教委へも是正陳情合戦／目立つ養子縁組転校方法はこの手で」(一九五五年九月二九日)、「中学も予備校化／和歌山市合法的なモグリ横行」(一九五六年四月一〇日)など。
(34)「和歌山県公立高等学校通学区域に関する規則の一部を改正する規則の制定について」
(35)『和歌山県九月定例議会会議録　第二号』一九五一年一〇月一日、九七－九八頁
(36) 同前、一〇七－一〇九頁
(37) 同前、一一三頁
(38)『和歌山県　昭和三十一年十二月　定例議会会議録』五九－六一頁
(39) この議員は前年一二月の定例県議会で、高校生徒急増対策に関する議論のなかで、男女の特性の違いを理由に県立女子高校の設立を提案していた（『和歌山県　昭和三十六年十二月　定例議会会議録』四三－四四頁）。
(40)『和歌山県　昭和三十七年十二月　定例議会会議録』七七－七八頁

(41) ただし和歌山市以外には家庭科の女子高校が設立されており、公立高校には一九五五年に海南市立海南市高等学校(昼間定時制として開校、一九六六年から全日制)、一九五八年に下津町立下津高等学校(昼間定時制として開校、一九六六年から全日制となり下津女子高校に名称変更)、県立那賀高等学校分校の昼間定時制家庭科が一九六〇年に独立開校した県立貴和高等学校(昼間定時制として開校、一九六二年から全日制、一九六三年から女子高校)がある(和歌山県教育委員会二〇一〇)。

(42) ここでいう二校の私立女子高校のうち一校は修徳高校である。もう一校は和歌山女子専門学校から和歌山女子短期大学への組織変更により一九五一年に和歌山女子短期大学附属高校へと名称変更され(同年「若きイエズス修道会」に経営移管)、一九五五年に和歌山信愛女子短期大学附属高校へと名称変更された。詳しくは土田(二〇一八)を参照されたい。

(43) 和歌山中学校と桐蔭高校の同窓会は長く別組織であったが、一九七八年に合同名簿を発刊し、一九八六年に正式に同窓会が合併した。

(44) (27)のインタビュー時に語られた言葉である。同様の発言は二〇一六年二月七日に実施した別の同校卒業生へのインタビュー調査や、筆者がこれまで行ってきた他の卒業生インタビューでも語られていた。

参考文献

毎日新聞社和歌山支局編、一九七八、『高校風土記』

土田陽子、二〇一四、『公立高等女学校にみるジェンダー秩序と階層構造——学校・生徒・メディアのダイナミズム』ミネルヴァ書房

——、二〇一八、「戦後和歌山における私立女子専門学校の設立と経営移管——和歌山女子専門学校とその附属校に注目して」『和歌山大学紀州経済史文化史研究所紀要』第三九号、三九—五八

和歌山県教育委員会、二〇一〇、『和歌山県教育史　第二巻　通史編Ⅱ』

和歌山県教育局、一九四九、『男女共学指導要領　試案』

和歌山県高等学校教職員組合、一九五八、『教育研究集会　高校白書』

和歌山県戦後教育史研究グループ、一九九六、『和歌山県戦後(占領下時代)教育史』

和歌山県立星林高等学校、一九九八、『星林　創立50周年記念誌』

和歌山県立桐蔭高等学校、一九七八、『和中開校百年桐蔭開校三十周年記念誌』
和歌山県立和歌山商業高等学校、二〇〇五、『和商百年史』
和歌山市役所編、一九五六、『和歌山市戦災誌』

史資料

『公立学校職員履歴』「県立和歌山高等女学校　現任職員履歴書」「県立和歌山中学校　職員履歴書」一九四七年度
『和歌山新聞』
和歌山県議会事務局、『和歌山県　定例議会会議録』
和歌山県立星林高等学校、『星林新聞』
和歌山県立桐蔭高等学校、一九四九、『昭和二四年度　綜合制 男女共学　新制高等学校経営の実際』
――、『学校要覧』
和歌山県教育庁（一九六六年度から教育委員会）『教育調査統計要覧』一九五一～六六年度
和歌山県教育委員会『昭和廿三年　第三二号　副本（県教育委員会設置に伴う知事との）引継書　永六　保存』別冊三「高等学校一覧」
和歌山県教学課『昭和十八年四月　中等学校教員進退稟議簿』
――、『昭和二十年度　中等学校職員進退内申書綴　第二号』

第10章 福岡県久留米市の高等学校再編成と男女共学

中山良子

はじめに

福岡県の公立高等学校男女共学化に関する先行研究には、県全体の動きを捉えた橋本紀子[1]の研究や北九州での事例に着目した木村浩則[2]の研究がある。これらによると、福岡県では学区制・男女共学制・総合制の実施が一九五〇年度を目途として行われる予定であったが、軍政部の指示により、急遽一九四九年度からの実施となり、それにともない公立の高等学校の再編成が実行されたという。

この学区制・男女共学制・総合制の実施と高等学校再編成に伴い、福岡県下で「悩み抜いた問題」を抱えることになるのが福岡市や久留米市であった[3]。福岡市では既設の学校がそれぞれ男女共学となったが、久留米市では既設の四校が再編成され、男女共学の県立高等学校二校が生まれる。本章では、この福岡県久留米市に焦点を絞って、県立高等学校再編成とそれに伴う男女共学化を取りあげてみたいと思う。

久留米市は福岡県南部に位置し、一九四九年時点で約九万六千人の人口を抱え、タイヤ製造業や靴製造業などのゴム関連産業や農業が盛んであることが知られる。また一八九七年以降は師団や連隊が配置される軍都でもあった[4]。この久留米市では一九四八年の新制高等学校の発足によって、旧制中学校を前身とする県立明善高等学校と旧制高等女学校を前身とする県立久留米高等学校、私立の家政女学校から市立高等女学校となり、それを母体とした久留米市立女子高等学校と私立の高等女学校を前身とする私立久留米昭和女子高等学校の四校が誕生した。そして一九四九年の再編成では、前二者が合併し男女共学化した明善高等学校、後二者が合併し男女共学化したうえで、さらに市立から県立へと移行した県立久留米高等学校となった。

男女別学の県立高校二校を一つにまとめた県立高等学校と、市立と私立の高等学校の二校を一つにまとめた県立高等学校という、一九四九年の再編成時に生まれた、来歴の大きく異なる二つの県立高等学校は一時、久留米市を二分する形で進学区域が定められ、進学区域の越境が厳しく戒められるという学区制の徹底が行われていた。ところが一九五七年に入ると、学区制が瓦解し、明善高等学校と久留米高等学校の二校は、どちらの学区からでも進学できる自由区となり、進学先の選択が可能になる。

そこでこの二つの県立高等学校に着目しながら、一九四八年の新制高等学校の発足と翌一九四九年に福岡県で生じた高等学校再編成、さらに一九五七年の自由区化における男女共学の諸相を明らかにしていきたい。

一　新制高等学校の成立と男女共学をめぐる議論

それではまず一九四七年時点で、福岡県そして久留米市において男女共学化がどのように捉えられていたのか確認する。

一九四七年二月一五日、『西日本新聞』筑後版に「6・3・3制　男女共学は自由」という記事が掲載された。同記事によると、一四日に行われた記者会見で、総司令部民間情報教育局教育課のルアナ・ボールズ（Luanna J. Bowles）とモンタ・オズボーン（Monta L.Osborne）が「近く文部省から発行されるハンドブック（学制改革要綱）の内容を紹介」し、そのうえで「男女共学は各学校の自由だが資材、教員の点などから慎重に考慮しなければならない」との談話を行った。

一九四七年当時の久留米市長である岡幸三郎の男女共学に関する認識を、一一月一五日に県立中学明善校（明善高等学校の前身）の文芸部から発行された『校内旬報』第七号の記事「文化　学校をどうするか　岡市長と語る」から確認することができる。同記事で岡は「男女共学は已むを得ない場合にはせねばならぬだろう。何しろ財源困難であるから」といいつつも、「私の要望としては、明善や、県立高女の如きは、伝統や校風があるから、此を重んじ、現在のまま男女共学は致したくない」と続け、さらに「市立の商業と高女は、市の財源から、或いは共学になるかも知れない」と述べている。当時、久留米市には明善、県立高女のほかに、市立の商業と高女があった。岡は財源の問題から、男女共学の可能性を考えていたが、県立中学明善校と県立高女については「伝統や校風」を重んじて男女共学化を望んでいなかった。

岡の言う市立高女とは、一九〇八年に創立した私立久留米女子職業学校が、数回の校名変更を経て、一九四五年三月に久留米市に移管されて久留米市立高等家政女学校となり、一九四六年にさらに改称した久留米市立高等女学校を指す。市立高女は一九四五年八月の空襲で全焼し、日吉国民学校、ゴム会社の寄宿舎と場所を転々としていた。一九四七年一一月の新聞記事では、移転先となった元師団司令部跡からの追い立てを食らいながらも、「男女共学のハイスクール昇格運動」を進める市立高女の姿が描かれている。[5] 市立高女側は「男女共学のハイスクール昇格」を望んでいたのだった。

その後福岡県では、福岡県新制高等設置準備委員会が一九四七年一二月八日に新制高等学校の設置に関する諸問を県から受け、翌年一月二四日に知事に答申を行っている[6]。同答申は「新制高等学校は、歴史的地理的条件から現在中等学校の位置に設置することをもって適当」とするとし、「現制の中学校及高等女学校は普通科を主とする高等学校に、実業学校はそれぞれ専門教育を主とする高等学校に」移行することが決まる。つまり旧制の中学校と高等女学校をそっくり生かす形の新制高等学校設置となったのである。さらにこの答申では男女共学については「概ね、現行中等学校と同様の措置をとり、志願者や地方の事情等によっては共学も望ましい」としており、男女共学を強くすすめてはいなかった。

一九四八年二月の第七回県議会でも、県立の新制高等学校の男女共学に関しては「現施設の状況・学校配置・県財政の状況、並びに本県将来の教育施設整備の計画等を勘案して、総合男女共学学科の新設を実施するとともに、恒久基準に則する施設の充実は、昭和二十六年度を目途として地元及び父兄の積極的協力を要望し、根本的には、新制中学校の義務制による、現在の中学一年生が新制高校へ進学する昭和二十五年度において[7]」再検討するとして、速やかな男女共学の実施は棚上げにされた。県は高等学校の男女共学化を推し進めず、一九四八年三月末には、翌年度福岡県下で全日制普通科男子校二四校、女子校三三校が発足するとの新聞記事が掲載されているが、男女共学を希望したのは八女郡の黒木高等女学校ただ一校のみであったと書き添えられている[8]。

久留米市には一九四八年四月の新制高等学校スタート時、県立高等学校としては、県立久留米高等学校と県立明善高等学校という男女別学の二つの学校が生まれていた。この県立久留米高等学校は、現在の県立久留米高等学校とは別のものであり、一八九七年に創立した県立久留米高等女学校がその前身である。県立明善高等学校は、一八七九年に創立した県立久留米中学校を前身（一八九九年に県立中学明善校と改称している）としている。この県立久留米高等学校は明善高等学校の真北に通り一本隔てて位置していた。

また後に県立高等学校となる、久留米市立女子高等学校と私立久留米昭和女子高等学校（一九二八年に創立した昭和高等女学校が前身）の二校も新制高等学校としてスタートしている。久留米市立女子高等学校は一九四八年の八月に、私立久留米昭和女子高等学校と合併するとともに、師団司令部跡から私立久留米昭和女子高等学校の校地へと移転し、市立久留米女子高等学校として再スタートをきることになる。

ところが一九四八年八月にスチュアート・A・ライマン（Stuart A. Lyman）が福岡県の軍政部民間教育課課長に着任すると、福岡県下では高等学校再編成が検討されるようになる。一〇月下旬に福岡県教育委員会事務局が高等学校再編成の基礎調査に乗り出し[9]、一一月一日、はじめて開かれた福岡県教育委員会会議で、ライマンは「懸案となっている高等学校区の決定」を強く求めた[10]。そして福岡県教育委員会は一一月一五日から一九日までの五日間をかけて「第二回臨時会議」を行い[11]、最終日の一九日に「新制高等学校の再編成は教育の民主化、教育の機会均等の見地から（一）学区制設定、（二）総合制実現、（三）男女共学制実施の三目標に向って行うもの」とする「福岡県新制高等学校再編成に対する方針」を出した[12]。

福岡県教育委員会による雑誌『教育福岡』には、翌一九四九年九月に高等学校再編成の経緯を説明する「高等学校再編成について」という記事が掲載されているが、ここには再編成の中で男女共学がどのように言及されていたのかも記されていた。同記事によると、男女共学は「初めの内は全学年に実施するという空気が濃厚」であったが、「施設が急に間に合わないこと」に加え、「従来別々の方針や内容で教育を受けて来た男女生徒の学力には相当の差異があり、とても一緒にしては授業出来ないと言う反対意見が強くて、結局、（A）、中学校（併置・新制）では教科課程が男女同一であること。（B）、特に新制中学出身は既に男女共学を経験して来ていること。（C）、施設も一学年だけなら何とか間に合うとの理由から、遂に「原則的には全面的に実施するが強制的には新一年生から」ということに落ち着いた」という。この記事において、県教育委員会は男女共学に関して「軍政部との連絡の際にも随分気をつかった」といい、「現実において男女間に科目によって学習能力に非常に差があることを力説したため、例外として辛うじて認められた」との認識があった。県教育委員会側には、これまでの教育が生み出してきた「男女生徒の学力」の差異を乗り越えようとする姿勢はなかった。ライマンら軍政部が強く推す男女共学を、県教育委員会はしぶしぶと受け入れたようにみえる。

軍政部と福岡県教育委員会とが男女共学を検討していた丁度その頃、県立明善高等学校新聞部が発行した一九四八年一一月一五日の『明善新聞』には、男女共学の是非をめぐる世論調査に関する記事「男女共学は是か非か」が掲載された。世論調査は明善併設中学と県立明善高等学校の男生徒一四三名、県立明善高等学校の教員二一名、さらに県立久留米高等学校の六〇名の女生徒を加えた二二四名を対象にしている。同記事によると、「あなたは男女共学を望みますか」という質問に対し、男生徒六割、女生徒九割五分が望むと答えている。男女共学を望む理由は「男女同等の学力を得るため」が圧倒的で、「女生徒賛成者七〇%がこれを切望、女生徒の熱心な向学心を示している」という。代表的な意見として「広く凡ての事に理解ある一社会人となる為にも男子と同様の教育を受ける事によって狭い視野から脱して低級な女性の知識をより高く豊富にしたいからです」という県立久留米高等学校の女生徒の声も紹介されていた。

もちろんこの世論調査においても「時期尚早」（三割）、「男女能力や学力の差が甚だしく今一緒にすれば授業に支障をきたす」（二割五分）といった男女共学に対する批判の声もあったが、世論調査の結果は「男女同等の知識即ち女性のレベル向上と異性に対する認識等の理由により大部分が共学を希望している」とまとめられているように、男女共学はおおむね歓迎されていた。とくに女生徒は、男生徒への教育との異なりを痛感し、女性の知識を向上したいと強く考えていた。『明善新聞』の世論調査「男女共学は是か非か」には、福岡県教育委員会での高等学校再編成をめぐる話し合いとは異なる男女共学を望む声が確かにあった。

二　高等学校再編成――男生徒の「犠牲」、女生徒の署名活動

この高等学校再編成において久留米市にはもう一つの大きな変化が生じていた。ライマンは「学区を平等に布」く事にこだわり、「終始明確」に「現実に学校差があるからこそぜひこの際学区を平等に布かねばならない。それが学校差を一日も早く無くする近道である」と主張して、学区制が一九四九年度第一学年から適用されることになったのである。[13] 福岡県教育委員会は「後に福岡市や久留米市で悩み抜いた問題のそもそもの発端は実にこの県立と市立間の学区制の問題であった」といい、「県立と市町立とに同じように学区を設定することの現実的矛盾を相当に力説していた教育委員も」いた。[14] では、「久留米市で悩み抜いた問題」とは具体的にはどのようなものであり、「県立と市町立とに同じように学区を設定することの現実的矛盾」とはなんだったのかを、男女共学化に留意しながら確かめていく。

福岡県教育委員会の坊上末夫によると、高等学校再編成の「第一回原案作成」時に「統合の原則」が決められ、「学校間の距離が徒歩で十五分以内のところは統合する」こととなった。[15] そのため、福岡県の高等学校再編成は、通り一本隔てて位置する県立久留米高等学校と県立明善高等学校とに合併をもたらした。久留米市では国鉄久留米駅に程近い市の北西部に位置する旧制高等女学校と旧制中学校が合併した県立高等学校と、市の中南部に位置した市立の女子高等学校の二校とによって、**図10－1**のように市を二分する形での学区が設けられることになった。

この案について、一九四九年二月五日、久留米市の教育常任委員会が話し合いの場を設けている。この委員会の出席者は教育課長と助役、そして委員三名のわずか五名であった。[16]

二月五日の『教育常任委員会録』によると、教育課長はまず「学校民主化を目的として占領軍から　1、学校差をなくする　2、男女共学奨励　3、校区制を敷くと言う三原則が示された」と切り出した。そして福岡県教

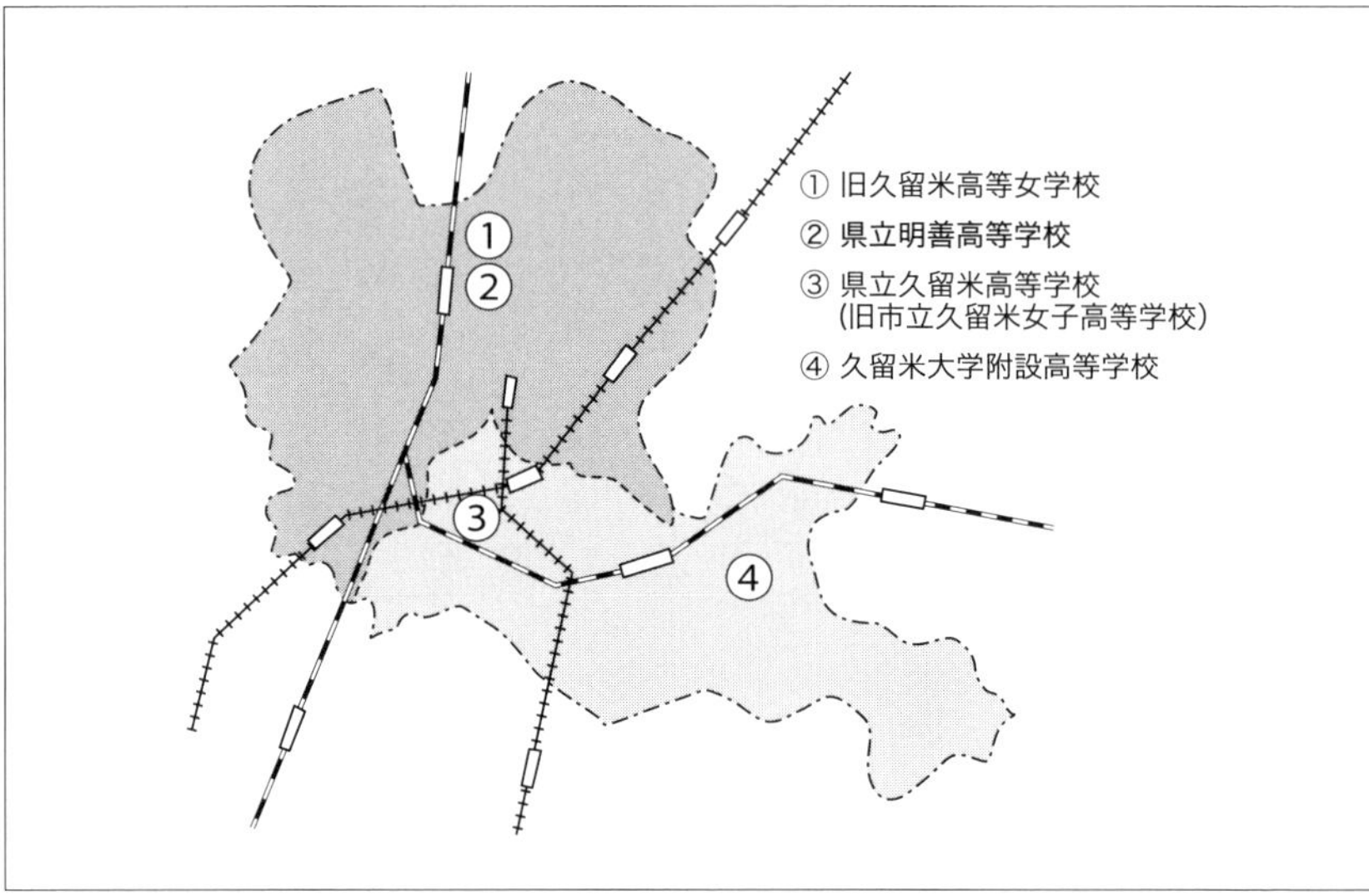

図 10-1　久留米市の各高等学校の位置と学区分け

育委員会が一月二六日に示した「福岡県公立高等学校再編成要領案[17]」に、県立明善高等学校と県立久留米高等学校を合併した一校と市立久留米女子高等学校とによって、市の学区がほぼ二分される案が示されたことを教育課長は述べた。その案に対し、教育課長は「我々の全く予期しなかった事」だと悲鳴をあげ、他の委員からも「男女共学はいやだと言っても指令違反だと言はるれば何もならぬではないか」（大石一郎委員）、「本案以外に何か案はないか」（平井金次郎副委員長）という意見が出て、案に対する抵抗が見られた。

同じくこの二月五日の『教育常任委員会録』によれば、教育常任委員会に出席した助役は「学校差をなくすることと男女共学することはいいが地域制を設けることはどうかと思う従って二区制にすると言ふことは行き過ぎと思ふ」と述べ、男女共学よりも学区制（地域制）を危惧していた。助役は「結局普通科が二つあるから二区制問題が起るが一つなら問題ない筈である」として普通科一校案を模索し、「G・H・Qの絶対命令ならともかくそうでなければ二つの高校を一つにするか、市立を県立に移管するか、県の案をそのまま受け入れるかである」と頭を悩ませている。助役には久留米市を二分する学区制を敷くことに対する忌避感があった。他にも大石一郎委員からは「占領軍の示唆があっても地域制だけ自由にすることは出来ぬか」との意見が出て、また許斐朝生委員長からは「父兄、児童が夫々の学校に馴れ又認識するまで自由地区にせねばならぬと思ふ」と自由地域を望む声が示された。結局、満場一致でその日の午後に開かれる新学制実施協議会に「自由地域にすること」を提言すると決定し、この日の教育常任委員会は閉会する。

久留米市の教育常任委員会では、「絶対命令」ならともかく「地域制」にはしたくない、学区制はできれば回避したいとの発言が目立った。教育常任委員会の出席者は、旧制中学校と旧制高等女学校からなる県立の高等学校と市立の女子高等学校とは、並び立たないと考えていたのだろう。苦肉の策として、大石一郎委員からは「市立の普通科を家庭科に変更出来るか」との意見さえ飛び出した。(18) 市立を家庭科にすれば、普通科の県立高校が一校となり、少なくとも男生徒の進学先は限定される。教育常任委員会の出席者は、「二区制」(学区制)への強い抵抗を示していた。そして教育常任委員会の出席者は、これまで県立明善高等学校へと進学できていた男生徒が、学区制(地域制)によって不本意に市立久留米女子高等学校に進学せざるをえなくなることに留意している。男女共学が可能になることよりも、学区制の徹底によって一部の男生徒が県立明善高等学校へ通えなくなることが懸念されていたのだ。男生徒を重んじる姿勢が教育常任委員会には表れていた。

「自由地域にする」という教育常任委員会の意向は叶わなかった。二月二五日、収容人数という点で県立一校では対応できないため、久留米市は県立と市立という二つの学校が市を二分する案をのまなければならなくなったのである。(19)

翌二六日の市議会では、児玉清吾議員から「久留米市の自由学区はまかりならぬ」ことにより、「市内を二つの学区に分けることに依りまして現在の高校の附設中学三年生諸君の中には希望する学校に入ることが出来ないものが若干出て来ることは真に気の毒に堪えぬ」が、「こうした大改革を行ふ場合は若干の犠牲者の出ることは止むを得ないのであります。之等の若干の犠牲を蒙る生徒に対しては御気の毒でありまするが新らしい教育制度確立・新らしい日本の建設の犠牲者であるということをご理解願い」たいとの発言がなされた。[20] ここでいう犠牲者とは、明善高等学校の併置中学（旧制中学から新制に移行する際に出来たもの）に在籍していた中学三年の男生徒たちのことである。この二六日の議会録によると、市長である岡幸三郎の手元には「生徒諸君の血判」が押された「明善中学の三年生が血の染んだ嘆願書」が送せられており、「どうか私達は現在三学年でもう一年すれば卒業するのでその間置いて下さいますやうとの嘆願」が添えられていたという。[21] 岡は、県立明善高校に進学できない男生徒に強い同情を示していた。

しかし同市議会では児玉議員が市長に「あの市立女子高校の生徒も同じく街路に出て署名運動をして数万名の署名をとって当会議に提出」したことも考えるよう促している。[22] 市立の生徒は当時、県立移管の運動を展開しており、卒業生はこの頃を「在校生全部メガホンを持って明治通りに出て、署名活動をし、福岡の教育委員会なんかにも行きました」と振り返っている。[23] 再編成は男生徒に影響を与えるだけではなく、当然、女生徒にも大きな影響を与えていたのだ。しかし市長である岡が目を向けているのは、教育常任委員会の出席者同様に県立明善高等学校への進学が叶わない一部の「犠牲」、すなわち男生徒たちだけだった。

結局久留米市の教育常任委員会は、一九四九年三月二八日、市立久留米女子高等学校を県立移管し、「学校差」を解消する建議案を提出することを決定する。[24] 市立を県立へ移管する、それが久留米市の出した答えであった。

三　男女共学のはじまり

県立二校の統合や市立久留米女子高等学校の県立への移行は、一九四九年に時間をかけて進んでいった。三月時点で、久留米市では新年度を見越した寄留が続出した。[25] 四月には「市立を嫌って県立に殺到」する現象が新聞記事になり、定員五〇〇名に対し八〇〇名が殺到した明善と定員二五〇名に対し一八〇名と定員を満たすことが出来ない市立の様が「両校とも開校の見通し真っ暗」と報じられた。[26]

新学期が始まると、学区制と男女共学制の徹底により、久留米市では市立の、しかも「女子」の名称が残る市立久留米女子高等学校に男生徒が進学することになった。男生徒の一人は三原則を「進学校選択の自由を奪うもの」[27]だと考えており、学区制の徹底の結果「県立高校に入学したつもりなのに、しかも「女子」高校とは何たることか」[28]と思ったとのちに述べている。市立久留米女子高等学校では在校生六〇〇余名中、男生徒は一年生の四〇余名であり、一年二組と一年四組のみが男女共学であった。[29] それゆえ男女共学になった直後、男女別学を過ごしてきた上級生は「〝男の方がいる〟」と男生徒がいる光景を見にいったのだという。[30]

県立明善高等学校においても男女混成クラスは一年生だけだった。[31] 八月末の正式な統合に先立ち、実質的な統合が五月に行われた。かつては通学路も別にしていた生徒たちの教室は、北校舎（旧高女の校舎）に三年女生徒・二年男生徒・一年家庭科が学び、南校舎（旧中学の校舎）に三年男生徒、二年女生徒・普通科一年が配置されて、一年以外は同じ学年でも異なる校舎に配置された。[32] 一年生女子のうち四、五〇名ほどは男生徒のいない家庭科を選び、男女共学の一年のあるクラスでは、男女が左右に分かれて別々に座ったところもあった。[33] 当時の回想として「男女共学といい、新しい教育といいすべてが新鮮だった」との男生徒側の声、「良妻賢母型の教育から共学になり、戸惑いもあったが、それより文化祭にしろ運動会にしろ男女一緒にすることで、学園生活が明るくなったような気がした」との女生徒側の声が残されている。[34] 女生徒にとって男女共学は「良妻賢母型の教育」とは異なる教育をもたらすものだった。「女子だけの方がいいと思っていた」女生徒のために、県立明善高等学校には家庭科がつくられたが、家庭科に入った女生徒も文化祭や運動会で男生徒ともに活動しており、女子だけのクラスはあまり意味がなかったとのコメントもある。[35] 旧久留米高女の時代から継続して勤めている教員は、共学という事態に対し「一種の無念さ[36]」を感じたものもいた。しかし男女生徒は「徐々に打ち解け合って」いく[37]。その後、一九五一年度からすべての学年で男女別教室をやめて実質的に男女共学になる[38]。

県立明善高等学校と県立久留米高等学校との統合や名称変更は一九四九年の八月三一日付となり[39]、県の指示で〝久留米〟をとって県立明善高等学校という名称になった[40]。一方、市立久留米女子高等学校は一九五〇年二月一一日付で、さかのぼって一九四九年一〇月一日から県立久留米高等学校となった[41]。県立明善高等学校と合併し、姿が見えなくなった旧制高等女学校に一時期あてられていた久留米高等学校という名前が、市立であった女子高等学校が共学化し、県立化したことによってまわってきた。新しく誕生した県立久留米高等学校の校長には、県立明善高等学校の教諭だった今方重一が着任し、さらに一〇月には県立明善高等学校から六名の教諭が県立久留米高等学校へ、県立久留米高等学校からは四名の教諭が県立明善高等学校へ移動するという「交流」も行われた[42]。今方校長は「〝明善に負けるな〟」と生徒に発破をかけた[43]。

翌一九五〇年四月の入学者は、県立明善高等学校が六二七名、県立久留米高等学校が三三一名となった[44]。入学定員は三対二であったため、教育委員会は「昨春あれほどもみ抜いたところだけに今年はよくもかくまで協力してもらったもの」と賛辞の声を上げている[45]。

ところがこの年、久留米市には「男女共学制をとらず、男子のみ[46]」にこだわる私立高等学校である、久留米大学附設高等学校が久留米高等学校の学区に生まれていた（図10－1参照）。同校は後に「顕著な学校差が現存するままに小学区制が実施され、有為な資質を抱きながら大学進学に悩む青少年[47]」に対して設立されたと語っている。久留米大学附設高等学校の第一回生もまた「旧制の家政女学校から出来た高校等へ進学せねばならなかった者たちにとって将来性のある私立の高校と云うのは救い[48]」と回顧していることからもわかるように、久留米大学附設高等学校は学区制の徹底ゆえに明善高等学校への進学が叶わない、「旧制の家政女学校から出来た高校」には通いたくない「男子のみ」の進学先であった。実際、一九五四年に卒業した県立久留米高等学校の女生徒は、同じ中学校の男生徒がかなり久留米大学附設高等学校に進学したと記憶している。[49] 久留米大学附設高等学校開校時には、一九三二年から一九四五年まで県立中学明善校の校長を務めた楢崎広之助[50]が副校長として就任している。それはつまり男生徒のためにあった旧制中学を継承することを強く意識していたことのあらわれであり、男生徒のための別学の私立高等学校が誕生したのだった。

かつて福岡県教育委員会では「県立と市町立とに同じように学区を設定することの現実的矛盾」を力説した者がいたが、久留米市では「旧制の家政女学校から出来た高校」を忌避する男生徒の姿が確認できた。ライマンはそこに「学校差」への固執を見透かしていた。久留米市における旧制中学の名前や場所を引き継ぐ県立明善高等学校への志望は圧倒的であり、寄留や私立男子校への進学に表れているように、男生徒側からは再編成によって生まれた県立久留米高等学校に対する忌避感が示され続けていた。旧制中学へのこだわりは、男女共学の否定につながった。久留米市では高等学校の再編成によって男生徒が失ったものへの配慮が念入りに行われた。

四　福岡県下の「学区制の乱れ」と久留米市の自由区化

ところで福岡県の高等学校再編成は実現したが、実際には男女共学は一筋縄ではいかなかった。一九五一年一二月、福岡県教育委員会は一九五二年度における「高等学校の男女共学制・通学区制・総合制の根本方針」を決定し、「一、男女共学制及び通学区は其の必要を認め存続する」とされた。[51] しかし「二、現在の施設及び地域社会の実状並びに県財政の現状等を勘案し、次の如く変更する」として、「男女共学は男女平均された数により実施されることが望ましいが学校施設の条件の制限により止むを得ない場合は其の数を区分することができる」とした。[52] つまり男女共学は「男女平均された数」で実施されなくてもよいことになる。

福岡県教育委員会はサンフランシスコ講和条約発行後の一九五二年度末にも高等学校再編成における学区制と男女共学制に対する評価を行った。このとき学校職員課長の田中初太郎は「適切な学区の設定に困難と無理があった」ことや「学校の施設その他について不均衡が」あったこと、そして「学校選択の自由に制限が加えられたこと」などの難点をあげつつも、「第一に、特殊の学校への入学者の殺到から入学率が著しくかたまるようなことを少くし、第二に、現段階に於ては男女共学の実施のための適切な虎置（ママ）である」など長所を指摘し、学区制や男女共学制が「全般的にプラスになる」ことを強調し、次年度においても一校一学区の原則を守ることを強調した(53)。

しかし男女共学制において、女生徒に求められていたものは男生徒とはまったく質の異なるものだった。教育庁指導主事の酒井桃香は「女生徒達が男生徒にまけない様に知識方面の研修に一生懸命になる事は結構」だとしつつも、「女性として愛情ゆたかな人間として成長させることを忘れない様にしたい」という(54)。さらに酒井は「最近高等学校進学、大学進学の指導のために、女子教育がぎせいとなりつつあると云う声を聞く事がある」といい、「女性となればどこまでも花にしたしむやさしい心の持主である様に培う事が大切であって、家庭人となった場合、教養のしめす知的な面と家務の運営よろしく家庭の全員を喜ばせる事の出来る女性としてのやさしさの両面をかねそなえた婦人である様に小学生時代から培いたいものです」と、あくまで女生徒は「家庭人」となった際の「教養」と「家庭の全員を喜ばせる」「やさしさ」を身につけるよう促していた(55)。

そして、学区制の徹底がしだいに揺らぎはじめていた。高等学校再編成時に、進学先の高等学校が選択可能な自由区となった学区もあったが、それらの自由区は一九五二年度までに「すべす（ママ）固定区化する」はずであった(56)。ところが実際には自由区は残っていた。一九五三年度には一校一学区の原則を守り、「学区制の実施について、明朗でない処置がなされている」場合、関係高等学校間で相互に協議し、指導を行うよう指示がなされたが(57)、翌一九五四年度の入試では「特殊の事情によって通学区域外から志願するものには、当該中学校長の特殊事情証明書を提出せしめること」として、「特殊の事情」があれば「通学区域外から志願」することも可能になった。[58]加えて一九五六年度には、通学区域の原則は従来通りとしつつも、「地域の実情を勘案して、特に不合理のある地域については自由区、固定区の修正を行う」ことにさえ可能になった。[59]こういった「特殊の事情」が認められ、自由区が拡大するにつれて、福岡県では徐々に旧制中学校に男生徒が集中し、旧制高等女学校に女生徒が集中するという状況が生じていった。

一九五六年一〇月に福岡県教育委員会指導課は高等学校の再編成に関して「いずれも現実の種々の問題に制約され、多少の修正が加えられて今日に至っている」と改めて総括している。[60]しかし学区制に関しては「現実には地域の要望によって自由区が次第に拡大」してきており、いわゆる名門校に対する名目寄留などの問題」が生じ、「このような学区制の乱れを是正するため、地区外からの志願者については地域ごとに審査委員会を設けて防止しているが、自由区の拡大につれ、男女比を一定に保持することもまた困難となりつつあり、都市の高校では男子は旧中学、女子は旧女学校へ集中する傾向をみせている。県内高校の男女比は平均六対四の比率だが、九割近くが男子または女子という学校も生じてき」ており、寄留や自由区の拡大は男女共学のありようを不安定なものにしていると、指導課は考えていた。[61]

福岡県下では福岡市内の高校で「男女共学の均衡が破れている」傾向が顕著であり、一九五七年二月の段階で旧制中学校を前身とする修猷館高等学校が男生徒一一五〇名に対して女生徒は二〇〇名、同じく旧制中学校であった福岡高等学校は男生徒一一〇〇名に対し女生徒二二〇名と大きく男生徒がかたより、旧制高等女学校を前身とする福岡中央高等学校では男生徒三三〇名に対して女生徒八五〇名と女生徒が多い状況だった。[62]

学級編成に関しても「実施当初はほとんど全部が男女完全混合学級」であったが、この頃には「上級学年で男女別学級を編成しているもの、入学当初から男女別学級としているもの、同一教室内で男女別席にしているもの」など、混合学級からはほど遠い状態に変容していた。[63]男女共学の実施状況は、男女別クラス編成にした学校が七校、特定科目のみ男女別学が四〇校、特定科目のみ共学が一校、全科目共学が三校となっていた(64)。

しかしながら、この男女生徒数に大きな偏りがある状態は、学校長などからは許容されていた。女生徒の割合が高い福岡中央高等学校の校長有吉正勝は「男女共学をどうおもいますか。私の方は女子が圧倒的に多いので問題があろうと思っていたが、着任してみると思った以上にうまくいっている。ことに男女相互に切磋琢磨していること、風紀の事故がない事など悪い点はないように思うんだが」とのコメントを残している(65)。男女共学の実施に際して、懸念されていた「風紀上の事故は、一校当り年間1/3件程度で減少傾向をみせているし、学校側も男女一緒の旅行や個人的交際を禁じたり、生徒心得に交際についての事項を掲載する程度で、強い干渉は行なわれていない」として、男女共学は約半数の福岡県立高等学校から賛成意見が表明されていたという(66)。それは実際には男女別クラス編成があることや「男女共学の均衡が破れている」ことを棚上げにしたうえでの評価だった。

久留米市では高等学校再編成以来、県立久留米高等学校と県立明善高等学校とが学区を二分する状態が継続しており、一九五五〜六年頃も県立明善高等学校に進学するために寄留した生徒が県立久留米高等学校に呼び戻されたり、戸籍を変えて養子縁組をしてまで学区を変えたりといった事態が生じていて、教員は躍起になって寄留をやめるように注意をしていたとされる(67)。

ところが一九五七年一月八日、前日に行われた福岡県教育委員会の委員会において、志願高校の変更が「やむをえない事情の場合」のみ一回に限り可能になったとの記事が新聞に掲載された(68)。この変更が学区の見直しの前ぶれとなった。この後、福岡県内各地で教育委員会や地元中学校長、高等学校長、保護者などがあつまり、学区に関して話し合う諮問委員会が開かれた

久留米市では、一月一六日午後二時に公立高校通学区域諮問委員会が開催され、市内の高等学校、中学校の代表二二名他が集まり、県教育委員会から諮問された普通課程県立高校通学区について議論が行われた。具体的には「一中学から二高校出願」に改めることに関して協議がなされたが、「一中学から二高校出願」に改められれ

ば、明善高等学校と久留米高等学校の両校から、進学先を選ぶことが可能になる。(69)

この点に対し、公立高校通学区域諮問委員会では議論が百出した。「久留米高校の現在の段階ではまだ時期尚早である。自由校区化は中学校を予備校化し、子弟に勉強過度の負担を負わせ、また勉学の機会均等の観点から、さらに能力のないものは進学を阻まれる点からも現状の固定校区制維持を望む」という反対意見が出ている。(70) その一方で、一部中学校長からは「固定校区制は当初のねらいが達成されているかどうか疑問である。他県からの流れ込みや、脱法行為によって大きな穴がすでにできている」などの賛成意見も出た。(71) 結局のところ、久留米市での公立高校通学区域諮問委員会では結論が出ず、「委員会の空気をそのまま県教委に答申する」ということで閉会となる。(72) 福岡県下各地で行われた諮問委員会の見解を集約して出された「昭和32年度学区諮問委員会答申概要」には、久留米市での割れた見解がそのまま記載されていた。(73)

二月五日、福岡県教育委員会で高等学校の通学区に関する話し合いがもたれた。しかし、多くの陳情があり、翌日、さらに翌々日と会議が継続することになる。(74) 最終的に二月八日、県教育委員会で通学区域が決定され、久留米市は久留米高等学校と明善高等学校両校の自由区となった。(75) つまり一九五七年度入試の際、久留米市は自由区となり、自分の居住する学区にかかわらず、県立久留米高等学校も県立明善高等学校も進学先として選べるようになったのだ。(76)

二月九日の『西日本新聞』筑後版Bの新聞記事「高校新学区の問題点　くずれる男女共学」には、久留米市教育委員会や明善高等学校学校長らの新学区に対する見解が報じられている。同記事で、久留米市教育委員会の教育課長は「二校選択の自由が与えられたことは子弟にとっても大きな喜びであろう」と評価をし、県立明善高等学校の校長も「学校としては希望どおりになったことだし中学父兄の立場からも入学志願要項の変更などと照らし合わせて考えても好都合になったのではないか」と歓迎している。その一方で県立久留米高等学校ＰＴＡ会長からは「いま自由校区に拡大されるのは非常に困る」という声があがり、牟田山中学校長は「学校差などについてもまだ問題が残るのではないかと思う」と指摘していた。

一九五七年度入試における学区制の見直しは、占領期においてライマンら軍政部が目指した「学校差」の解体と逆行し、結局、偏った男女共学が許容されることになった。福岡県下では旧制中学校との連続性がある（と考えられる）高等学校が男生徒の進学先として好まれており、一方、旧制高等女学校につらなる高等学校では女生徒が多くなった。このような志向が男女共学の成立を困難にし、「くずれる男女共学」という事態を生み出した。

久留米市では二校の県立高等学校があったが、一九五七年度入試においてはついに学区が自由区化した。

最後に、久留米高等学校と明善高等学校、また久留米附設高等学校の卒業生の男女数から入学年（三年で卒業できているものと仮定）の男女差を推測し、男女共学のくずれに関して考察する。

表10-1　県立久留米高等学校の卒業生における男女の生徒数の差異

卒業年	参考：入学年	男	女	男女差
1951年	1948年	0	98	+98
1952年	1949年	44	94	+50
1953年	1950年	92	155	+63
1954年	1951年	112	159	+47
1955年	1952年	125	155	+30
1956年	1953年	155	157	+2
1957年	1954年	116	174	+58
1958年	1955年	131	181	+50
1959年	1956年	144	178	+34
1960年	1957年	107	230	+123
1961年	1958年	120	200	+80
1962年	1959年	126	207	+81
1963年	1960年	121	207	+86
1964年	1961年	95	222	+127
1965年	1962年	139	238	+99
1966年	1963年	217	269	+52

参考：入学年　留年がない場合の入学年
※男女差は女生徒が多いほうが＋、男生徒が多いほうが－
（1951年卒業生は市立高女か私立昭和高女として入学）
県立久留米高等学校からの回答をもとに中山作成

県立久留米高等学校（**表10－1**）では、一九四九年（再編成時）に入学した生徒が卒業する年、女生徒の卒業生が五〇名多い。一九五三年入学者が卒業する頃、いったんほぼ男女同数になるものの、翌年、翌々年は五〇名程度女生徒が多い状態が続く。そして自由区となった一九五七年入学の女生徒は、前年の三四名から一二三名と急増した。そ

表10-2　県立明善高等学校の普通科卒業生における男女の生徒数の差異

卒業年	参考：入学年	普通科男	普通科女	普通科男女差
1951年	1948年	326	256	−70
1952年	1949年	306	300	−6
1953年	1950年	262	212	−50
1954年	1951年	258	211	−47
1955年	1952年	258	211	−47
1956年	1953年	293	201	−92
1957年	1954年	284	203	−81
1958年	1955年	250	232	−18
1959年	1956年	287	181	−106
1960年	1957年	300	157	−143
1961年	1958年	339	165	−174
1962年	1959年	298	168	−130
1963年	1960年	318	161	−157
1964年	1961年	306	168	−138
1965年	1962年	335	171	−164
1966年	1963年	356	152	−204

参考：入学年　留年がない場合の入学年
※男女差は女生徒が多いほうが＋、男生徒が多いほうが−
県立明善高等学校からの回答および『明善校九十年史』から中山作成

表10-3　久留米大学附設高等学校の卒業生数

卒業年	参考：入学年	男
1953年	1950年	99
1954年	1951年	138
1955年	1952年	133
1956年	1953年	152
1957年	1954年	158
1958年	1955年	159
1959年	1956年	160
1960年	1957年	170
1961年	1958年	149
1962年	1959年	150
1963年	1960年	158
1964年	1961年	153
1965年	1962年	165
1966年	1963年	144

『附設高等学校二十五年史』から中山作成

の後も数年間八〇名から一二〇名程、女生徒が多い状態が継続し男生徒の数が女生徒を越えることはない。

対して県立明善高等学校（**表10－2**）においては、一九四九年に入学した学年の普通科の卒業生が男女ほぼ同数であった。しかし、その後一転して男生徒が五〇名程度多い状況が続く。その後、一九五三年に入学した学年以降は（一九五五年を除き）、八〇～一〇〇名程男生徒が多い。自由区化した一九五七年は、男生徒が一四三名多く、その後も男生徒が一三〇名以上多い状態が継続する。

参考として私立男子校である久留米大学附設高等学校

（表10－3）の卒業生から入学年を推測しその人数を確かめると、創立年である一九五〇年入学生は九九名で、以降コンスタントに卒業生を増やしている。自由区となった一九五七年に入学した卒業生も、前年の一六〇名から一七〇名とわずかに数を増やしている。

久留米市では高等学校再編成によっていったんは男女均等の男女共学が試みられようとした。しかし進学先へのこだわりによって、県立二校の男女差が生じ、自由区化は男女のかたよりに拍車をかけたといえる。

おわりに

ライマンの着任を期に、急遽進められた福岡県における高等学校再編成（学区制・男女共学制・総合制）は、久留米市に県立の旧制中学校と旧制高等女学校からなる県立明善高等学校と、市立および私立の高等女学校からなる県立久留米高等学校という、由来の大きく異なる二校の男女共学県立高等学校の発足をもたらした。

久留米市では男女共学の開始をめぐり女生徒と男生徒の見解には大きな違いがあった。それは学区制の影響がとても大きい。『明善新聞』記事にあったように、学区制が布かれることが確定する前の一九四八年一一月時点では、男女生徒が共に男女共学を歓迎しているようにみえる。ところが学区が二分されることが決まると、男生徒たちは必死の「嘆願書」を市長に届け、市立久留米女子高等学校への進学回避を望み、寄留さえ行う。地域の教育関係者が彼らを支えることで、同地域には私立の男子高等学校さえ新たに設置され、かつての旧制中学に連なる学校へと進学したいという男生徒らの希求は、結果的に男女共学そのものの回避さえ生んでいた。また、福岡県久留米市における男女共学化と高等学校再編成においては、一部の生徒だけでなく、市長や教育常任委員会関係者などによる「学校差」への固執が強くうかがえた。そこには「伝統や校風」の重視が絶えず現れていた。

一方、女生徒は、男女共学が始まる以前から「男子と同等の教育」を希望したり、市立久留米女子高等学校の県立移管運動を行ったりと、新たな教育制度のなかで「男子と同等の教育」を求める自らの要望を積極的に市長や教育委員会に提示していた。なかには「良妻賢母型の教育」から脱していくことに戸惑うものもいたが、その生活を「明るく」感じる女生徒もいた。「女子だけの方がいいと思っていた」女生徒も、結果的に男女共学の生活の中で男女共学そのものに馴れることもあった。

変化に抗う人と馴染もうとする人とがいた。福岡県久留米市における高等学校での男女共学制は学区制と切り離すことができない問題であり、久留米市の男女共学における男女生徒数の均衡は自由区化がとどめとなり大きく崩れた。久留米市では市立から県立へと変わった高等学校に進学することを男生徒が渋り、女生徒が多い状態が続き、一方旧制中学と旧制高等女学校を合わせた高等学校においては、旧制高等女学校の系譜は後景化し、男生徒が多い状況が継続した。とくに男生徒らの進学先へのこだわりは強く、周囲の大人もそれを認めた。そうして「男女平均」にはならない男女共学が維持されることになった。

注

(1) 橋本紀子、一九九二、『男女共学制の史的研究』大月書店
(2) 木村浩則、二〇一三、「戦後日本における男女共学制とジェンダー平等に関する一考察——福岡県立高等学校の事例を中心に」『文京学院大学人間学部研究紀要』一四
(3) 調査統計課「高等学校再編成について(二)」『教育福岡』一(二)、一九四九年九月
(4) 中村健一、二〇一五、「軍都久留米の成立とその変遷」林博史編『地域のなかの軍隊6　九州・沖縄——大陸・南方膨張の拠点』吉川弘文館
(5) 「追立食う市立久留米高女」『西日本新聞』筑後版、一九四七年一一月七日。空襲を免れた多くの軍関係施設が敗戦後、学校や役所、公民館などに転用された(久留米市役所、一九五五、『続久留米市誌　下巻』)

(6)福岡県新制高等学校設置準備委員会『答申書　昭和二十三年一月二十四日』一九四八年（『新制高等学校設置準備関係書類』福岡県立図書館所蔵、同史料には書き込みがあるが引用文には反映させていない）。
(7)福岡県議会事務局編、一九五九、『詳説福岡県議会史』昭和編第三巻、三三二―三三三頁
(8)「旧県立中学はみな昇格」『西日本新聞』筑後版、一九四八年三月三〇日
(9)坊上末夫「高等学校の再編成について（二）」『教育福岡』一（二）、一九四九年一〇月
(10)「第一回教育委員会会議録」『福岡教育委員会会議録』一九四八年一一月一日、福岡県教育庁所蔵
(11)「第二回臨時会議事録」『福岡教育委員会会議録』一九四八年一一月一五〜一九日
(12)前掲調査統計課「高等学校再編成について（一）」『教育福岡』一（一）、一九四九年九月
(13)同前「高等学校再編成について（一）」
(14)同前「高等学校再編成について（二）」
(15)坊上末夫「高等学校の再編成について（三）」『教育福岡』一（三）、一九四九年一一月
(16)『教育常任委員会録』一九四九年二月五日、久留米市議会所蔵。出席者は委員長許斐朝生（このみあさお）、副委員長平井金次郎、委員大石一郎と教育課長、助役
(17)「福岡県教育委員会諮問事項」『教育常任委員会録』一九四九年二月五日に収録
(18)前掲『教育常任委員会録』一九四九年二月五日
(19)『教育常任委員会録』一九四九年二月二四日（二月二五日分は再開継続として二月二四日の教育常任委員会録にあわせて収録してある）、久留米市議会所蔵
(20)『市議会定例会会議録』一九四九年二月二六日、久留米市議会所蔵
(21)同前『市議会定例会会議録』一九四九年二月二六日
(22)同前『市議会定例会会議録』一九四九年二月二六日
(23)「座談会　昭和高等女学校時代の思い出」福岡県立久留米高等学校『創立八十一年県立移管四十周年記念誌』一九八九年、一七一―一七二頁
(24)『教育常任委員会録』一九四九年三月二八日
(25)「希望校付近にワンサと寄留」『西日本新聞』筑後版、一九四九年三月一一日

(26)「市立を嫌って県立へ殺到」『西日本新聞』筑後版、一九四九年四月二九日
(27)「卒業生の思い出 「笹竜胆」と男子一回生」福岡県立久留米高等学校『創立八十一年県立移管四十周年記念誌』一九八九年、二一三頁
(28)「卒業生の思い出 「男子第一回生」」福岡県立久留米高等学校『創立七十一年県立移管三十周年記念誌』一九七九年、一〇六頁
(29)同前「男子第一回生」
(30)前掲「座談会 昭和高等女学校時代の思い出」一七二頁
(31)桐原一成・安元文人『明善物語 風説百年』西日本新聞社、一九八〇年、一五七頁
(32)明善校九十年史刊行会『明善校九十年史』一九七〇年、三八九頁
(33)前掲『明善物語 風説百年』一五八頁
(34)同前『明善物語 風説百年』一五二頁
(35)同前『明善物語 風雪百年』一五八頁
(36)同前『明善物語 風雪百年』一五七頁
(37)同前『明善物語 風説百年』一五九頁
(38)前掲『明善校九十年史』三九九頁
(39)「福岡県教育委員会告示第三十三号」『教育福岡』一(二)、一九四九年一〇月
(40)前掲『明善物語 風説百年』一五一頁
(41)「福岡県教育委員会告示第三号」『教育福岡』二(三)、一九五〇年三月
(42)前掲『明善校九十年史』三九一頁
(43)「座談会 県立時代の思い出」福岡県立久留米高等学校『創立八十一年県立移管四十周年記念誌』一九八九年、一七九頁
(44)調査統計課「高等学校の収容定員と志願者状況について」『教育福岡』二(四)、一九五〇年四月
(45)同前「高等学校の収容定員と志願者状況について」
(46)江口二郎「附設高等学校設立前後の思い出」久留米大学附設高等学校『附設高等学校二十五年史』一九七七年、五一頁。久留米大学は九州医学専門学校(一九二八年創立)に始まり、一九五〇年に新制大学となっている。久留米大学附設高等

学校は現在も進学校として知られる。

(47) 井上敏郎「第一章　草創期（板垣・楢崎校長時代）」久留米大学附設高等学校『附設高等学校二十五年史』一九七七年、二二頁

(48) 「第二章　回想（同窓生）」久留米大学附設高等学校『附設高等学校二十五年史』一九七七年、二七四頁

(49) 「風雪五十年を回顧する」福岡県立久留米高等学校『創立九十一年県立移管五十周年記念誌』一九九九年、一〇五頁

(50) 前掲『明善校九十年史』二一二頁

(51) 学校職員課「昭和二十七年度における高等学校の男女共学、通学区、総合制についての方針」『教育福岡』四（一）、一九五二年一月

(52) 同前「昭和二十七年度における高等学校の男女共学、通学区、総合制についての方針」

(53) 田中初太郎「学区制について」『教育福岡』五（三）、一九五三年三月

(54) 酒井桃香「生活指導について」『教育福岡』五（三）、一九五三年三月

(55) 同前「生活指導について」

(56) 前掲「高等学校の収容定員と志願者状況について」

(57) 前掲「学区制について」

(58) 学校職員課「昭和二十九年度福岡県立高等学校通学区域の取扱要領について」『教育福岡』六（二）、一九五四年二月

(59) 「福岡県公立高等学校通学区域の取扱要領（三〇教学第一六六〇号）」、「昭和三十一年度公立高等学校入学者選抜について」一九五六年一月九日『教育委員会会議議案』に収録、福岡共同公文書館所蔵

(60) 指導課「福岡県の公立高等学校」『教育福岡』八（一〇）、一九五六年一〇月

(61) 同前「福岡県の公立高等学校」

(62) 「高校新学区の問題点　くずれる男女共学」『西日本新聞』筑後版B、一九五七年二月九日

(63) 前掲「福岡県の公立高等学校」

(64) 同前「福岡県の公立高等学校」

(65) 「座談会　高等学校の問題点をめぐって」『教育福岡』八（一〇）、一九五六年一〇月

(66) 前掲「福岡県の公立高等学校」

(67) 前掲「風雪五十周年を回顧する」『福岡県立久留米高等学校　創立九十一周年県立移管五十周年記念誌』一九九九年、一〇五頁

(68) 「高校入学者選抜要領決まる」『西日本新聞』筑後版B、一九五七年一月八日

(69) 「固定区（久留米高校）対二校制（一部中学校）」『西日本新聞』筑後版B、一九五七年一月一七日

(70) 同前「固定区（久留米高校）対二校制（一部中学校）」

(71) 同前「固定区（久留米高校）対二校制（一部中学校）」

(72) 同前「固定区（久留米高校）対二校制（一部中学校）」

(73) 「昭和32年度学区諮問委員会答申概要」『教育委員会会議議案』福岡共同公文書館所蔵

(74) 「どうなる?高校通学区」『西日本新聞』筑後版B、一九五七年二月五日。「きょうも協議　高校通学区問題」『西日本新聞』筑後版B、一九五七年二月六日。「きょう最終決定か　難航する高校通学区」『西日本新聞』筑後版B、一九五七年二月八日

(75) 「教育委員会会議提出議案　第十一号議案」一九五七年二月八日『教育委員会会議議案』福岡共同公文書館所蔵

(76) 学校職員課「福岡県公立高等学校の通学区について」『教育福岡』九（二）、一九五七年二月。同記事の「久留米市は西高校の自由区となる」という記述は「教育委員会会議提出議案　第十一号議案」（『教育委員会会議議案』福岡共同公文書館所蔵）の記述を踏まえると「久留米市は両高校の自由区となる」が正しいと思われる。

第11章

鹿児島県下における男女共学制の定着
——私立男子校新設による円滑化

日高利泰

はじめに

鹿児島の公立高校では、結果からみれば男女共学の原則が徹底され、かつ、その後の展開も比較的スムーズであった。熊本のように著しく生徒男女比の偏る共学校が出現した事例は確認されていないことも一つの傍証といえる。現在でも鶴丸高校の前身は旧一中と旧一高女、甲南高校の前身は旧二中と旧二高女であるという事実は校地が引き継がれていることもあって、地元民には常識的に知られており、公式の沿革等でも旧制中学と高女は並列的な対等合併という扱いである。しかし保守的な意識が強いと自他共に認める鹿児島において、男女共学の完全実施という大改革が戦後すぐの時期に何の抵抗もなく進展したというのはにわかに信じがたい。はたしてその実態とはいかなるものだったのか、また男女共学化の円滑な実施を促進した背景にはどのような要因があったのか、これらの問題に対して鹿児島市およびその隣接区域の高校を中心に検討する。

本来であれば議会資料等の文書を一次史料として用いるべきところなのだが、男女共学化について議論されていたと思われる一九四八年前後の県議会議事録は残されていない。県議会図書室の担当者によれば、県庁の火災によって失われたのではないかとのことであった。こうした史料的制約をふまえ、二次的な史料ではあるものの『鹿児島県史　第5巻』（一九六七年）、『鹿児島県教育史』（一九六一年）を用いて共学化の経緯について確認したのち、『鹿児島県教育委員会月報』（一九四九〜二〇〇〇年、以下『月報』と呼称）を用いて鹿児島県下の男女共学化が保護者・教員・生徒からそれぞれどのように受け止められていたのかを検討する。もちろん『月報』は県教委の刊行物であるため、そこに現れる当事者の声を純粋な意見と受け止めることはできない。どちらかといえば県教委の意向に沿った「世論」を形成するために選別されたものとみなすべきだろう。ただ先述のとおり最終的な結果としては男女共学が定着しているので、この「世論」に多少なりとも誘導的な側面があったとしても、ある程度は現実に即したものとして市民が納得できる範囲内のものであったと考えられる。

本章では新制高校における男女共学制が実施される一九四八年から小学区制が廃される一九五六年までが検討の中心となるが、この時期に起こったやや特殊な事象として一九五〇年の私立男子校新設があげられる。これはただの男子校ではなく、当初からエリートの養成という目的を掲げたものであった。男女共学をめぐる当時の議論は学力低下問題と絡めて語られることが多い。これは全国的に似通った傾向を示し、旧制中学と旧制高女の学力的ヒエラルキーを前提として、共学化によって男子の学力が低下させられるという懸念がしばしば持たれていた。こうした懸念が実施の阻害要因であったならば、逆にこうした懸念を払拭する別の方法があった場合、男女共学は障害なく定着しうる。新設された男子校が県全体としての男女共学化を円滑化する要因として機能していた可能性をあわせて検討し、鹿児島における男女共学制の実態について明らかにすることを目指す。

一　県下の新制高校における共学化の経緯

一九四五年一〇月から四九年八月までの間、教育行政は軍政官の指導下に置かれていた。民間教育課の歴代担当者のうち「最も大きな影響を与えたのは、一九四七（昭和二十二）年八月から一九四九（昭和二十四）年五月までいたヴォートであった[1]」とされる。「民間教育課の軍政官たちは、熱心な指導をやったが、あまりに急激な改革を希望し、アメリカのやり方を、そのまま鹿児島に当てはめようとして、かなりの行き過ぎも見られた[2]」とのことだが、ちょうどこの時期に実施されているはずの男女共学に対する反発等は具体的には記されていない。ただし、ヴォート（O.D.Vogt）の圧力にもかかわらず男女共学制の実施要求に対して当初は素直に従っていたとはいいがたい状況である。

「一九四八（昭和二十三）年二月に、県内各方面の代表者を集めた新学制対策委員会は、新制高校実施の根本方針を定めた。新制高校の設置基準を定め、勤労青年教育を重視して定時制課程を多数設置すること、男女共学を勧め、余剰校舎を新制中学へ転用すること、講堂・図書館を建設して設備を充実することなどが定められ、学校統合が断行された[3]」。この結果、四八年四月時点で「旧制男子中学校三十二校、女学校二十一校、計五十三校を三十六校の新制高校に統合し、部制を実施した。定時制課程は、従来全国で最も充実していた旧青年学校の施設設備を転用して（中略）全県下の僻地にいたるまで設置された[4]」。この「部制」とは○○高等学校第△部という形で旧制中学、旧制高女をそれぞれそのまま残しながら、地区毎に複数の中等学校を一つの高校として形式的に統合することを意味している[5]。たとえば鹿児島市内の場合、「旧県立工業学校（工業）を一部、旧県立第二高等女学校（二高女）を二部、旧県立第一高等女学校（一高女）を三部、旧県立第二中学校（二中）を四部、旧県立第一中学校（一中）を五部、履正中学校を六部とし、総称として鹿児島県鹿児島高等学校と呼んだ[6]」というような状態である。結果的に一年だけの移行措置であったとはいえ、六つの学校をまとめて一つの学校であると主張するのはかなり無理がある。この時点での鹿児島市内の新制高校は、男女共学制についても総合制についても、まったく形式的な条件充足にすぎなかった。

その一方、郡部においてはもう少し実質的な男女共学化が目指されていた形跡がある。一九四八年の「発足当時においてその前身が男子だけ、あるいは女子だけの中等学校であった場合は、近接の高等学校から女子あるいは男子の生徒を転入させて、男女共学の原則を実現させせようとした。たとえば伊作高等女学校を母体に設置された伊作（現吹上）高等学校ではその六月に伊集院・川辺・加世田の各高等学校から六六人の男子生徒を転入させた。しかしいわゆる総合制高等学校では形式上は一つの男女共学高校となったが、実質的には各部それぞれ独立校としての形態を脱皮できず、真の意味における男女共学にはほど遠い状況であった。[7]ここで名前のあがった四校は確かに隣接した町に位置しているので「近接の高等学校」であるには違いないのだが、吹上高校から加世田高校までの距離は約一三キロ、川辺高校、伊集院高校までの距離は約一八キロとそれなりに遠い。転入させられた生徒の居住地が定かでないため何ともいえない部分もあるが、郡部では市部とは違った意味で無理のある形の学制改革が進行していたことがうかがえる。

こうした事情を受け「むしろ実業課程を独立させて普通課程と分離したほうが、真に実業教育を尊重するゆえんであるとの意見が高まり、翌（昭和――引用者）二四年四月には実業高校を独立させ、普通課程は部制を廃止して男女生徒を同一校にまとめて教育する実質的な男女共学制の実施」[8]が図られた。総合制を早々に放棄する代わりに男女共学制を実施するという格好だが、これらは元々バーター関係にあるわけではないし総合制も建前だけで実質的には機能していないのだから、よく考えるとおかしな論理である。

「部制」の廃止に伴い、鹿児島市内の県立普通科高校は、旧制第一中学校と第一高等女学校を統合し鶴丸高校（旧一高女校舎に統合）[9]へ、旧制第二中学校と第二高等女学校を統合し甲南高校（旧二中校舎に統合）へとそれぞれ改組された[10]。「実質的な男女共学制の実施」とはいうものの、たとえば甲南高校では「結局（昭和——引用者）二四年度は併学制[11]」がとられるなど「戦前・戦時中の男尊女卑、かつ男女区別のきびしかった本県中等学校のとまどい[12]」からなる局所的な抵抗はあったようである。ただ全体としては「男女共学はしだいに浸透していった[13]」と評価されている。

甲南高校でとられた「併学制」が実際のところどういうものかはよくわからないが、男女共学制の完全に実施されている状況が男女混成の学級編成だとすれば、クラス単位で分離された男子部女子部併置形式を指すものと推測される。この時期の文部省年報を元に鹿児島県内の公立高校での男女共学実施率（%）を算出したところ、四八年度：四三・六六%→四九年度：五九・七六%→五〇年度：七一・五九%と三年間で格段に上昇しており、統計上は確かに「男女共学はしだいに浸透していった」といえそうである（**表11-1〜3**）。

「部制」が廃止され市部においても実質的な男女共学化（少なくとも同一校舎内で授業を行う形態への移行）が実施された一九四九年には、少し遅れて同年一一月に全日制普通科高校の通学区域設定が行われている。鹿児島市では鶴丸、甲南、玉竜（市立）の三校で各学校毎に通学区域が設定され[14]、いわゆる小学区制が導入された。県立高校二校はいずれも市街中心部にあり、徒歩一五分程度（約一キロ）しか離れていない。次節でみるように寄留等の問題はあったようだが、小学区制は一九五五年度まで維持されている。

学校差の排除は困難、通学区域設定のため成績上位者が不合格になる、超過定員を近接校で調整できないのは不合理、といった理由から「学区制の撤廃または改正の要望がでてきた。こうして学区制施行後六年目の昭和三一年四月から一校一学区の制度を、原則として数校一学区の学区制にするいわゆる中学区制に改正された。その結果従来の三五学区が一四学区（鹿児島・指宿・川辺・日置・薩摩西・薩摩東・出水・伊佐・姶良西北・姶良東・曾於・肝属・熊毛・大島）となりほぼ市郡単位に一学区を設定[15]」する体制となった。

「鹿児島市内高等学校変遷図[16]」によると、一九五六年四月にそれまで男女共学であった市立の鹿児島商業高校

（商業科男女、家庭科女）が鹿児島女子高校（商業科女、家庭科女）と鹿児島商業高校（商業科男）に分離し別学化している。時期的には中学区制への移行とあわせてのものだが、市立高校（商業科）の別学化に関する詳細は不明である。いずれにせよ「昭和31年以降における本県教育行政は、占領下における行き過ぎの是正に努力し、文部行政の主流に即して本県独自の教育業の諸問題の解決に努力してきた[17]」と語られる「努力」の一環ではあるはずだ

表11-1　文部省第76年報による鹿児島県内の男女共学実施状況（通常・定時制、本校・分校あわせての学校数）
1948年度

	男子のみ	女子のみ	男女共学	男子部女子部併置	計
国立	—	—	—	1	1
公立	2	—	31	38	71
私立	1	2	1	1	5
計	3	2	32	40	77

表11-2　文部省第77年報による鹿児島県内の男女共学実施状況（通常・定時制、本校・分校あわせての学校数）
1949年度

	男子のみ	女子のみ	男女共学	男子部女子部併置	計
国立	—	—	—	1	1
公立	5	—	49	28	82
私立	1	2	1	1	5
計	6	2	50	30	88

表11-3　文部省第78年報による鹿児島県内の男女共学実施状況（通常・定時制、本校・分校あわせての学校数）
1950年度

	男子のみ	女子のみ	男女共学	男子部女子部併置	計
国立	—	—	1	—	1
公立	5	—	63	20	88
私立	3	2	2	—	7
計	8	2	66	20	96

が、再別学化の動きは限定的なものであり、鹿児島県全体としては、男女共学制は是正されるべき「行き過ぎ」とはみなされていなかった。いわゆる三原則のうち総合制、小学区制は放棄され、男女共学制だけが無事に定着したことになる。

二 『鹿児島県教育委員会月報』における男女共学をめぐる議論

ここからは県教育委員会の機関誌である『鹿児島県教育委員会月報』(以下、『月報』と表記)のなかに登場する男女共学関連の記事から男女共学をめぐる議論の変遷を確認する。

『月報』一一号「男女共学の賛否――各県をのぞく」では、一九四九年一一月に鹿児島市内二高校の職員生徒を対象に行われた調査の結果を紹介しており、ここに調査項目として男女共学についての質問が設定されていた。一九四九年は先述の通り男女共学が実質的にも実現した年であり、これは実施後半年の所感を問うアンケートと考えられる。共学後の学力や風紀等について九項目からなるアンケートで「9.結論としての男女共学」[18]の結果は以下のとおりである(表11－4)。「非常にいいと思う」「わるいとは思わない」を合わせて賛成、「あまりいいとはいえない」「絶対に反対だ」を反対としてまとめると、男性で賛成が四割弱、反対が五割弱となり賛否が拮抗しているのに対して、女性では賛成が七割弱、反対が二割強と賛成派がかなり優勢となっている。全体の傾向としても男女でかなり受け止め方が違うのだが、男性で「絶対に反対だ」が二二%にものぼり強い否定の意見としてはかなりの数存在していることがわかる。県教委による調査なので県立高校を対象としていると考えるならば、当時鹿児島市内の県立高校は二校しかなく、この調査はおそらく鶴丸、甲南で行われているということになる。学力が向上したかという問いに対しても女性のほうが肯定的に評価していることとあわせると、旧制中学の

表11-4　県教委のアンケート調査による1950年時点での男女共学についての評価（職員生徒対象）

	非常にいいと思う	わるいとは思わない	あまりいいとはいえない	絶対に反対だ	どちらでもよい	分らない	計
男	18	84	74	62	26	16	280
	7%	30%	26%	22%	9%	6%	100%
女	25	169	54	12	17	11	288
	9%	58%	19%	4%	6%	4%	100%

エリート校の伝統を引き継ぐ（さらに藩校系の出自でもある）これらの学校に入学することができたという満足度は女性のほうがより高く、逆に男性の側では反発もそれなりに強かったことがわかる。

実は『月報』全体において男女共学がトピックとなることはさほど多くない。男女共学について言及があったものの大半は、一九五三年に県内各地で開催された「高校生徒指導研究会」の記録によるものであった。先にあげた一一号の調査から三年間は県教委としてはほとんど動きがなかったことになるが、理由はよくわからないものの一九五三年になると突如として市部だけでなく郡部も含めた県内各地での大規模な意見聴取を行うという動きをみせる。これは直接的には後述するように生徒の自殺事件が相次いだことに起因するもののようで、男女共学に関する議論の盛りあがりといった背景があったわけではない。男女共学について言及はあるものの、あくまで付随的なトピックに過ぎないことはあらかじめ指摘しておきたい。

『月報』三二号（一九五三年）「高校生徒指導研究会から」は一九五三年二月一八日、鹿屋高等学校で行われた「高校生徒指導研究会」の記録であり、同研究会は「勉強が足りない」「生意気だ」「アプレだ」などと批判される新制高校生徒の実態を、生徒自身の言葉を通じて把握しようとする取り組みであった。岩川、甲南、鶴丸の各高校で生徒の自殺事件があったことを受けて「このような学生の考え方について早急なる調査が行なわれなければならない[19]」として企画されたものである。開催校の近隣の高校も含め校長以下教職員、生徒、ＰＴＡ、県教育長以下事務局員が参加している。指導課長が座長としていくつかのトピックについてヒアリングを行う形式で進行した。

ここから男女共学についての生徒の発言（発言生徒の性別は書かれていない）をいくつか抜き出してみると次のようなものがある。

「吾々の学校は一、二年は男女合併、三年は男女別々であるが、男子は反対だろう。男子だけのクラスで男子だけの雰囲気をもちたいと思う[20]」

「男女共学に賛成だ。しらずしらずのうちにお互いがその考え方を知るようになっていい。学力の低下ということが云われているが、これは男女共学のせいじゃない[21]」

「旧女学校の五年は旧中学校の二年ていどだと云われたものだが女子の学力も向上した。男子、女子の立場を理解して行ったら共学でも男子の学力が低下する筈はない[22]」

「学力差をなくすためにもよい。とにかく共学は女子に有利だ[23]」

「席が隣り同志（ママ）で、無意識に男女交際している[24]」

「女子が小さくなる場合もある[25]」

男子生徒のなかには反対意見もあるが、全体的には男女共学の意義を（県教委の立場からみて）よく理解しているということを示し、共学化が順調に進展していることをアピールするものとなっていた。一九五三年二月の時点での高校三年生は最後の旧制中学校・女学校経験者であり、二年生以下は初めから新制中学であった者たちにあたる。「一、二年は男女合併、三年は男女別々」という区別はこうした事情に配慮したものと考えられる。発言者が高校三年生であるとは特定できないが、ここで言われる「男子だけのクラスで男子だけの雰囲気」の意味するところは旧制中学の「雰囲気」ということになるだろう。

このとき男女共学よりも大きな関心を持たれていたのは学区制の問題であった。学区制についての生徒の発言をいくつか抜粋しよう。

「よい制度だと思う。しかし先生が都会へ出たがるのには困る[26]」

「ここから今年甲南、鶴丸へ九名もいったということであるが、いい教師がいるということだが、こんなあいまいなことはよくない。学区制をやるのだったら厳重にやって貰いたい。今大分学校差が大きいようであるが。この学校差も水準を同じにすべきである。生半可なのが一番よくない[27]」

「私達の所は宮崎県境で宮崎県の方へいく人が多い。寄留するという形で籍をうつしている実情だ。本県は小さい学校が大きい（ママ）ので、市内の学校などにくらべて実力の差が大きい。学区制を廃止するなら一せいに廃止し、実施するなら徹底してやって貰いたい[28]」

集会の開催地である鹿屋は大隅半島側に位置するという地理的な条件もあり、薩摩半島側とりわけ鹿児島市域との格差は歴然としている。大隅地区は山がちで全体に交通の便がよくない。大隅北東部は県境ギリギリでなくとも交通の関係から宮崎県側の都城へ出る方が早い場合も多く、そもそも都城は現在の行政単位としては宮崎県に属するものの、長く薩摩藩の私領であったため文化的には鹿児島の一部とみなされるという背景もある。ここで挙げられる寄留の問題や小さな学校が多いという問題について、発言者は鹿児島県全体の問題のように一般化している。山間地や島嶼部を多く抱えるという意味では確かに鹿児島県全体に当てはまる問題ではあるのだが、とくに大隅地区において顕著な問題である点はおさえておいたほうがよいだろう。

また県立高校の教員異動がどういう仕組みで行われていたのかよくわからないが、むしろ教員の質をめぐる格差が焦点化されている点が面白い点である。男女共学による弊害を云々する以前の問題として、学区制が僻地の不十分な教育状況に対する一つの是正策とみなされていたことが理解できる。ただし、先にも述べたとおり、人口規模の小さな市町村ばかりの大隅地区においては、設置される学校の規模も必然的に小さくなり、ここで「実力の差」と指摘されたような学力水準の問題は依然として解消されずに残る。学区制は直接的に教育格差を是正するものというよりは、教育機会の公平性を担保するものであり、実施するにせよ廃止するにせよ一律に徹底してほしいという要望が出されるのは、こうした事情によるものである。

同様の集会は各地で開かれ、『月報』上で順番に紹介される。『月報』三二号「高校生徒指導研究会記録より――甲南会場」では、一九五三年三月一一日に鹿児島市内の甲南高校で開催された研究会の様子が記録されている。ここでは男女共学に否定的な保護者の発言として次のようなものが掲載されている。

「(生活態度は――引用者)割合に生徒はその年に比してしっかりしていると思うが、男女共学について相当考えさせられる所がある。たとえば素行、勉強の上から男女共学というもののために悪くなったのではないか。とくに男子の学力低下である。女子はそうでもないかもしれないが、素行についてこの年頃のこども達は、体力も充実し、考え方も一方向になり易いし、それだけに社会をよく知らない。このような思春期のこどもの取扱いはとくに注意すべきでこの点を考えていただきたい[29]」

こうした保護者の発言に対して生徒たちは次のように反応していた。生徒の反応はおおむね学力低下そのものに対して否定的であり、男女共学と学力低下を結びつける論法に反論している。

男子生徒「男女共学のために学力が低下したと云われたが、学力低下の原因は戦後の社会情勢などいろいろあると思う。学力低下とは、どこを基準としてそういわるるか[30]」

男子生徒「男女共学についての弊害があるとすれば、既に中学校の時にあるのではないか。今日、高校としての男女の独立校であるラサール(ママ)や純心高校についても、既に学力低下の問題があると思われているから、広い意味で、社会情勢などから来る学力低下があると一般的に言えるのではなかろうか[31]」

男子生徒「私共は一、二年男女共学をしているが、学力が低下しているとは考えられない[32]」

女子生徒「小学からずっと男女共学だが、勉強の時など男子の事は考えられない。ただ共学だと家庭科の単位がとりにくい。もう少し女子に家庭科の勉強が出来るようにしなければならない[33]」

学力低下を論じる前提となる「基準」を問い返し、仮に男女共学と学力低下に関連があるなら高校ではなく中学ですでに「弊害」が出ているのではないか、という反論は一見もっともらしいものだが、よくよく考えると反論として成立しているのか疑わしい。学力低下が起こっていてその原因が男女共学であるという主張を退けるためには、学力低下は起こっていないことを証明するか、学力低下が起こっていたとしても男女共学はその要因ではないことを示すか、このどちらかが必要である。「基準」の問い直しは学力低下という主張の前提への疑義であり、本当は学力低下など起こっていないという主張を導く意図は理解できるものの、挙証責任を差し戻すだけで学力低下の事実を否定する根拠を提示できてはいない。二人目の発言者は加えて男女別学の例を挙げて同様に学力低下がいわれているのだから社会情勢によるものではないかと述べて、学力低下の事実そのものの妥当性は棚上げにしたまま、むしろ学力低下が事実であるかのような前提で論点をスライドさせている。つまり、前半の「既に中学校の時にあるのではないか」は学力低下そのものを否定する方向での反論であったはずなのに、その根拠は示さないまま、後半では学力低下を前提として、しかしその原因は男女共学ではないと主張するというねじれが生じているのである。学力「低下」というからには何らかの比較がそこにはあるはずだが、中学校なり高等学校なり名称は共通していても旧制と新制ではまったく異なるもので、単純比較が可能なものではない。こうした前提が共有されないままに漠然とした印象を基に語られる学力低下問題は、いずれにしても根拠に乏しいために明確な答えの出しようもなく、混乱した状況だけが再生産されていくことになる。

このあと県教委担当者が「女子生徒が男子生徒のことを考えて勉強もろくに出来ない」というような投書が地元新聞の相談欄に寄せられたことに触れ、県の調査でも高校生の悩みとして「異性とか性の問題があったようで、この点について」どうか？と尋ねたのに対して生徒たちは次のように反応した。

男子生徒「軟派の人達はそれぞれ自覚している筈である。自分は女子とは絶対に話をしない。二年間一しょにいるのに話をしたことがない。たまに話をすれば大騒ぎをやる所を見ると大部分は心の中に女子と話したいという気をもっている(34)」

男子生徒「共学をしている同じクラス内での異性は対象とならずに、他のクラスとか他の学校の異性との交渉が多い[35]」

女子生徒[36]「私のクラスは男子二〇名、女子三〇名で男女の仲はよい。私はクラスのことで、男子ともよく話をするが、男女話をせぬというのは両方とも猫をかぶっているからだと云っている[37]」

女子生徒「この頃、男子が女子とよく話をするようになったからむしろおかしいくらいだ[38]」

男子生徒「男女共学についても近頃は大分目ざめて来たと思う。男女共学について自分達は六年生のときからであったが、先生方は反対されたようだった。現在はその当時の事情とはちがって来ていて、大人が余りに大きく取り上げすぎているのではないか[39]」

生徒（性別記載なし――引用者）「男女共学は、学力について、男子に対しても、女子に対しても刺激を与えるからよい[40]」

最終的に保護者（同一人物と明示はされていない）が「学力の問題と性の問題とがからみ、非常に困難になったようであるが、学力の低下は単独の問題として考えたい」として、当初の問題提起を取り下げ、座長が「男女共学については、皆が明るい面をみて行くことは非常によろしいことだと思う[41]」とやや強引にまとめて次の話題へと移行する。ここでは男女共学と学力低下を結びつける保護者に対して生徒たちが自ら反駁するという構図が鮮明であった。学力低下と指摘されている内実もそれほど明確な根拠が示されているわけでもないためよくわからないのだが、それに輪をかけて根拠の乏しい学力低下の原因を男女共学に求める父兄の意見が批判をあび、最終的には自ら取り下げるまでに至る点は興味深い。一方、先述した鹿屋会場とは対照的に、学区制に対する言及はまったくない。鹿児島市域における学区制への関心の低さをうかがうことができる。

同じく『月報』三二号には「高校生徒指導研究会記録より――川内会場」（一九五三年三月一四日開催）として川内での様子も掲載されている。男女共学についての生徒の発言は「男女交際の行きすぎはない。話しする機会も少ない。女子とも話したことはない。女子もいるが、殆どしずかで、いるかいないかわからないような存在だ[42]」「男女共学は賛成だ。学業の面においても、男の方がいると競争意識が出ていいのではないか[43]」など男女共学を肯定的に捉える意見が大勢を占める。このパターンは『月報』三一号の鹿屋と似ているが、学区制に対する言及はここでも登場しない。北薩エリアは川内、阿久根、出水、大口と比較的大きな町が複数あり、また鹿児島市とも近く、鹿児島本線の沿線地域にあたるため、大隅地区のような閉塞感はないことがその原因として考えられる。

『月報』三三号「高等学校生徒指導研究会——福山会場」（一九五三年六月三〇日開催）から同様に男女共学についての生徒の発言を抜き出すと「男女一しょなので学力がおちるというのはあたらない。別に困った点はない[44]」「三年になるとたしかに女子の学力はおちる[45]」「われわれは小学校からずうっと男女一しょだったので変化は感じない[46]」「われわれの学校は希望者のみ男女共学にしているが、個人的には男女共学には反対だ。何だか自分の思ったように出来ないし一しょにいると息苦しいところがある[47]」など郡部であるためか市部と比べやや男女共学への否定的な意見が登場するものの、生徒の受け止めはおおむね男女共学に賛成であり全体的な傾向はさほど変わらないといえる。「三年になるとたしかに女子の学力はおちる」という発言もあるが、男女共学であることがその理由として挙げられているわけでもなく、男女共学と学力低下を結びつける論理は斥けられている。「われわれの学校は希望者のみ男女共学にしている」との発言からは男女共学制の実施が完全なものではなかったことがうかがわれるが詳細はよくわからない。また、ここでも学区制の問題はとくに言及されなかった。

以上一九五三年にいくつかの会場で行われた「高校生徒指導研究会」の様子をまとめると、鹿児島県下の男女共学制実施および学区制に対する態度について大きく三点の特徴を指摘することができる。第一に鹿児島市域を中心とした市部と郡部、とりわけ大隅半島側の地域との温度差が大きいことが挙げられる。これは男女共学についてよりも学区制の問題について顕著な傾向として現れ、交通の便の悪い農村部や山間部を多く抱える郡部において教育格差がきわめて深刻な問題として認識されていた。第二に男女共学制の堅持という方針には揺らぎがないことである。これは『月報』というメディアの性質上そうならざるを得ない部分もあるが、少なくとも県教委の側の意識として男女共学制の意義を肯定的に捉えていることは明白である。男女共学への否定的な意見が採り上げられることもあるものの、それらは生徒保護者の不満へのガス抜きとしての側面が強い。全体的には各会場とも男女共学の意義を強調する県教委側の公式見解に沿ったシナリオ展開となっている。第三に一九五三年二月時点での各学校における男女共学の実施状況はばらつきがあるということである。発言している生徒の属性がはっきりしないものの、断片的な情報からは男女混成、男女併学のクラス編成が学年によって異なる等、必ずしも男女共学制が完全な形で実施されている訳ではなかった。旧制中学入学組は男女別クラス、新制中学入学組は男女混成クラスと扱いを変える移行措置を設けることで混乱を最小限に抑えることが意図されていたのだろう。この考え方に従えば、すべての高校生が新制中学入学組で占められる一九五三年度には完全な男女共学制の実施が可能になる。

三　私立男子校の新設

この時期の鹿児島県における新制高校の整備、とりわけ男女共学制の円滑な実施という問題を検討するにあたって、新たに設置された私立の男子校であるラ・サール高校についても考慮する必要がある。以下、学校設立までの経緯を簡単に示す。

一九四八年から鹿児島カトリック教会が、ザビエル来鹿四〇〇周年記念事業の一環として男子校の誘致活動を始める。交渉に当たった七田八十吉神父の回想によれば「ローマ教皇庁公使館にフルステンベルグ公使を訪ね、当時の鹿児島の実情を説き、男子教育の修道会の入鹿に格別のご協力を要請した(48)」とのことであった。カトリック系の女子校は戦前からすでにあったという背景もあるが、男子校の誘致に熱心だったのは教会関係者だけでなく、後述のとおり弁護士の松村鉄男ほか当時の鹿児島における政財界の名士が複数関わっていたことがわかっている。当初ラ・サール会側は日本での学校建設という意思はあったものの、戦前から活動していた函館や戦後孤児院を経営してすでに拠点としていた仙台などを候補地と考えており、鹿児島での学校建設は考えていなかった。しかし、候補地（戸畑）での用地取得がうまくいかなかったことや七田神父からの要請などいくつかの偶然が重なった結果として、最終的にラ・サール会は鹿児島での学校建設に乗り出すことになる。

一九四九年に入って設置準備が本格化し、松村弁護士の要請を受けた井畔武明を中心に教職員集めが行われ、一一月にはラ・サール高等学校設置認可（一一月二一日申請、翌二二日許可書交付）、翌五〇年三月に入試を行い四月の開校を迎える。設置認可が申請の翌日交付というのも常識的にはありえない速さだが、少なくとも書類上は確かにそのようになっており、(49) 関係者の回想で度々語られるように官民あげての強力なバックアップがあったことがうかがえる。表立って確認できる「沿革」などでは第一回入試に先立ち行われた教育方針の説明会が次のように記述されている。

> 三月六日に県内の知名士を招待し、右の教育方針（ベストスクールのなかのベストになるように立派な教師と優秀な生徒を集める方針――引用者）を説明、協力を依頼す。主な出席者は重成知事・勝目市長・谷山町長・増田県会議長・勝田鹿銀頭取・永野教育長・田辺健吉・松村鉄男・東条・相良・清原の各氏及び新聞記者等数名であった。(50)

ここに列挙された名前を改めて整理すると、鹿児島県知事の重成格、(51) 鹿児島市長の勝目清、谷山町長の松元仁市郎、(52) 県議会議長の増田静、鹿児島銀行頭取の勝田信、県教育長の永野林弘、実業家の田辺健吉、弁護士の松村鉄男、(53) 外科医の東条経治、(54) 実業家の相良長広(55) といった政財界の名士である。彼らの名前が登場するのは、実はこれがはじめてではなく一一月二五日に『南日本新聞』でラ・サールの開設が告知された際にも重成、勝目、松元、増田、勝田、田辺、松村は名を連ねていた。この広告では、彼らのほか岩切重秀（鹿児島市議会議長）、岩崎与八郎[56]（実業家）、有馬純次（鹿児島大学教授）[57]の名前もある。彼らはあたかも推薦人のように連名で「ラ・サール高等学校の設立は向学の志に燃ゆる青少年子弟に好調の教育機関を設けられたものというべくここに教職会当事者に謝意を表すると共に同校の限りない発展を祈ってやまない」と述べる。当の新聞広告ではとくに肩書もなく彼らの氏名が並んでいるだけなのだが、すでに説明したとおり彼らは鹿児島の政界、財界、教育界のトップであり、当時の読者からすれば彼らが何者であるかは常識の範疇であった。いち私立高校の開校に先立つ新聞広告にこうした名前が並ぶのは異様でもあるが、鹿児島県下官民挙げての協力体制というのはあながち誇張でもないらしく、まさしく鳴り物入りでの開校である。この他『南日本新聞』[58]を中心に開校に先立つカナダ人校長の到着や学校の紹介（膨大な洋書を所蔵しているとか海外留学が可能だとか）が度々報道されており、メディアの後押しも大きかった。

ラ・サールの日本人教員集めの中心的役割を担ったのが副校長の井畔武明という人物である。井畔は東京帝大を出たのち海軍兵学校の教官（文官）として一九三五年から国語を教えていたが、終戦にともない郷里の大口に戻っていたところを松村にこわれラ・サール設立に関わることになる。ちなみに一九五三年には防衛大学校の教授へ復帰して鹿児島を離れる。井畔は「県下公立学校の最出色の教官を依頼しよう[59]」という方針を立て、鶴丸、甲南、大口といった県内各高校から優秀な教員を引き抜いてしまう。この種の引き抜きは教員のみならず生徒についても行われた。開校に際して二年生（一期生）三〇名と一年生（二期生）一六〇名を入学させているのだが、これは井畔の回想によれば「東条経治博士、松村鉄男氏の慫慂により、ラ・サールの校風樹立のため二学年を一クラス設け県下各高校在学の優秀な生徒を募集した[60]」とのことである。一九五〇年四月時点での高校二年生は旧制中学を経験した最後の学年にあたる。たんに成績優秀であることを求めているのであれば試験による選抜を厳しくすればよいだけのことなので、ここでいう「校風」には旧制中学の雰囲気という意味合いが含まれていると考えてよい。ラ・サールは新設のミッション系私立高校でありながら、多分に復古的な色彩を帯びていたのである。

この点について、ラ・サール会側との温度差はあるものの、鹿児島側ではかなり明確にエリート教育という目的意識を持っていた。井畔は次のように述懐する。

そのころ鹿児島県教育界の、占領政策の余波による放任に近い自由教育の実情、男女共学による道義性の頽廃、学力低下等について慨嘆している折でもあったので、ここにラ・サール会による新設高校で、戦後の積弊が一掃されるならば、と悲願を抱き、乏しきを省みず敢えて私もその創設に参画さして貰う決心をした。(61)

戦前のエリート教育の極致ともいうべき海軍兵学校で教鞭をとっていた井畔のような人物から見た場合、戦後の教育改革がもたらした種々の成果は一掃されるべき「積弊」でしかなかった。こうなると本節冒頭で示した七田神父の回想に登場する「当時の鹿児島の実情」というのもかなり否定的なニュアンスを帯びたものと解釈すべきだろう。開校初期に加入する教職員は、おおむねこうした戦後教育への不満を共有していたと思われる。彼らの多くは帝大出身者で、旧制中学の教員からスライドする形で新制高校の教員になっていたが、現状に不満を抱いていたからこそ招聘に応じて移籍を決意したはずである。

新設されたラ・サール高校が男女共学制や学区制の抜け道として機能していたことは当事者たちも意識的で、「当時の新制高校の盲点を完全に突いて」(62)いたとの回想もある。誘致活動の開始された一九四八年の時点でそうした目的があったことを明確に示す史料はないが、新制高校への移行と時を同じくして男子校の設置を画策していることからは、ザビエル来鹿四〇〇周年記念事業はあくまで大義名分にすぎず、占領政策に縛られないエリート主義的な男女別学校の建設が当初から企図されていた可能性がうかがわれる。目的や意図のレベルでは何ともいえないが、結果は明白である。開校の時点から、地元政財界の大物がこぞって協力する程度には期待されており、保守エリート層の戦後教育への不満を解消する受け皿としての役割を果たしていたことは間違いない。

おわりに

第二節で確認したとおり、県教委の公式見解としては男女共学制をはじめとして戦後教育に対して一貫して肯定的な評価が示されていた。建前としてはこれを維持せざるを得ないものの、軍政部の統制が緩和されれば保守エリート層に蓄積した戦後教育への不満にも何らかの対応をする必要が生じてくるのは自然な流れである。小学区制は一九五六年に廃止されることになるが、男女共学制については基本的に現在まで変わらず維持され、別学化を求める動きが広がりを見せることはなかった[63]。総合制は四九年とかなり早い段階で放棄されており、GHQ主導の戦後教育改革の中で要求されたとされるいわゆる高校三原則のうち、唯一実効力を持ったのが男女共学制であった。男女共学制も当初から名目だけでなく実体が伴っていたかというと五二年（五二年度）段階でもまだ怪しいところはあるのだが、この年は旧制中学を経た学年が新制高校に残存する最後の年であり、ここまでの数年間の移行期間を無事に乗り切ることができればすべての高校生が新制中学出身者となり、少なくとも生徒の側での男女共学への違和感は相当程度低下していることが見込まれる。

こうした状況のなかで、鹿児島の場合には、保守エリート層の男女共学制や小学区制への批判の受け皿となりうる学校が存在した。これには偶発的な要素もあるが、県内有力者たちのバックアップを得て設立されている経緯からすれば、ある程度彼らの意向も汲んでいたものと考えられる。こうなると旧制中学的な男子向けのエリート教育の保全という実は達成されることになり、しいて公立高校の別学化といった反動的な要求を先鋭化させる必要もない。このために、鹿児島においては公立高校の男女共学制への抵抗がそれほど大きくならなかったのではないかと推測され、熊本でみられたような男女比の極端なアンバランス化が起こることもなく、少なくとも形式上は男女共学制がスムーズに定着した。

しかし、ここで注意しなければならないのは鹿児島における男女共学制のスムーズな定着が、男女平等や教育の民主化といった戦後教育改革の理念が広く受け入れられていたことを必ずしも意味しないということである。第三節で登場する鹿児島側の関係者たちは、有体にいって男子の教育、とりわけエリート男子の教育にしか興味がない人たちである。市部と郡部の教育格差の縮小であるとか、女子の教育水準を向上させようとか、そうした関心はほとんどない。官民挙げての協力といえば聞こえはいいが、わずか一日で設置認可が下りてしまうというのはいかに事前の折衝が重ねられていたとはいえやはり異常であり、通常の手続きを無視した特別扱いを受けているとしかいえない。認可の責任主体である県知事は行政上の責任者であるというだけでなく、高校進学を控えた息子を持つ保護者という利害関係者でもあった。事実、その息子はラ・サール高校開校時の新入生となる。これをもってただちに癒着であると断ずることはできないが、県知事がラ・サールの新規開校に積極的に協力した背景には個人的な動機も存在していたであろうことは想像に難くない。地域の有力者たちがこぞって協力するというのも、多かれ少なかれ同様の利害を共有しているからと考えるべきだろう。彼らが息子たちに「よい教育」を受けさせることを希望するのも個々人の心情のレベルでは理解できるが、よりマクロな視点からみれば階層的格差構造の再生産を意味するものでしかない。県立トップ校からの教員、生徒の引き抜きも許容する形で御膳立てされた私立男子校の設立は、彼らが期待する以上の日本有数の「よい教育」を実現することとなったが、一方でこれは女子の教育に興味がないばかりか大半の男子生徒の不利益も厭わないという態度から生じたものでもある。ここには、彼らのエリート主義へのこだわりがあまりに強固であったがゆえに、結果として相対的に関心の薄れた公立高校における女子の統合がスムーズになされたという逆説が現れている。こうした逆説は全国的にもやや特殊な事例だが、男女共学制の定着をめぐるバリエーションの多様性を考える上では重要な一例といえるだろう。

注

（1）『鹿児島県教育史』一九六一年、六〇一頁
（2）同、六〇二頁
（3）同、六〇四頁
（4）同、六〇五頁
（5）「部制」を導入していた地域は以下のとおり。鹿児島、指宿、枕崎、加世田、川辺、川内、阿久根、出水、大口、加治木、志布志、鹿屋、種子島
（6）『鹿児島県史　第5巻』一九六七年、一〇八〇頁
（7）同上
（8）同、一〇八一頁
（9）一九四九年時点で旧一中校舎は戦災により使用できず、残存した旧一高女校舎を使用せざるを得ない状況にあった。旧一中跡地は校舎こそないものの校地自体は鶴丸高校のものとされ運動場などとして利用されていた。一九六四年に中央高校の新設に伴って鶴丸高校が旧一中跡地に新校舎を建設して移転、旧一高女校舎は中央高校が使用することになり現在に至る。
（10）部分的に確認できた県議会議事録によれば四八年の一〇月時点で旧一中、二中、一高女、二高女の新体制への移行はうまくいっておらず（要するに「部制」というのは旧体制をそのまま維持するものであった）、また教育委員長の答弁では「一中をば一高女と合併し、あるいは二中と二高女を合併させるという気持ではない」と明言されている。「合併」には学校関係者からの根強い反対があったほか、旧来の学校ヒエラルキーを維持するのは好ましくないという反対意見もあった（県議時代の山中貞則の発言）。実際にはここで否定されている「合併」が行われているためまったく正反対の結果となったのだが、その議論の過程を追うことができないので経緯については不明である。
（11）前掲『鹿児島県史　第5巻』一〇八一頁
（12）同上
（13）同上
（14）同、一〇八七頁

(15) 同、一〇八七～一〇八八頁
(16) 同、一〇八五頁
(17) 同、一〇二七頁
(18) 『鹿児島県教育委員会月報』一一号、一九五〇年、八頁
(19) 『鹿児島県教育委員会月報』三一号、一九五三年、二頁
(20) 同、七頁
(21) 同上
(22) 同上
(23) 同上
(24) 同上
(25) 同、八頁
(26) 同上
(27) 同上
(28) 同上
(29) 『鹿児島県教育委員会月報』三二号、一九五三年、三九頁
(30) 同上
(31) 同上
(32) 同上
(33) 同上
(34) 同、四〇頁
(35) 同上
(36) この生徒はおそらく甲南高校の生徒である。しばらく後の座長の発言で「他の学校の生徒諸君も遠慮なくどうぞ」とあり、その時点まで開催校である甲南高校の生徒ばかり発言していたと考えられる。なおこの時期の甲南高校の入学定員は一〇クラス五〇〇人であり、発言内にある男子二〇名女子三〇名のクラスという数字とも符合する。

(37)『鹿児島県教育委員会月報』三二号、一九五三年、四〇頁
(38)同上
(39)同、四一頁
(40)同上
(41)同上
(42)同、四六頁
(43)同上
(44)『鹿児島県教育委員会月報』三三号、一九五三年、九一頁
(45)同上
(46)同上
(47)同上
(48)七田八十吉、一九六〇年、「ザ・ベスト・アモン・ザ・ベスト」『ラ・サール学園創立十周年記念誌』ラ・サール学園設立十周年年記念祭実行員会、六六頁
(49)関係書類の実物は学園事務室所蔵で校内展示スペースにて見ることができる。また『ラ・サール学園創立60周年記念誌』(ラ・サール学園、二〇一一年)にも資料として紹介されている。
(50)「ラ・サール高校沿革」『ラ・サール学園設立10周年記念誌』ラ・サール学園設立十周年記念祭実行員会、一九六〇年、二頁
(51)重成の長男も二期生(開校時の一年生)として入学することになる。
(52)開校当時の所在地は鹿児島市の南隣に位置する鹿児島郡谷山町であったが、谷山市になったのち一九六七年に合併し鹿児島市に編入される。ラ・サールは私立学校なので学区制の制約を受けないものの、所在地の谷山は小学区制の時期から学区上は鹿児島市とあわせて鹿児島学区を構成していた。
(53)松村はラ・サール学園顧問を務めたほか、一九五六年からは県の教育委員長も務めることになる。
(54)東条は戦前から第一〇代鹿児島市長・岩元禧(夏目漱石『三四郎』の広田先生のモデルとされる一高の名物教授・岩元禎の弟で名市長といわれた)のブレーンを務めるなどしていた人物で、当時の鹿児島政財界に大きな影響力を持っていた。

詳しくは木佐木久編『東条博士の思い出』(三船療養所、一九五八年) 参照のこと。

(55) 一九五〇年一月一二日に発足した鹿児島経済同友会の代表幹事を勝田、事務局長を相良が務めていた。鹿児島経済同友会webサイト「発会の経緯」http://www.kagoshima-keizaidouyukai.jp/gaiyo/souritsu/keii.html (二〇二〇年九月一〇日最終確認)

(56) 岩崎は交通・運輸・観光を中心に事業展開する地方財閥いわさきグループの創業者。鹿児島商工会議所会頭を長く務める。

(57) 有馬は鹿児島師範学校の最後の校長を務め、鹿児島大学教育学部に改組されてからは学部長となる。

(58) 『南日本新聞』は鹿児島で最大のシェアを持つ地方紙。当時の南日本新聞社長の畠中季隆は息子が二期生(開校時の一年生)として入学し、初代PTA会長を務めることになる。

(59) 井畔武明、一九六〇年、「十年の歩み」『ラ・サール学園設立10周年記念誌』ラ・サール学園設立十周年記念祭実行員会、六四頁

(60) 同、六五頁

(61) 同、六二―六三頁

(62) 芳即正、一九七〇年、「思い出」『ラ・サール学園設立20周年記念誌』ラ・サール学園設立20周年記念誌編集員会、七四頁

(63) 二〇一五年に県立の全寮制中高一貫男子校である楠隼中学校・楠隼高等学校が開設されて話題になったが、これはきわめて稀なケースである。当時の鹿児島県知事・伊藤祐一郎(ラ・サール一五期生)の肝いりでラ・サールを真似てつくられたようだが、形だけ真似ても前提条件がまったく違うのだから同じようにうまくいくはずもなく、近年は定員割れが続いている。

終章

「男女共学」の百面相

石岡　学

はじめに

ここに、『われら新制高校生』という本がある（教育の明日を考える会編　一九九九）。「戦後教育の原点を検証する」というサブタイトルが付されたこの本では、一九五〇年度の新制高等学校卒業生に対する回顧的調査を行っている[1]。そこで、「高校生活がよかった理由」として、「よい友人と出会った」（六四・三％）「自由な雰囲気」（五九・三％）に次いであげられているのは「男女共学」（五五・四％）であった（複数回答）。この調査は一九九七年に実施されたもので、すでに高校卒業から半世紀近く経過した後の振り返りであるから、その点は割り引いて考える必要がある。しかし、それでも過半数の卒業生が男女共学をこのように肯定的に評価しているという点は、注目に値するだろう[2]。加えて、「一般に高等学校では、男女共学がよいと思いますか」という質問に対しても、七三・一％が「はい」と回答し、「いいえ」はわずかに三・〇％であった（「どちらともいえない」一五・四％、「無回答」八・

四%。なお、性別による回答の有意差なし)。

このように、高等学校における男女共学は戦後日本社会の中ですっかり定着し、肯定的に捉えられるようになったかに思える。しかし、本書をここまで読み進められた読者は、男女共学がそれほど容易に定着・普及したものではなかったことを、実感されていることだろう。また、「共学」の内実の多様さをふまえれば、男女共学が肯定的に捉えられているからといって、それだけで素直に喜ぶべき状況だったわけではないということも、理解されたのではないかと思う(いまあげた調査における肯定的評価の内実もまた然りであるが、この点については後述する)。

終章では、序章で提示された三つの論点に即して本書で得られた知見を整理し、新制高等学校に男女共学が導入されたことの歴史的意味について考察することとしたい。三つの論点を改めてあげれば、次のとおりである。

論点①男女別学体制の下にあった戦前の中等教育が、どのような過程を経て男女共学への転換、あるいは男女別学の維持が図られたのか

論点②いったん成立した男女共学や男女別学がどのように変化していったのか

論点③新制高等学校の成立と変化の過程から浮かびあがってくるジェンダーの問題

以下、論点①②について第一節で、論点③について第二節で論述していくこととしたい。なお、本書は全国各地における男女共学のありようを網羅的に明らかにはしていないし、またそのことを目的ともしていない。したがって、どういった男女共学のありようが主流であったかなど、数量的な分析ないし評価は行わないこととする。

一 男女共学への転換あるいは男女別学の維持とその後の展開

では、論点①と論点②について考察していくこととしよう。

まず指摘しなければならないのは、基本的にどの都道府県においても、男女共学を積極的に推進しようという機運ないし動機は、当初は存在しなかったという点である。そもそも「新制学校制度実施準備の案内」（一九四七年二月一七日）において「高等学校においては、必ずしも男女共学でなくてもよい」とされていたように、文部省自体が高校の男女共学に対して消極的であった。そこには風紀問題の発生に対する危惧や男女特性論が影響していたのだが（小山 二〇〇九）、いずれにしても当時の日本社会のなかに男女共学を求める内在的な理由はあまりなかったといえる。女子教育そのものについては改善すべきこととして問題化されていたが、そこでの優先課題は男女の教育機会均等をいかに図るかということであって、それは必ずしも男女共学という形式によってのみ達成すべきものとは考えられていなかったのである。第2章において、「関西はひどかった」（男女共学が徹底されていた）という新制高校発足時の群馬県教育課長の回顧があげられていたが、こうした発言はまさに象徴的であろう。占領下において不本意なことを無理やりやらされた（そしてそのような目に群馬県は合わずに済んだ）、という感覚がここには端的に示されている。ここまでストレートに表現したものは多くなかったにしても、男女共学の導入を指示された教育行政の関係者にとって、それが偽らざる気持ちだったのではないだろうか。

それゆえ、橋本（一九九二：三〇四頁）がいうように、各地域における男女共学のあり方は、軍政部からの「圧力」がどの程度であったかによって、さまざまに異なる展開をみせた。また橋本は、軍政部の方針以外にも、「各県の行政当局者や住民の意識、関係校の教員、生徒、親、同窓会の組織と対応の違いによってもかなり左右された」と述べ、それに加えて「通学区域制と総合制の実施程度が加味されて、実際の男女共学実施の程度は決っていった」と指摘している（橋本 一九九二：三〇六―三〇七頁）。新制高校における男女共学は、そうした種々の要因と思惑が衝突する「地域の実情」に応じて、導入されたりされなかったり、あるいは定着したりしなかったりしていったわけである。本書で取りあげた地域に関していえば、その様相はおおむね三つのタイプに分類することができる。

（二）男女別学が維持された地域（福島県・群馬県）

まず、本書が対象としたなかで、軍政部からの「圧力」が比較的弱かった地域についてみていこう。具体的には、福島県と群馬県である。これらの県においては、前身となる旧制中等教育機関の統合・合併が行われなかったケースも多く、別学を維持したままの形で新制高校がスタートした。すなわち、都市部を中心に多くの高校が、旧制中学校を前身とする高校は男子校として、旧制高等女学校を前身とする高校は女子校として、それぞれ設置されたのである。両県においては、県議会や高校校長会議の場などにおいて共学か別学かというテーマ自体が重要な議題とならず、「伝統」や「慣習」として別学が当然のごとく続けられることとなった。とはいえ、これらの県においても両性が在籍する高校が皆無だったわけではなく、福島県では一九五〇年代の前半に男子校への女子生徒の受け入れがあったり、群馬県でも富岡高校が女子生徒を入学させたりしていた。だが、これらは大学進学を希望する「特別な女子」への例外的扱いにすぎず、実質的には男女共学であったとは言い難い。これらの高校では、あくまで「ここは男子のための学校である」という認識が堅持されていたとみてよい。実際、福島県では一九五五年度から普通科の女子生徒募集が停止され、その表向きの理由は家庭科履修の問題とされたが、実際はそれが口実だったと考えられることは、第1章で指摘されているとおりである[3]。

全般的傾向として、西日本では共学化が強く進められたのに対し、東日本は共学化への推進力が弱かったとされているが（橋本 一九九二）、福島県や群馬県のケースはその傾向に合致していた[4]。男女比の不均衡な「共学」がしばらく続いた弘前高校や、女子校に回帰した青森中央高校や弘前中央高校を擁する青森県津軽地方も、状況的には類似していたといってよいだろう。

（二）前身校を継承した新制高校で男女共学が導入された地域（札幌市・東京都・京都市・大阪府・熊本市）

次に、旧制中等教育機関の統合・合併があまり実施されず、前身校がほぼそのまま新制高校として継承され、各校において男女共学が進められたタイプである。本書が対象としたなかでは、札幌市・東京都・京都市・大阪府・熊本市がこれに該当する。といっても、これらの地域における男女共学の展開は、学区制の実施状況や別学の私立高校の多寡といった要因と関連しており、決して一様ではなかった。

まず、熊本市においては、教育改革の焦点は男女共学よりも小学区制の採用という点に置かれていた。これは学校差の解消を目指して行われたものであり、男女共学はいわば小学区制の結果として導入されたのである。したがって、男女共学を推進する論理は県議会の議論などでもあまり深められることはなかった。こうした状況であったがために、中学区制に転換されるや否や、旧制中学系高校に男子が、旧制高女系高校に女子が集中し、男女比の不均衡な「共学」へと変化していく流れがはっきりと生じることとなったのである。この事実はつまり、制度上は男女共学に変わっても、人々の心のなかには旧制時代のイメージが強固に残存していたということを示している。その意味では、福島県や群馬県のケースとの類似性を指摘できるが、別学の私立高校の多さが影響していたと考えられる点においては、次に述べる京都市の状況に近かったともいえる。

その京都市や札幌市においては、小学区制が維持され、それによって公立高校における男女共学も保ち続けられた。両市における男女共学は、導入前に懸念されたような問題も起こらず、実施後は比較的好意的に受容されていたとみられる。ただし札幌市では、男女共学の実施にもっとも抵抗を示した札幌南高校において、導入後も共学のあり方が問題視されていた。また、京都市では別学の私立高校に一定の存在感があり、これらの高校が別学志向の受け皿となっていたがために、公立高校での男女共学が維持され得たという面があったことも否定できない(5)。

この点は、東京都・大阪府も同様であった。加えて、大都市を抱えるこの地域においては小学区制の実施が困難だったこともあり、いずれも中学区制が採用された(それでもなお東京都では越境入学が多く、学区制が形骸化していた)。そのため、男女別定員を設けることによって、男女の人数比が極端に偏らないような形を人為的につくり出し、男女共学の維持に努力がはらわれることとなったのである。しかし、それでも東京都の場合は、旧制の男子校・女子校を意識した不均衡な男女別定員が設定されることとなった。それに対し、男女共学を比較的熱心に推進していた大阪府では、距離的に近い旧制中学・高女を組み合わせて、それぞれの生徒を交換するという形をとり男女同数の共学を目指すなど、本書で対象とした地域のなかでは男女共学の維持に対してもっとも積極的な姿勢をみせていたといえる。

(三) 旧制中等教育機関の統合・再編によって、男女共学の新制高校が設置された地域
(青森市・和歌山市・久留米市・鹿児島県)

最後に、旧制中等教育機関の統合・再編によって、男女共学の新制高校が設置されたタイプである。本書が対象としたなかでは、青森市(青森高校)・和歌山市・久留米市・鹿児島県がこれに該当し、いずれも戦災で校舎が失われたことが統合・再編にいたる大きな要因となっていた。ということは、ありていにいえば「財源がないから」という理由で結果的に共学化がもたらされたといっても過言ではない。

和歌山市と久留米市、それに鹿児島県のケースで共通していたのは、校名の大きな変更を伴っていたことであり、戦前からの流れを断ち切って新たな出発を企図していたものと思われる。しかし実際は、和歌山市と久留米市については、学区制の崩壊を機に各高校の男女比が不均衡となっていく状況がみられた。和歌山市の場合は、

制度上は新たに発足した新制高校に前身校はないものとされたが、桐蔭高校は和中の後継校として市民にイメージされ続け、エリート校としてしだいに男子生徒の割合が増してくこととなった。一方、久留米市の場合は旧制中学を前身校に含む高校に男子が、旧制高女を前身とする高校に女子が集中するようになっていった。これは先にみた熊本市と同様の傾向であり、少なくとも統合してまだ日が浅い時期にあっては、やはり統合前の「原型」が強く意識されていたということになる。また、久留米市と鹿児島県（鹿児島市）のケースに共通するのは、旧制中学の残像を引き継ぐような私立男子高校が設置され、これが別学志向の受け皿として機能したという点であり、これは前項でみた東京都・大阪府・京都市・熊本市のケースと共通性があったといえる。

青森高校のケースはこれらとはやや様相が異なるが、それでも一九六〇年代になって青森市内に公立の女子高校が新設されると、男子偏重の男女別定員が設けられるようになった。明示的にいわれていたわけではないが、統合後十数年を経た青森高校においても、同校の本流は旧制青森中学校にあるとの意識が潜在していたのではないかと考えられる。実際、応援団や生徒会など同校における学校文化が非常に男性中心主義的なものであったことは、第8章で明らかにされたとおりである。

学校間の対等な統合・合併というものはかくも困難であったことが、これらの事例からはうかがえる。このことからわかるのは、すでに日本社会においては強固な学校威信上のヒエラルキーが確立されていたということである。それは何も旧制中学と高女との間の格差だけに限らない。たとえば、第2章で述べられているように、旧制高女を前身とする群馬県の安中高校は、旧制実業学校と統合されることを嫌って男女共学に踏み切っている。男女共学が望まれない地域にあっても、威信の低い学校との統合よりは、男女共学のほうが「ましなもの」と判断されたわけである。あるいは、第5章であげられているように、熊本県の第一高女と第二高女との合併においては、第一高女の土地での開校であったため、第二高女の関係者らは合併への反対運動を起こしていた。高等女学校という同じ学校段階における威信の微妙な差にも、こだわる人々が少なからずいたのである。

小学区制の導入とその崩壊という多くの地域にみられた経緯も、結局はこの「学校差」の問題に帰着する。すなわち、すでに序列化された威信構造を背景に受験競争が存在していたなかで、この機に小学区制によって状況を打開したい教育行政側と、学校選択の自由を旗印に小学区制に対抗する民衆の利害は、衝突していたのである。ほとんどの場合、最終的に後者が勝利をおさめたのであるが、このことをたんに民衆の立身出世欲のあらわれと捉えるのは早計であろう。「学校差」というものの存在をどう評価するのかは、なかなか難しい。本書で取りあげた事例から引けば、名門校の存在を出世主義・点取り虫養成教育として批判的にみる熊本県教育委員会のような立場もあれば、名門が名門たるゆえんを生徒・教員・親たちの健全なエリート意識に求める北海道議会議員や、名門校の存在が学校の質全体を底上げするというトリクルダウン的なロジックを持ち出す熊本県議会議員のような見方もあった。おそらくは、そのどちらもが間違ってはいない。前項でみた五つの地域でも学区制との兼ね合いがネックになっていたように、こうした名門校のプライドやそれへの憧れ・称賛といった要素とどううまく折り合いをつけられるかが、男女共学の定着・普及にあたって重要だったということができるだろう。

(四) 男女共学のグラデーションとその背景

以上のように、新制高校における男女共学のありようは、さまざまな要因が絡み合って、地域によって多様な展開をみせた。しかし、こうした状況に対して、別学が維持された地域はそれゆえに後進的であるとか、共学が定着しなかったからあるいは男女比の不均等な共学になったから失敗であったとか、それほど単純に評価できるものではない。それは、男女共学が行われた地域にあっても、その「共学」の内実はさまざまだったからである。

「男女共学」とは文字どおり男女が共に学ぶということであるから、授業や学校行事、クラブ活動など学校生活の全般にわたって男女が一緒に活動するということが想定される。しかし、本書の各章を通じて明らかになったのは、それとはかなり様相の異なる「男女共学」のあり方であった。

たとえば、群馬県は基本的に別学が維持された地域であったが、数少ない共学校においても男女は別クラスで授業を受けるような状態になっていた。群馬県においては、男女が同一の学校に在学していることが「男女共学」として捉えられていたからである。また、大阪府においても似たような状態がみられ、同じ学校内で学びつつも男女によって教育内容が異なり、科目選択によっては男女別クラス編成となり得る状況があった。さらに、和歌山市においても、男女が同じ学校に在学しつつも実質的には男女別ともいえるコース設定が採用されていた。これらはすべて、「男女共学」として捉えられていたのである。

しかし、こうした「男女共学」の捉え方の緩さ（いい加減さといってもいいかもしれない）ゆえに、学区制や総合制に比べて共学がその後の日本社会に定着していった可能性も否定できない。これに関連して指摘しておきたいのが、男女共学の実施にあたって当初危惧されていた「風紀問題」がほとんど発生しなかったという点である。少なくとも、本書が対象とした各地域においては、「風紀問題」が大きな社会問題となったケースはみられなかったし、当然ながらそれを男女共学の実際上の弊害として語る声もほぼ存在しなかった。そのことが、逆に「男女共学はうまくいっている」という認識をもたらしたのではないかと考えられるのである。実際、福岡県においては、「風紀上の事故」の少なさをもって男女共学に大きな問題はないと認識されていたが、それは男女別クラス編成や「男女共学の均衡が破れている」ことを棚上げにしたうえでの評価であったことが、第10章で指摘されている。また、京都市においても、男子と女子が同じ教室で「問題」なく学んでいればそれが男女共学の「成功」として捉えられ、それ以上に男女共学の意義が深められることは（洛陽高校のような例を除けば）少なかった。こうしたこともまた、文部省のスタンスが当時の一般の感覚から大きく乖離したものではなかったことを示しているのではないだろうか。

このように、一九五〇年代までの時期における「男女共学」のあり方は、共学か別学かという二択で捉えられるようなものではなく、その内実にはグラデーションがあったということができよう。

二　新制高校の成立と変化の過程に潜むジェンダー

それでは、前節でみた新制高校の成立と変化の過程から、ジェンダーに関するどのような問題を指摘することができるだろうか。本節では、この点について考察を進めていくこととしたい。

まずやはり指摘しなければならないのは、戦後教育改革で目指された男女共学の導入が、女子教育のレベルを「男並み」へ引きあげるための手段であったという点である。それは、一つには男を上位とみるジェンダーの非対称的な関係が内包されていたという点で、問題があったといえる。繰り返しになるが、新制高校発足にあたって、文部省は男女共学を必ずしも必須の要件とはしていなかった。文部省にとって重要だったのは、男女の教育機会均等と女子教育のレベルアップという点であり（小山 二〇〇九）、男女共学はその目的を達するための一手段にすぎなかったのである。このように男女共学を女子教育のレベルアップの手段として意味づける観点は、第4章において鴨沂高校（京都市）の女子生徒が男女共学のメリットを「リードしている洛北の方に啓もうされる点が多い」と評価していたように、決して文部省に限られたものではなかった。こうした観点からすれば、第1章であげられているように、都市部において「男女均等の教育機会は、学校単位ではなく、地域（学区）単位で提供されることになった」とする福島女子高校のような認識がみられることにも納得がいく。

そしてもう一つには、男女共学が女子教育の改善という点に関連づけられていたがために、男子にとっての共学の意義が語られなかったということの問題点を指摘できる。つまり、もともとの「男子教育」のあり方が含み持っていた問題点については、男女共学をめぐる議論を通じて十分に省みられることがなかったということである。

それは、具体的にはどういうことだったか。本書の論述に即していえば、とくに伝統のある進学校において「高校は大学進学のためのもの」という位置づけが、当然のこととして何ら疑問視されなかったという事実がそれにあたる。そうした視点がもっとも端的にあらわれていたのは、福島県や群馬県においてであろう。これらの県においては、男子校という基本的な枠組みを保持したまま、大学進学を目指す「特別な女子」を受け入れるというスタンスが採られていた。「希望者がなくなり、自然消滅しても差しつかえない」「女子のために特別な教育は充分にできない」という富岡高校の方針などは、第2章でも指摘されているように「教育機関とは思えないような冷淡な」ものであるし、第8章の弘前高校でも女子に対する同様の「警告」が発せられていた。こうした態度からは、自校における（男子）教育のあり方を省みようとする姿勢は微塵も感じられない。また、札幌南高校においては、進学校であることと意義ある男女共学を両立させる難しさについて、生徒の側が真剣に取り組もうとしていたのに対し、教員が「君たちは一体全体どうなんだい、大学に入りたいのだろう。入る為には、我々はやってやらなければならないから、一生懸命やっているんですよ。一寸理屈がましいが、我々は君達を教育しているんですよ」と言い放つ一幕もみられた。この事例からも、大学進学のための教育に比すれば、男女共学は優先度が低いと捉えられていたことがわかる。さらに東京都でも、軍政部からの「圧力」で男女共学の実施に舵を切った教育庁において、男女共学制を実施することの利益を見出せていなかったことは、第6章で明らかにされたとおりである。

生徒の大学進学実績にこだわり、それを高校教育における最優先事項とすること。それは、現代に比べてエリート教育機関としての意味合いが濃かった当時の高校において、プロセスよりも結果が重視されていたということを意味している。そして、男女の大学進学率に大きな差があった当時にあっては、進学実績という結果にこだわる高校において女子はある意味当然のように「厄介者」扱いされてしまう。実は、男女共学に積極的な意味が見出されなかったことの原因は、ここにあるのではないだろうか。当時、男女共学については、「民主化のため」という意義も語られていた。「民主化」の意味するところもまた単純ではないが、これを戦前の社会体制からの変化とそれに伴う意識の変革という意味でとらえるならば、それはもちろん一朝一夕に達成されるようなものではなく、学校生活のさまざまな場面を通じて達成されるべきものだったはずである。こうした意義が十分に認められていたのであれば、男女共学はもっと積極的に意味づけられていたのだろう。しかし、大学進学実績という結果にこだわり、学校生活の最終目標がそこに置かれているような状況においては、そうはならなかったのである。このような高校教育のあり方が、前節で指摘した学校の序列・威信構造と密接に関わっていることはいうまでもない。ここで、アメリカ教育使節団が報告書において指摘した、日本の教育の「問題点」が想起される。日本の教育制度は、その組織とカリキュラムの規定とにおいて、たとへ過激な国家主義、軍国主義がこの中に注入されなかつたとしても、近代の教育理論に従つて、当然改正されるべきであらう。その制度は、大衆と少数の特権階級とに対して別々な型の教育を用意して、高度に中央集権化された十九世紀の型に基いたものであつた。(6)

一九四六年の時点で「十九世紀の型」と評された教育システムのあり方は、たしかに制度上は大きく変化した。しかし、上級学校への進学状況の如何によって学校の「優秀さ」を測るような社会意識は、制度上の変革のみによっては変わらなかったのである。そのことが、男女共学に意義が見出されにくかったことの背景にあったといえるのではないだろうか。

こうした状況であったから、男女共学の不利益を指摘するような声も少なからずあったことは、本書のなかで明らかにされたとおりである。男子に関していえば、明善高校に進学できたはずの男子生徒が学区制で不本意に弾かれることを懸念する久留米市の市長・教育常任委員会の認識や、多くの女生徒のなかに置かれる少数の男子生徒を「かあいそう（ママ）」とする熊本県会議員の認識などが、これにあたる。これらからうかがえるのは、男女共学を「男子のための教育」に対する阻害要因とみる視線であり、やはり「男子のための教育」のあり方を再考しようとする契機の乏しさである。しかし一方で、福岡県の教育庁指導主事の発言にあったように、「大学進学の指導のために、女子教育が犠牲となりつつあると云う声」もあった（第10章）。熊本県では、女子のための教育設備が充実しているという理由で、私立女子高校に入学する生徒も多かったらしいというし（第5章）、統合に猛反対し女子校としての独立を維持した福島県の相馬女子高校のような事例もあった（第1章）。従来からの女子教育のあり方を支持するこうした動きは、男女共学によって女子に不利益がもたらされるという見方も存在していたことを物語っている。もちろん、男子の「犠牲」と女子の「犠牲」では意味が異なるので、「お互いにとって不利益である」と単純に一括することはできないが、それでも男女どちらの視点からも男女共学による不利益を訴えることが可能であったという点は、重要である。

そうした見方が可能であったのは、当時において「男女は異なる特性をもっている」という大前提がいっさい疑われていなかったからである。実際、この大前提がいかに自明のこととして社会的に定着していたのかについては、本書の各論文においても如実に示されている。そして、この「男女の特性の違い」という意識は、共学を支持する論拠にも否定する論拠にもなり得るものであった。(7) 前者は、男女は違う特性をもつからこそ、共学によってそれぞれの理解が深まるのでよいとする立場である。実は、本章の冒頭にあげたアンケート調査で男女共学が肯定的に回顧されていた理由も、この点にあった。(8) したがって、男女共学を支持するということは、必ずしもジェンダー観の問い直しを伴うものではなかったのである。また、後者の立場はある意味もっと明快で、男女は違う特性をもつからこそ別々に教育したほうがよい、としていた。

こうした「男女特性論」が制度上の変化にもかかわらず人々の意識に伏在していたからこそ、一九五〇年代以降に各地域で学区制が崩れるのに伴って、「共学」校においても男女比の偏りが生じたり、場合によっては完全なる別学に回帰したりするような事例もみられたのである。あるいは、コース制の導入や家庭科の取り扱いなどにみられる「反動的」な動きもまた、社会的に受容されていったのである。

こうした「男女の特性の違い」に対する強固な社会的信念、そして従来の「男子教育」のあり方にメスを入れないままに女子教育のレベルアップを目的として導入された男女共学。これらを、新制高校の成立と変化の過程から浮かびあがってくるジェンダーの問題として指摘することができよう。

おわりに

いわゆる高校三原則のうち、結果的にもっとも社会に定着したのは、実は男女共学であった。もちろん、別学校に通い共学を経験しない者も少なからずいたわけであるが、それでも制度的な差別がなくなったという点においては、戦前の別学校と戦後の別学校とはまったく質の異なるものである。そういう意味では、戦後教育改革において、男女が共通の制度のもとで教育を受けるようになったことの意義は、やはり大きい。

しかし、導入された男女共学はあくまで女子教育のレベルアップに資する可能性のあるものとして評価されていたのであって、男女共学自体の目的あるいは意義については、結局充分に深められなかったといえる。男女が手を取り合ってフォークダンスをするというシーンが、戦後教育の象徴的イメージとして想起されることがしばしばある。このようなイメージには、男女共学は戦前から戦後への「進歩」であったと、ある意味素朴に捉えられている節がある。しかし、本書で明らかにされたように、新制高校における「共学」の内実は決して一様ではなかったし、反省されないままの「男子教育」を基準に非対称なジェンダー秩序を内包した形で、「共学」は存在していたのであった。

米国における男女共学の議論の検討から、友野清文（二〇一三）は「同一の教室で、同一のカリキュラムや教材を通して教育を行うことが、男女平等教育を実現しているとは限らない（中略）社会の中で男女間にアンバランスな関係があることを自覚しないままの「形式的平等」は実質的な不平等をもたらす」と指摘し、坂本辰朗（二〇一二）もまた、「形式的な男女共学制は、両性の平等な教育の実現ではなく、むしろジェンダーによる社会的役割を固定化するための、より手の込んだ制度となりうる」と指摘している。戦後日本の新制高校における男女共学についても、この指摘はあてはまるのではないだろうか。もっとも、形式的平等に覆い隠されたジェンダーの実質的不平等が問題視され、それをめぐる学術研究や社会運動が活発化したのは、第二波フェミニズムが台頭して以降のことである。それ以前の時期にあたる一九五〇年代の日本社会における男女共学のあり方を、こうした観点から過度に糾弾するのは、歴史の後知恵との誹りを免れ得ない。

それどころか、学校教育における実質的なジェンダー平等をどのように実現するかという課題は、決して解決済みの問題などではなく、現代を生きる我々に投げかけられた問いそのものである。序章で紹介されていたように、結果としてのジェンダー平等を目指すという観点からすれば、共学よりも別学のほうが「効果的」だとする知見も提出されている。また、ジェンダー・バイアスの問題は、もとより学校や教育の文脈にのみ閉じられたものではない。問題の根底に社会全体を取り巻くジェンダー秩序があるならば、どのような手段でもってそれを解消できるのか、そこに学校や教育はどのように益することができるのかを、課題解決志向的に考える必要もあるだろう。少なくとも、「共学＝善、別学＝悪」という素朴な善悪二元論はもはや成立しない。新制高校における男女共学の導入・展開の過程は、そのことを改めて我々に示しているといえるのではないだろうか。

注

（1）調査は、統計調査と事例調査よりなる。統計調査は一九五〇年度に京都市内および静岡市内の公立高校を卒業した者を対象とした、郵送法による質問紙調査である。調査時期は一九九八年八～一〇月、回収率は二五・〇％（四九九票）。

（2）京都市内の公立高校卒業生の回答についてみれば、「高校生活がよかった理由」に対する男性の回答傾向は全体とほぼ同じ（五六・四％）だったが、女性の回答では男女共学が第一位（七六・四％）となっている（教育の明日を考える会編 一九九九、九二頁）

（3） 第5章で引用されている『毎日新聞』の記事で、済々黌高校や熊本高校では家事裁縫室がつくられても使われていないということが報じられていたが、このことと照らし合わせても家庭科の設備云々は男女共学の可否を決定づける要因でなかったと考えられる。

（4） 橋本（一九九二）が検討した宮城県の状況も、福島県・群馬県とほぼ同様であった。

（5） 一九五〇年代京都市内の全日制高校においては、男子の三〜四割、女子の六〜七割が私立高校に通う生徒であった（小山 二〇〇五）。すぐ後に述べる大阪府では、府内の高校（通常課程）生徒の私学率が、一九五〇年代を通じて上昇傾向にあった（五〇年代前半は男子で二割強、女子で四割強。五〇年代後半になると男子四割超、女子五割超）ことが、第7章で明らかにされている。また、東京都では高校の公私立比率が三：七であった（橋本 一九九二）。なお、同時期の全国平均では、高校生の私学率は男子が一〜二割、女子が二〜三割である（『日本近代教育史事典』平凡社、一九七一年、六八五頁）。

（6）『昭和二十一年三月三十日聯合国軍最高司令部に提出されたる米国教育使節団報告書（文部省訳）』（東京都教育局、一九四六年）一〇頁

（7） 和歌山県においては男女に学力差があるという認識が共学への支持にも反対にもなり得たことが第9章で指摘されているが、これもこの男女特性論と共学への賛否との関係と同様であるといえよう。

（8） 同書は、「異性に対し、自然に接することが身についた」「異性の理解ができるようになった」という点を、「男女共学のよかった理由の核心であろう」と評している（教育の明日を考える会編 一九九九、五三頁）。

参考文献

教育の明日を考える会編、一九九九、『われら新制高校生——戦後教育の原点を検証する』かもがわ出版

小山静子、二〇〇五、「男女共学制」小山静子・菅井凰展・山口和宏編『戦後公教育の成立——京都における中等教育』世織書房、一二三—一五六

——、二〇〇九、『戦後教育のジェンダー秩序』勁草書房

坂本辰朗、二〇一一、「アメリカ大学史におけるジェンダー・センシティブな教育の理想像――善い大学教育とは何かを問うこと」生田久美子編著『男女共学・別学を問いなおす――新しい議論のステージへ』東洋館出版社、一六―三六
友野清文、二〇一三、「男女「共学」と「別学」をめぐる諸問題」同『ジェンダーから教育を考える――共学と別学／性差と平等』丸善プラネット、七六―九六
橋本紀子、一九九二、『男女共学制の史的研究』大月書店

あとがき

関西に住んでいると、国公立の高等学校は共学が当たり前であり、男女別学は私立の学校のみにある、もっといえば私立の進学校の話だと思われている節もある。そして学生に、現在でも一部の地域に国公立の別学の高等学校があると言うと、びっくりされる。しかし関東ではきっと違った反応があることだろう。

序章でも述べたように、男女共学と男女別学の問題は現代にあっても多くの人々の関心をひくテーマであり、人々は自らの高等学校生活を振り返りながら、何か意見を述べたくなるようだ。共学と別学のどちらがいいのかという議論は尽きず、共学の意義が語られる一方で、ジェンダーの視点からみた共学の問題性や別学の意義も論じられている状況がある。

そのためか、共学や別学のことを研究していると言うと、どちらがいいと思うかと尋ねられることがあり、そういうときにわたしは口をくぐもらせながら、なんとも歯切れの悪い返事をしたりする。わたし自身はどちらかを選べと言われたら共学を選ぶのだが、手放しで共学がいいと思っているわけではない。社会にはいろいろな人がいるのだから、何もことさらに男女を分ける必要もないだろうと思うからであって、わたしに尋ねた人が期待するような、特段の教育学的見解があるわけではない。それに性別というものが絶対的な差異だと考えられていた時代ならともかく、性の自明性が疑われている現代において、何を根拠に別学校が存在しうるのかと素朴に思ったりもする。共学と別学の問題は複雑であり、何とも微妙な割り切れなさを感じてしまうし、多くの人が自らの経験というものに妙にとらわれていると気づくこともある。

というわけで、共学か別学かという次元ではなく、もっと相対化して、戦後社会において共学や別学がいかにして成立したのかという問題を、歴史的視点に立って考えてみたいと思うようになった。それに戦前の男女別学体制から戦後の男女共学体制への転換は教育史上とても重要なことのはずなのに、そのわりに研究が少ないというのが偽らざる実感でもある。

じつは、わたし自身はこれまで二つの視点から、男女共学について論じたことがある。一つは、京都における戦後教育を共同研究した際に、京都市において男女共学が成立した制度的プロセスを取りあげ、もう一つは、戦後教育におけるジェンダー秩序を明らかにするための一つの事象として、男女共学の成立やその見直し論議を検討した。しかしこれらの研究で明らかにしえたのは、京都という一つの地域の事例と全国的な動向の分析であり、やり残した課題を意識せざるをえなかった。というのも、新制高等学校が成立した際に、たとえ公立であっても、戦前の男女別学の中等教育から男女共学に転換したところもあれば、戦前の男女別学を継承したところもあり、このようなことがなぜ生じたのかを明らかにする必要性を感じていたからである。

考えてみれば、敗戦後の経済的・社会的混乱状況の下で、新しい教育制度を実施することは大変な作業であり、そのときに存在していた学校などの教育資源を活用することは当たり前のことだったと思う。そしてそのありようがそれぞれの地域の状況によって大きく異なっていたことは、容易に想像がつく。新しい法令に基づいて教育制度が作り直され、それに規定されて実際に学校が整備されていく際に、地方の教育行政当局と軍政部との駆け引き、既存の学校の歴史的由来、私立学校の存在状況、さらには生徒や保護者、そして教員や地域住民のさまざまな意向などが、複雑に絡み合って教育改革が進行し、それがやがて変容していったと考えられる。わたしはこれらの具体相がそれぞれの地域でどのように展開していったのかを知りたいと思った。もちろん一人でこれらのことを明らかにすることは困難であるが、共同研究であれば複数の事例を取りあげることができるし、それぞれの地域における共学や別学をめぐる議論や課題を検討することができるように思われた。

共同研究を開始したのは、二〇一三年四月。それから二〇一九年三月までの六年間にわたって共同研究を重ねてきた。共同研究を行った六年間、わたし自身は大学内の仕事に忙殺されてしまい、研究にさく時間は極端に減少した。また共同研究のメンバーは博士論文の執筆やその出版に多くの時間を費やし、厳しい就職状況のなかで悪戦苦闘の日々を過ごしていた。そのようななか、年に数回集まって研究会を開き、研究報告と意見交換を行うことは、わたしにとって研究することの楽しさを改めて実感することができる貴重な時間だったし、なによりもあまりに多様な共学・別学の具体相に瞠目し、共同研究の面白さを堪能した。取りあげた事例は結果的に一一となったが、予想を超えた多様な世界が目の前に広がっていき、教育の枠組みの大きな変化と既存の教育とのせめぎ合いの様相にワクワクしたものだ。その面白さが本書でうまく伝えられているかどうかははなはだ心許ないが、少しでも本書の内容に興味をもっていただければ嬉しく思う。

わたしの研究者としての来し方を振り返ってみれば、わたしは自分自身の研究テーマを追究するだけでなく、気鋭の研究者に院生たちも交えて共同研究を続けてきた。外部資金を得て共同研究を開始し、一区切りするとその成果を本として出版する、そしてまた新しいテーマを掲げて新しいメンバーを募り共同研究を開始する、ということを数年ごとに繰り返してきたことになる。気がつけば二〇年以上が経っていたが、このような研究スタイルが取れたことは何とも贅沢なことであり、退職した今、そのことにしみじみと感じ入っている。本書は最後の共同研究の成果となる。

この一年は想像もしなかった新型コロナウイルスの流行により、共同研究のメンバーはリモート授業の準備などに追われ、図書館も自由に使えない状況が続くことになった。このようななかで出版にこぎつけることができたことは何とも嬉しい限りであり、本としてまとめることができてほっとしている。ただ一緒に共同研究を行ってきた林葉子さんが、事情により執筆に加わっていただけなかったことが心残りである。林さんからは研究会で多くの貴重なご意見をいただいた。また厳しい出版状況のなかで出版を引き受け、編集の労を執ってくださった、六花出版の山本有紀乃さんをはじめ、大野康彦さん、黒板博子さん、大塚直子さんには、心からのお礼を申し上げたいと思う。

付記　本書は、二〇一三〜二〇一五年度日本学術振興会科学研究費基盤研究（C）「戦後教育改革における中等教育の再編とジェンダー構築に関する研究」（研究代表者：小山静子、課題番号25381021）と、二〇一六〜二〇一八年度日本学術振興会科学研究費基盤研究（C）「戦後教育改革におけるジェンダー秩序の再編に関する研究」（研究代表者：小山静子、課題番号16K04468）の研究成果の一部である。

二〇二一年二月

執筆者を代表して
小山静子

執筆者紹介（論文掲載順）＊は編者

小山　静子（こやま　しずこ）＊
1953年　熊本市生まれ
現　在　京都大学名誉教授
主な著作『子どもと教育――近代家族というアリーナ』(共編著) 日本経済評論社、2018年

前川　直哉（まえかわ　なおや）
1977年　兵庫県尼崎市生まれ
現　在　福島大学教育推進機構特任准教授
主な著作『〈男性同性愛者〉の社会史――アイデンティティの受容／クローゼットへの解放』（単著）作品社、2017年

須田　珠生（すだ　たまみ）
1990年　広島県生まれ、北海道出身
現　在　日本学術振興会特別研究員（PD）
主な著作『校歌の誕生』（単著）人文書院、2020年

和崎　光太郎（わさき　こうたろう）
1977年　島根県益田市生まれ
現　在　東京福祉大学保育児童学部准教授
主な著作『明治の〈青年〉――立志・修養・煩悶』（単著）ミネルヴァ書房、2017年

今田　絵里香（いまだ　えりか）
1975年　京都府生まれ
現　在　成蹊大学文学部教授
主な著作『「少年」「少女」の誕生』（単著）ミネルヴァ書房、2019年

土屋　尚子（つちや　なおこ）
1971年　大阪府生まれ
現　在　大阪芸術大学准教授
主な著作『男女別学の時代――戦前期中等教育のジェンダー比較』(共著) 柏書房、2015年

石岡　学（いしおか　まなぶ）＊
1977年　福島県生まれ、兵庫県出身
現　在　京都大学大学院人間・環境学研究科准教授
主な著作『「教育」としての職業指導の成立――戦前の日本の学校と移行問題』（単著）勁草書房、2011年

土田　陽子（つちだ　ようこ）
1968年　和歌山県生まれ
現　在　帝塚山学院大学人間科学部教授
主な著作『公立高等女学校にみるジェンダー秩序と階層構造――学校・生徒・メディアのダイナミズム』（単著）ミネルヴァ書房、2014年

中山　良子（なかやま　よしこ）
1978年　久留米市生まれ
現　在　和歌山工業高等専門学校他非常勤講師
主な著作「雑誌『平凡』に描かれた純潔」『セクシュアリティの戦後史』京都大学学術出版会、2014年

日高　利泰（ひだか　としやす）
1987年　鹿児島市生まれ
現　在　熊本大学大学院人文社会科学研究部准教授
主な著作『ザ・少女マンガ！ 忠津陽子の世界』（共著）立東舎、2021年

男女共学の成立——受容の多様性とジェンダー

編著者——小山静子・石岡学
発行日——二〇二一年六月二五日　初版第一刷
二〇二一年一一月二五日　初版第二刷
発行者——山本有紀乃
発行所——六花出版
〒一〇一-〇〇五一　東京都千代田区神田神保町一-二八　電話〇三-三二九三-八七八七　振替〇〇一二〇-九-三二三五二六
校閲——黒板博子・大塚直子
組版——寺田祐司
装丁——臼井弘志
印刷——モリモト印刷
製本——青木製本
ISBN978-4-86617-140-1